京都たのしい社寺
カタログ

片山直子

朝日新聞出版

目次

本書の使い方

❹ アイコン

- 期間限定のライトアップがある
- 境内でWi-Fiが使用できる
- バリアフリー（車椅子対応）
- お食事処あり
- カフェ・お茶処あり
- 桜がある
- 紅葉がある

❶ 名称

紹介している神社やお寺の名称を表記

❷ データ

上からエリア名、電話番号、所在地、拝観時間、料金、アクセス、定休日、駐車場を記載

❸ 有料エリア

拝観に料金がかかるエリアを赤斜線で表記

- 本書は、おすすめの京都の神社やお寺を、世界遺産、見どころ、四季、ご利益などのテーマに分けて紹介しています。目次を参照して、興味があるテーマを探してみてください。
- 拝観時間は、開門～閉門時間を表示しています。
- 施設利用に料金が必要な場合、大人料金を表示しています。
- 定休日は、原則としてGW、お盆、年末年始を除く定休日のみ表示しています。詳細は各社寺にお問い合わせください。

※本書に掲載したデータは2023年8月の取材調査に基づくものです。内容が変更される場合がありますので、ご利用の際は必ず事前にご確認のうえお出かけください。

※原則として取材時点での税率をもとにした消費税込みの料金を掲載していますので、ご利用の際はご注意ください。

※本誌に掲載された内容による損害等は弊社では補償しかねますので、あらかじめご了承ください。

プロが教える

1、拝観指南

CHAPTER.1 ORIENTATION

社 Shrines & 寺 Temples
拝観指南 壱

神社・お寺はドキドキがいっぱい！

魅力満載

知れば知るほど興味が広がる社寺ワールド！ のほほんと行くだけじゃもったいない。ポイントを押さえて、レッツゴー！

案内人
茂《しげる》貴《たか》広《ひろ》さん
公益財団法人京都古文化保存協会
事業課長

東寺の特別公開では、五重塔初層の扉が開かれることも

神聖な場所だけど ワクワクが止まらない

京都の観光といえば、社寺巡りをする方が多いと思います。それは有名な社寺がいくつもあるから？ 古い神社やお寺が多いから？ 理由は様々だと思いますが、ズバリ「神様と仏様がいらっしゃる所だから！」でしょう。神様も仏様も聖なる存在であり、神社とお寺は信仰の場所。本当の姿はわからなくても、お願いを叶えてほしい時、助けてほしい時の味方で、私たちを守り導いてくださいます。それは今も昔も変わりません。

古来、時の天皇をはじめ、貴族も武将も、神社やお寺にお参りし、仏像を作らせたり社殿堂宇を造営したり、祈願と感謝の思いを込めて奉納しました。神仏への信仰が形となったのが、仏像、建物、宝物の数々。興味の対象になるものが、社寺にはたくさん伝わっています。行ってみたい見てみたい…という気分になってきたら、それがドキドキ・ワクワクの源です。

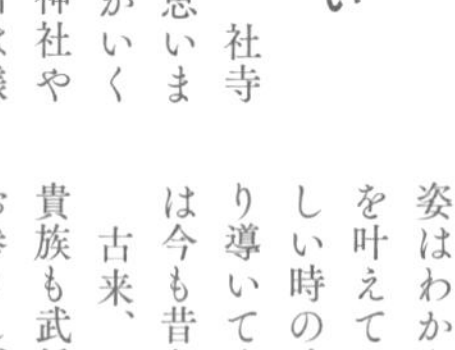
2019年秋の京都非公開文化財特別公開で見られた大覚寺秩父宮御殿

上／知恩院三門 下／東福寺三門 ともに2019年秋の京都非公開文化財特別公開で見られた

「秘宝」と聞いたら行くしかないっ!

神社やお寺には、皇室ゆかりの品や武将たちからの奉納品などが伝わっています。普段公開していないお宝を見られるチャンスが、特別公開。国宝・重要文化財の品や建物、指定がなくても国宝級の品が公開されるので、開催期間を狙って参拝する人もいます。貴重な品々を皆さんに知ってもらい、未来へ継承することを目的に行われています。

案内人PROFILE

同志社大学へ進学し、古美術研究会に所属。京都などの古社寺見学や特別公開を手伝う活動に参加し、文化財保護の大切さを実感。京都の社寺や文化財を守る仕事に就き、日々、奔走中。

Check × − +

ちょっと教えて! 特別公開Q&A

社寺にある宝物館の見学、社寺が個々で開く特別展、季節によって開催される特別公開は、お宝満載!

Q. 何が特別なの?

A. 通常非公開の寺院（観光参拝できない所）などに入れたり、普段は見られない宝物が見られたり。

Q. 何が見られるの?

A. 非公開の建物内部や庭園、宝物や秘仏の御開帳なども。公開社寺により異なる。

Q. いつやってるの?

A. 各社寺独自の特別公開は、各社寺に問い合わせを。京都古文化保存協会の「京都非公開文化財特別公開」は、毎年ゴールデンウィークを含む10日間くらいと、秋の11/1～10(異なる場合あり)。京都市観光協会の、「京の夏の旅」は7～9月、「京の冬の旅」は1～3月（異なる場合あり）。※最新情報は、各協会のHP等参照

関係団体連絡先

京都非公開文化財特別公開の問い合わせ
〈京都古文化保存協会〉
http://www.kobunka.com/
TEL 075-451-3313

京都観光に関する問い合わせ
〈京都観光Navi〉
https://ja.kyoto.travel/

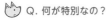

神社 Shrines & 寺 Temples
拝観指南 弐

よく見れば、優しい微笑や怒ったようなポージング、身にまとう衣や装飾品も違う仏像。何をどう見たらいいのか、迷いますね！

仏像に恋しよう

誰が好き？

案内人
井《いの》上《うえ》一《かず》稔《とし》さん
同志社大学文学部教授

優美な姿に安心と癒やしを感じる。平等院・阿弥陀如来坐像

初対面の相手と挨拶する時と同じ

五三八年に朝鮮半島の百済から伝来したという仏教。それまで自然崇拝だった日本に、初めて人形（ひとがた）の仏像がやって来ました。金色に光って美しく、整った容姿に威厳のある表情……初来日した仏像を見ることができた人は、誰もが感動したでしょう。何しろ神様の姿など、形にしたこともない時代に、金色の人の形ですから。

あなたは初対面の人と挨拶をする時、相手の方をどのように〝見て〟いますか？「どんな人だろう」と思い、パッと見た感じでいろいろな情報をキャッチしますよね。仏像と会う時も、人と同じです。最初は全体を見ましょう。ふっくら柔らかそうか、筋骨隆々か。お顔は微笑んでいるか、目がつり上がっているかなど。仏像がどうしてそのような格好や表情をしているのかを考えてください。それが、その仏像が担う役目だったりします。帰宅後に調べてみると、参拝した仏像が誰か、どういう仏様なのかがより深くわかってきます。

案内人PROFILE
滋賀県立琵琶湖文化館、東京国立文化研究所、奈良国立博物館での勤務、研究職を経て、現職に着任。日本の仏教美術、特に仏像を中心に古代・中世文化を明らかにすべく、研究を続ける。

仏像の見方のキホン

特徴や違いがよくわかる！
仏像拝観基本中のキホン。

お釈迦様の貴族姿
菩薩像
ぼさつぞう

出家前、悟りを開く前の、お釈迦様の姿がベース。王子さながらの豪華なスタイル、上品な物腰なら、それは菩薩像。

【頭】**髻《もとどり》・宝髻《ほうけい》**：髪形のこと。長い髪を、独特な形に結い上げる

【顔】**白毫《びゃくごう》**：白毫があるのは如来と菩薩

【手】**手の数**：千手観音菩薩像は42本ある

持物：様々な物を持つ。楽器、法具、武器など

【衣】**天衣《てんね》**：肩からかける長い布、丈の長い裳をまとう

【装身具】首、耳、手、腕、足首にアクセサリーを着ける。如来像と大きく異なる部分

仏界のセンター！
如来像
にょらいぞう

如来とは、真理を悟った者という意味。釈迦如来はその代表で、そのほか阿弥陀如来、薬師如来など多くの如来がいらっしゃる。

【頭】**肉髻《にっけい》**：頭の凸っとした部分

螺髪《らほつ》：巻き貝のように髪が巻いたもの

【顔】**白毫《びゃくごう》**：目と目の間の少し上、これも毛が巻いたもの

光背《こうはい》：光を表す。小さな仏様がいらっしゃることも

【手】**印相《いんぞう》**：手指の形で教えや意志を表現

持物《じもつ》：例えば薬師如来は薬壺(やっこ)

蓮華台《れんげだい》：ハスの花をかたどった台

【衣】大衣（体にまとう大きな1枚の衣）と裳だけの質素な衣装

【装身具】なし。大日如来はあり

知っておきたい有名仏師

定朝《じょうちょう》

平安時代後期に活躍。仏像の寄木造技法を完成。「定朝様」という流れが生まれた。現存する定朝作と確実な像は、平等院の阿弥陀如来坐像のみとのこと。

平等院(P.36)の阿弥陀如来坐像は、現存する唯一の定朝作の像

運慶《うんけい》

平安時代末期～鎌倉時代初期に活躍。力強い筋肉や豊かな表情が特徴。武士との縁が多かった。

六波羅蜜寺（P.244）の地蔵菩薩坐像は、運慶作

快慶《かいけい》

運慶の父康慶の弟子。後に運慶が棟梁となる慶派を支える。慈愛あふれる優しい像も数多い。

醍醐寺三宝院（P.45）の弥勒菩薩坐像は快慶作

社 Shrines & 寺 Temples
拝観指南 参

癒やしとロマンあふれる庭

何を感じる？

「庭園を見ることが、社寺参拝の楽しみ！」という人も多い。長い年月をかけて多くの庭師が手入れし育てた、社寺の名庭とは？

案内人
加藤《かとう》友規《ともき》さん
植彌加藤造園株式会社
代表取締役社長
京都芸術大学大学院教授

昭和の名作庭家・重森三玲が手がけた東福寺本坊庭園南庭

現役庭師に教えてもらう 京都のお庭の楽しみ方！

庭師の大切な仕事の一つは、庭園を美しく整え育成管理することで、中でも最も必要になるのが、その庭に合った手入れをすることです。枯山水庭園は、構成される砂利、石、木の一本においても計算され造り込まれた庭です。変わらない部分を大切にしながら、手入れされます。

回遊式庭園は景色の変化を止められませんので、「無作為の作意」を行います。「作為をしない」という意志を保ちつつ手入れすることで、植物が育ってもその庭園がもつ特徴や魅力を変えないようにします。作られたばかりの頃の印象を残し、物語があるならばそれを伝え続ける庭園に。自然な景色のまま、手をかけたことがわからないよう、手をかけています。

それらが庭園のもつ魅力であり、楽しめるポイントでもあると思います。どこに「無作為の作意」があるかを探すのもおもしろいですね。

＼ 手作業で行う 仕事も多い ／

命があるからこそ、丁寧に行う剪定

案内人PROFILE
千葉大学園芸学部卒業後、創業嘉永元年、初代が南禅寺御用庭師を務めた家業の植彌加藤造園株式会社入社。史跡名勝庭園や寺院・別荘などの庭園の育成管理を行う、現役の造園家であり職人。

名勝・特別名勝ってナニ？

庭園名の上に、輝くこのコトバ。すごそうな感じは飾りじゃなかった！

【名勝《めいしょう》】国の法律、文化財保護法による文化財の種類の一つ。庭園や橋、山や海などの中で、芸術上または観賞上価値が高いと認められた場所。土地の重要文化財のような指定。

【特別名勝《とくべつめいしょう》】名勝のうち、特に重要な所。土地の国宝にあたる指定。

この2つを知っておけば安心！

枯山水庭園《かれさんすいていえん》と池泉回遊式庭園《ちせんかいゆうしきていえん》を比べてみる！

見立てて想像を楽しむべし！

枯山水庭園

南禅寺の名勝・方丈庭園

[構成要素] 岩、石、砂、苔、樹木など。塀で囲う内側にあり、借景も要素

[いつ頃からある？] 室町時代の禅宗寺院で発達した、抽象的な表現の庭

[観賞スタイル] 接している建造物の室内または縁側から庭を座って見るのが一般的。ベストスポットがあるそう

[楽しみ方] 砂で水の流れを表現しているので、大海なのか川なのか、どちらから流れているかなど想像するのも一興

水辺を歩いて楽しむべし！

池泉回遊式庭園

平安神宮の神苑も草木あふれる名庭

[構成要素] 池、川、滝、草木、樹木、石、砂、橋や建築物、周囲の景色

[いつ頃からある？] 平安時代以前からあり、邸宅や別荘にもあった

[観賞スタイル] 回遊式というからには、散策してこそ楽しめる庭。道が付いていることも多いが、舗装されていない

[楽しみ方] 樹木など自然が見せる変わりゆく景色と、変わらない精神性などを感じよう。物語や逸話がある庭も

有名作庭家が作った京庭園

夢窓疎石《むそうそせき》（国師《こくし》）

鎌倉末期～室町初期の高僧。自然の景色を生かし石組みを用いて禅の教えを表現する庭。

西芳寺庭園 史跡特別名勝

天龍寺（P.72） 曹源池庭園 史跡特別名勝

壮大な景色が楽しめる夢窓疎石作の天龍寺 曹源池庭園

七代目小川治兵衛《おがわじへえ》

明治から昭和にかけての造園家。近代日本庭園を数多く手がけた。水の流れを重要視する、広々とした庭園造りが特徴。

平安神宮（P.152） 神苑 名勝

無鄰菴（山縣有朋別邸） 名勝

重森三玲《しげもりみれい》

大正～昭和の造園家。東福寺本坊庭園を皮切りに、百以上の庭園や茶室を手がけた。大胆な石使いと斬新なデザインの庭。

東福寺（P.114） 本坊庭園 名勝

松尾大社（P.154） 松風苑（遺作）

市松模様が斬新な重森三玲作の東福寺 本坊庭園の北庭

建築技術に驚く！

機能だけじゃない

社寺建築は、伝統技術の宝庫！ 世界に誇る日本の木造建築には、美しさ、機能性、耐久力などを高めるワザが詰まってる。

案内人
佐《さ》藤《とう》竜《りゅう》平《へい》さん
有限会社題空鈴木組
代表取締役社長

往時の彩色が甦った、御香宮神社本殿の彩色

宮大工さんが語る、社寺建築の魅力ポイント

神社やお寺の社殿やお堂などの建築や、修理、保全を行う大工のことを、宮大工といいます。仏教が日本に伝わり大切な仏様を安置するためのお堂を建てたことなどが、千三百年にわたり伝えられてきた社寺建築のルーツといわれます。

社寺建築は細部にも見どころは多いのですが、まずは全体のバランス、カッコ良さを感じてほしいと思います。それから屋根の形や曲線の美しさを見てください。現代の家屋建築などとは大きく違う所が屋根です。神社の屋根と寺院の屋根もずいぶん異なります。昔から「スズメと大工は軒で泣く」といって、それだけ屋根の美しい曲線を作ることは難しいのです。大きな屋根を支えつつ幾何学的な模様に見える斗栱や、様々な彫刻が施される蟇股も見比べるとおもしろい所。社寺建築には神社と寺院、建築様式、時代背景などによって形が異なる部分があり、それを見つけることも観賞の楽しみになると思います。

案内人PROFILE
千葉県出身。一九八八（昭和六十三）年、有限会社題空鈴木組に弟子入り。先代の後を継ぎ棟梁に。京都を中心に各地で社殿、堂塔の修理や新築を手がけ、文化財建造物の修理工事にも従事。

社寺建築の特徴

1000年以上の歴史が磨いた
「職人のワザ」5選

① 屋根

＼ ホレボレする！ 檜皮葺き ／

＼ 傷んだ下地の 修復作業 ／

曲線美に注目！

優美な曲線を描く屋根は、瓦、檜皮葺き、こけら葺き、銅板葺きなど仕上げの素材も違う。屋根の反り、軒の反り、屋根端部の曲線などが見どころ。

② 斗《と》栱《きょう》

まるで立体パズル

柱の上の部分にある、屋根（軒・のき）を支える構造体をいう。肘木と斗（ます）を重ねて造られる。斗の下部に施す「繰り型」に時代ごとの特徴あり。

／ どうなってるの？ 不思議～ ＼

③ 勾《こう》欄《らん》

結構、繊細？

お堂の周りを囲むように取り付けられた、「縁（えん）」にある手すりのような、柵のようなもの（手すりではないので、ご注意！）。錺金物などの装飾もある。

／ 断然あった方が 様になる！ ＼

④ 細部彫刻

＼ 安土桃山時代の 蟇股と… ／

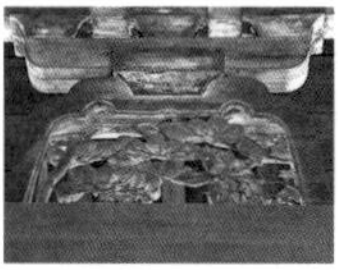

＼ シンプルな造りの 平安時代 ／

彫刻もいっぱい！

虹梁（こうりょう）、蟇股（かえるまた）、懸魚（げぎょ）などに、彫刻が施される。屋根の妻部分（屋根端部の三角形の部分）や唐門は、彫刻が見やすい。

⑤ 装飾

＼ 色があると華やか ／

彩色《さいしき》

古い時代は丹塗りなど単色だった。のちに多色使いの彩色も。木部の保護的な役割がある。

錺金物《かざりかなもの》

木口（こぐち）を保護するために覆う金具で、透かしや彫りを入れ、金箔やメッキが施される。長押の釘隠し（六葉・ろくよう）、襖の引き手、門の建具の肘坪（ひじつぼ、蝶番になるもの）や化粧鋲（びょう）などがある。

＼ セミが付いてる！ ／

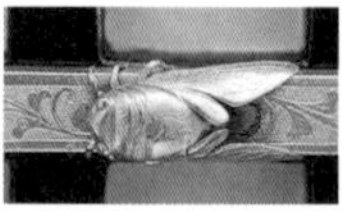

＼ すごく豪華だね～ ／

拝観指南 伍
神社 Shrines & 寺 Temples

愛されるお作法講座。

神様仏様から

神社やお寺の本来の目的は、神仏を拝むこと。作法を知ってデキる大人としてお参りしよう。

神様仏様も見てる？ まじめに祈る姿は誰が見ても好感度高い！

神仏は、いつでもあなたを大歓迎！

神社やお寺へ行って、神様仏様を拝みもせずに帰るなんてありえませんよね？ 神社やお寺は祈りの場。神様、仏様がいらっしゃる所です。ただ行っただけでは、神様も仏様も知らん顔かもしれません。それでは残念、もったいない。神仏はすがってきた人を、助けてあげたいと思っていらっしゃるはず。だから一生懸命お祈りしましょう。そして神仏は敬う存在です。門から入ったら、身なりを整え背筋を伸ばしてお辞儀して……、目上の人の家を訪問するのと同じで、全然難しくありません。神仏から「お主やるな！ しっかり聞いてやるか」と思われたらラッキー♪ 作法を知って参拝すれば、それだけで気分スッキリ。ぜひ実践してみましょう！

＼ みんな、神様のお使いでーす ／

松尾大社の亀の御手水

鞍馬寺は龍神様

平安神宮は西に白虎

これを知っていたら恥ずかしくない!

お参りの流れ

参拝の作法は、長い歴史の中でできた慣習。古くから変わらない基本は「心身を清め、神仏に対面し、日頃の感謝を捧げ、祈り願うこと」です。

寺院 編

1 **門の前で合掌したまま一礼、**敷居は踏まない

2 **手水**を使う(神社と同じ)

3 **お賽銭を納める**(神社と同じ)

4 **合掌したまま一礼**

5 **焼香**(右手の人さし指、中指、親指で香をつまむ→左手を添えて額の前に掲げる→香炉へ)※お寺によって回数が異なる場合も。わからなければ1回で

6 香がなく、代わりに線香がある場合は、**線香を供える**(息を吹きかけて火を消すのは厳禁)

7 **合掌して一礼。**お礼・お願いごとはこの時に(二礼二拍手一礼はしないように!)

8 門から出る時も**本堂へ合掌して一礼**

※宗派やお寺によって異なる場合があります

静かに使う

まずは感謝を

お辞儀は深く

神社 編

1 一礼して鳥居をくぐり、**真ん中は避けて**参道を歩く

2 **手水**を使う(手と口を水で清める)
❶左手を洗う→❷右手を洗う→❸柄杓の水を左手で受けて口を洗う→❹もう一度左手→❺右手で柄杓を持ったまま柄ごと右手(柄杓一杯でこれを行う)

3 拝殿に進み、**鈴を鳴らしてお賽銭を納める**(お賽銭を投げ入れるのはNG、そっと箱へ落として)

4 **拝礼する(二礼二拍手一礼、お祈り)**
❶2回深く丁寧にお辞儀→❷姿勢を直してゆっくり2回手を打つ(柏手ともいう、その際、右手を少し引いてずらして両手を打つといい)→❸さらに1回深く丁寧にお辞儀する

5 **お辞儀をして下がる**

6 鳥居から出る時も**本殿へ一礼**

神仏の言葉がもらえる

おみくじ

神仏の真意や意志がわかるというツール。古代、国の政治と祭事で重要事項を決める際に、神の意志を占う「くじ」を引いたことが起源という説あり。

▶持って帰って飾れるおみくじも人気

さらにお願いしたいなら

絵馬

願い事が叶うように、または叶ったお礼に奉納する絵馬。生き馬を神に捧げて雨乞いや雨止みを祈ったことに始まるとも。本気を示すなら、絵馬も外せない!

▶馬の絵だけでなく、可愛い絵馬もある

参拝の準備

気持ちよく参拝するなら、知っておく方がいいことも。
普段のお参りにも生かせるマナーあり！

服装CHECK

神様・仏様に失礼のない服装を心がけて！

- □ **体温調節しやすい上着**
  京都の夏は37℃を超えることも。外気と室内の温度差にも気をつけたい
- □ **短すぎないボトムス**
  堂内で正座する機会もある。自然豊かな境内での虫除けにもなる
- □ **素足NG**
  板張りの床、畳の上を素足で歩くことは控えたい
- □ **露出の少ない動きやすい服**
  タンクトップや、深いスリットが入ったワンピースはNG
- □ **バッグ・リュックサック**
  両手が空けられ、増えていく荷物を入れられる大きさ
- □ **脱ぎやすく歩きやすい靴**
  靴を脱いで建物に上がる場合がある。玉砂利が敷かれた境内でハイヒールは危険

持ち物CHECK

マストなものから便利グッズまで、これがあれば安心！

- □ **小銭**
  お賽銭、御朱印、おみくじ×参拝社寺数の小銭があるとスマート
- □ **現金**
  社寺では授与品、オリジナルグッズが販売されているが、カードは使えないことが多いので要注意！
- □ **ハンカチ、ミニタオル**
  手水で手を清めたあとにも必要
- □ **水やお茶**
  堂宇内での飲食は禁止だが、山中には自動販売機がないことも多いので必ず持参しておこう
- □ **小さな雨具**
  山中の社寺などでは、雨宿りする場所がないことも
- □ **スマートフォン**
  時間や地図などを確認できる。撮影不可、自撮り棒の使用NGの所もあるので注意したい
- □ **オペラグラスなど**
  公開されている部屋の襖絵などを拝見する時に使いたい
- □ **エコバッグ**
  意外に増えるパンフレットや、おみやげを入れよう

計画の立て方

無理は厳禁。何事にも余裕をもって計画を！

- □ **時間にゆとりを**
  バス移動は渋滞もあるので移動時間を頭に入れて。1カ所の滞在時間は、余裕をもって見積もっておこう
- □ **結構、歩きます**
  山の麓にある社寺は坂道が続いたり、最寄りのバス停や駅から遠かったり。社寺の境内は、思いのほか広い
- □ **目的をもって**
  ここでは何を見て、あそこでは何をお祈りして……など下調べしよう。近い社寺をピックアップして回るのもアリ

まずはこの17スポットから

2、世界遺産

CHAPTER.2 WORLD HERITAGE

世界遺産

(01)

東《とう》寺《じ》

教《きょう》王《おう》護《ご》国《こく》寺《じ》

1200年前の具現化

天才・空海の3Dに陶酔

提供：便利堂

ココがすごい！ ☑ 立体曼荼羅《りったいまんだら》 ☑ 日本一高い木造五重塔

立体曼荼羅配置図

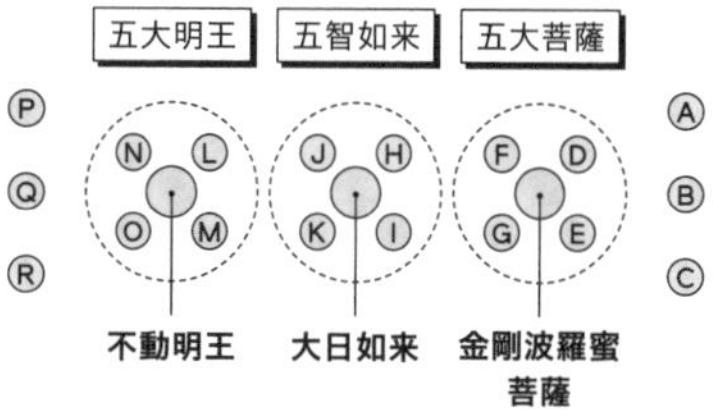

A 多聞天
B 梵天
C 持国天
D 金剛薩埵菩薩
E 金剛宝菩薩
F 金剛業菩薩
G 金剛法菩薩
H 阿閦如来
I 宝生如来
J 不空成就如来
K 阿弥陀如来
L 金剛夜叉明王
M 降三世明王
N 大威徳明王
O 軍荼利明王
P 広目天
Q 帝釈天
R 増長天

ド迫力の3D曼荼羅！

密教の教えを図像で伝える「曼荼羅図」をさらにわかりやすく3D化した「立体曼荼羅」。国宝16体と重要文化財5体（五智如来像）が一挙に集結するゴージャスさ！

仏教界の精鋭が集結！
眼福の仏像ワールドへ

唐で密教を学び、奥義を授かって帰国した稀代の天才・空海は、嵯峨天皇から官立寺院である東寺を任されることに。そこで〝奥深い密教の教えを多くの人にわかりやすく伝えたい〟という思いを具現化したのが「立体曼荼羅」です。境内の中心に位置する講堂で、二十一体の仏像が躍動感あふれる姿を見せており、空海の斬新な演出がここに極まっています。

京都駅周辺

TEL 075-691-3325

京都市南区九条町1／8:00～16:30（最終受付）／500円（金堂・講堂拝観）／近鉄東寺駅から徒歩10分／無休／50台（有料）

一部不可

壮大な曼荼羅の世界と魅力あふれる仏像たち

　三十一才で留学僧として唐に渡り、わずか二年で当時最先端の仏教だった密教の奥義を授かって帰国した空海[※1]。その才能を認められ、平安京の正門・羅城門[※2]の東側で都を守護する役割をもつ官立寺院の東寺を天皇から任された彼は、なんと境内全体を使って曼荼羅[※3]そのものを表現するというスケールの大きな仕掛けを演出。境内の中心には、南から北に向かって金堂、講堂、食堂と伽藍が並んでおり、これは仏教の三宝(仏法僧)を表しています。この配置は平安京の時代から今も変わっておらず、東寺の境内に足を踏み入れるだけで、空海による曼荼羅ワールドを体感できるのです。さらに見逃せないのが、密教の思想を表現する仏像たち。中でも有名な「立体曼荼羅」は、講堂内の合計二十一体の仏像を使い曼荼羅の世界を3Dで表現しており、その迫力は圧巻のひと言。

　また立体曼荼羅は、大日如来を講堂の中心に安置します。これは東寺全体を曼荼羅に見立てた発想でもあるそう。仏像の一体一体の表情や動きにも、意味が秘められているので注目を。ちなみにこの二十一体の仏像は、すべて国宝や重要文化財に指定されています。

春と秋だけ公開される五重塔の中も絶句モノ

　東寺といえば、京のランドマークである五重塔も有名。塔の内部には鮮やかに彩られた密教空間が広がり、こちらも「立体曼荼羅」(左写真)に。通常は非公開ですが、特別公開時のみ貴重な塔の内部空間を見ることができます。空間デザイナー・空海の面目躍如ともいえる隠れた立体曼荼羅を、ぜひ一度は拝んでみて!

注目KEYWORD

※1【空海《くうかい》】
日本の真言密教、真言宗の宗祖。弘法大師とも。唐で密教を学び、多くの曼荼羅や法具、経典などを日本に持ち帰った。土木工学や書道などあらゆる分野に精通し、日本各地に伝説が残る。

※2【羅城門《らじょうもん》】
平安京の正門として、朱雀大路の南口に立っていた。平安京末期に倒壊したが、辺りはすでに荒廃しており、再建されることはなかった。

※3【曼荼羅《まんだら》】
密教の教えを絵にして説いた絵画のことで、一般的に大日如来を中心に描かれる。

仏像図解

数ある東寺の仏像の中でも注目メンバーがこちら！
見目麗しいお姿に、ひと目惚れしちゃうかも♡

キュッとひねった腰が絶妙

国宝 **兜跋毘沙門天立像**《とばつびしゃもんてんりゅうぞう》

《中国・唐時代》木造
唐から来たスレンダー美男。羅城門の楼上に安置されていた。宝物館にて春秋に公開

彫りがキリッ
〈目〉
大きなアーモンド形でつり上がった目が、特徴的

中国のサムライ
〈服装〉
中央アジアの武人のようなブーツや鎖帷子など、たくましい出で立ち

まるで騎馬戦！
〈地天女《ちてんにょ》と邪鬼《じゃき》〉
左右に邪鬼を従えた大地の神・地天女の両手の上に毘沙門天が立つ

仏教界不動のNo.1イケメン

国宝 **帝釈天半跏像**《たいしゃくてんはんかぞう》

《平安時代》木造彩色
講堂の西端に安置。四天王、梵天とともに仏法を守る

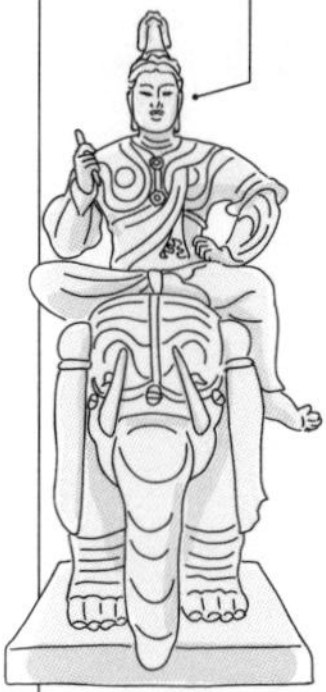

美男すぎ♡
〈お顔〉
頭部のみ鎌倉時代に後補したため、繊細で穏やかな美青年風なのかも

〈相棒はインド象〉
もともとインドの戦いの神だが、乗っている白象がかわいい

"東寺の本尊"は名医三尊チーム

重文 **薬師三尊像**《やくしさんぞんぞう》

《桃山時代》木造漆箔
東寺の創建時からの本尊で、桃山時代に復興された

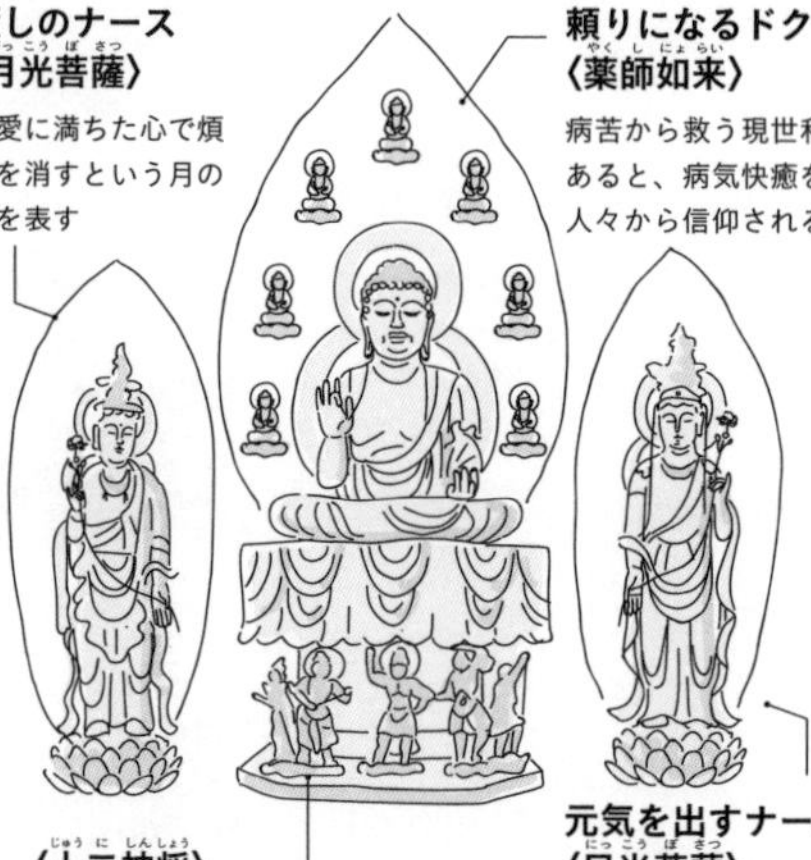

頼りになるドクター
〈薬師如来《やくしにょらい》〉
病苦から救う現世利益があると、病気快癒を望む人々から信仰される

癒しのナース
〈月光菩薩《がっこうぼさつ》〉
慈愛に満ちた心で煩悩を消すという月の光を表す

元気を出すナース
〈日光菩薩《にっこうぼさつ》〉
闇を照らして苦しみを消すという太陽の光を表す

〈十二神将《じゅうにしんしょう》〉
薬師如来坐像の台座に配置。各像の頭部に表現された十二支の動物に注目

東寺 見どころ MAP

京都駅から徒歩十五分で、空海プロデュースの世界観に浸れる。境内の中央にあたる講堂では、大日如来をセンターとした立体曼荼羅がオーラを放つ。金堂→講堂→食堂の並びは、人が悟りを得るまでの距離を表しているとか。境内各所の見どころのほか、骨董市や特別公開など、訪れる度に新たな発見があるので、ぜひ何度も訪れてみよう。

◆創建:796（延暦15）年 ◆本尊:薬師如来 ◆拝観所要時間:1時間 ◆春と秋に特別公開がある ◆詳細はHPで確認

慶賀門《けいがもん》

京都駅から一番近い入口。参拝者も普通にくぐれるが、鎌倉時代の重文

宝蔵《ほうぞう》

平安時代の校倉寄棟造で重文。空海が唐から持ち帰った密教法具や曼荼羅などを納めた

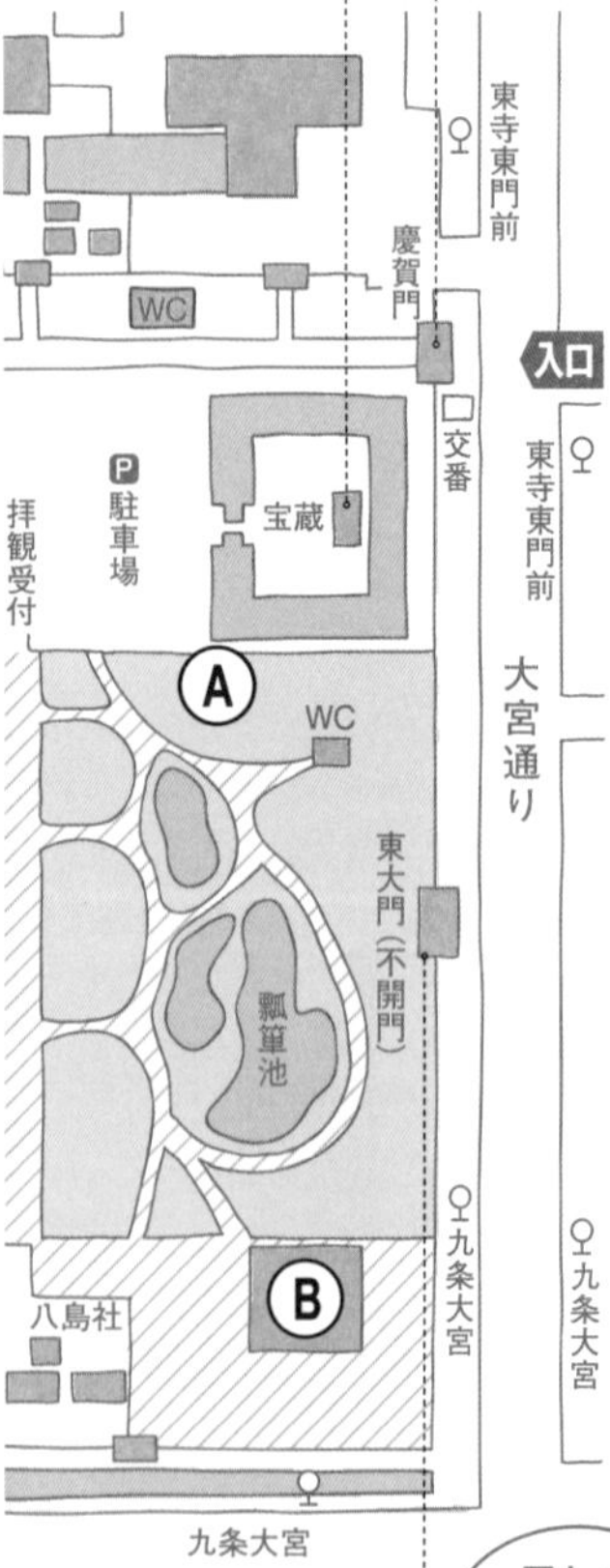

東大門《ひがしだいもん》（不開門《あかずのもん》）

南北朝時代初期の1336（建武3）年、上洛した足利尊氏は東寺に布陣、東大門を閉ざして後醍醐天皇側の新田義貞からの攻撃を防いだと伝わる

見逃せない！

Ⓐ 不二桜《ふじざくら》

高さ13mの桜！ライトアップも絶景

岩手から秋田、三重を経て2006年に瓢箪池のほとりに移植された樹齢130年の八重紅しだれ桜。名は空海の「不二の教え」にちなむ

Ⓑ 五重塔《ごじゅうのとう》

京のシンボルは高さ日本一

高さ約55mと、木造建築では日本一の高さを誇る国宝の塔。現在の塔は5代目で、徳川家光により再建

Ⓒ 夜叉神堂《やしゃじんどう》

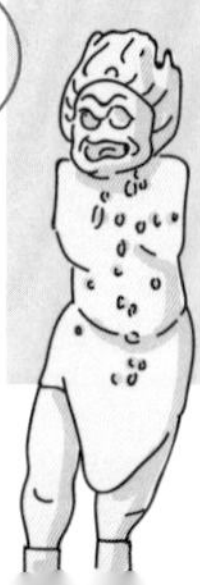

素通りすると罰が当たる?!

少し怖い見た目だが、れっきとした菩薩様。空海の作とも伝わり、歯痛にご利益があるそう。元は南大門に安置されており、拝まず素通りすると罰が当たったという言い伝えも?!

東寺のおたのしみ

1 早起きして行きたい！ 生身供《しょうじんく》

毎朝6時から参加できる、空海へ食事をお供えする法要。大師堂の国宝・弘法大師像が御開扉される前で読経を行い、仏舎利を頂戴できる。朝から特別な時間を体験してみよう。

2 世界遺産マーケット 弘法市《こうぼういち》・がらくた市

空海の命日である21日に毎月開催される弘法市は、毎回1000以上のさまざまな店が軒を連ね、約10万人が集まる人気の縁日。毎月第1日曜のがらくた市も骨董好きに人気。

3 買い物もOK おみやげ

拝観受付と隣の食堂内にある売店（授与所）では、お守りや様々な東寺グッズが買える。品揃えが異なるので、両方行ってみよう。

まねき猫みくじ
300円

一筆箋（とばつ毘沙門天）
500円

毘沙門堂《びしゃもんどう》

江戸時代の建立で、以前は兜跋毘沙門天立像（宝物館蔵）が安置されていた。都七福神の一つ

大師堂《だいしどう》（御影堂《みえどう》）

弘法大師空海が居住した所。お堂は南北時代の再建で、祀られる弘法大師像ともに国宝。毎朝「生身供」が行われる

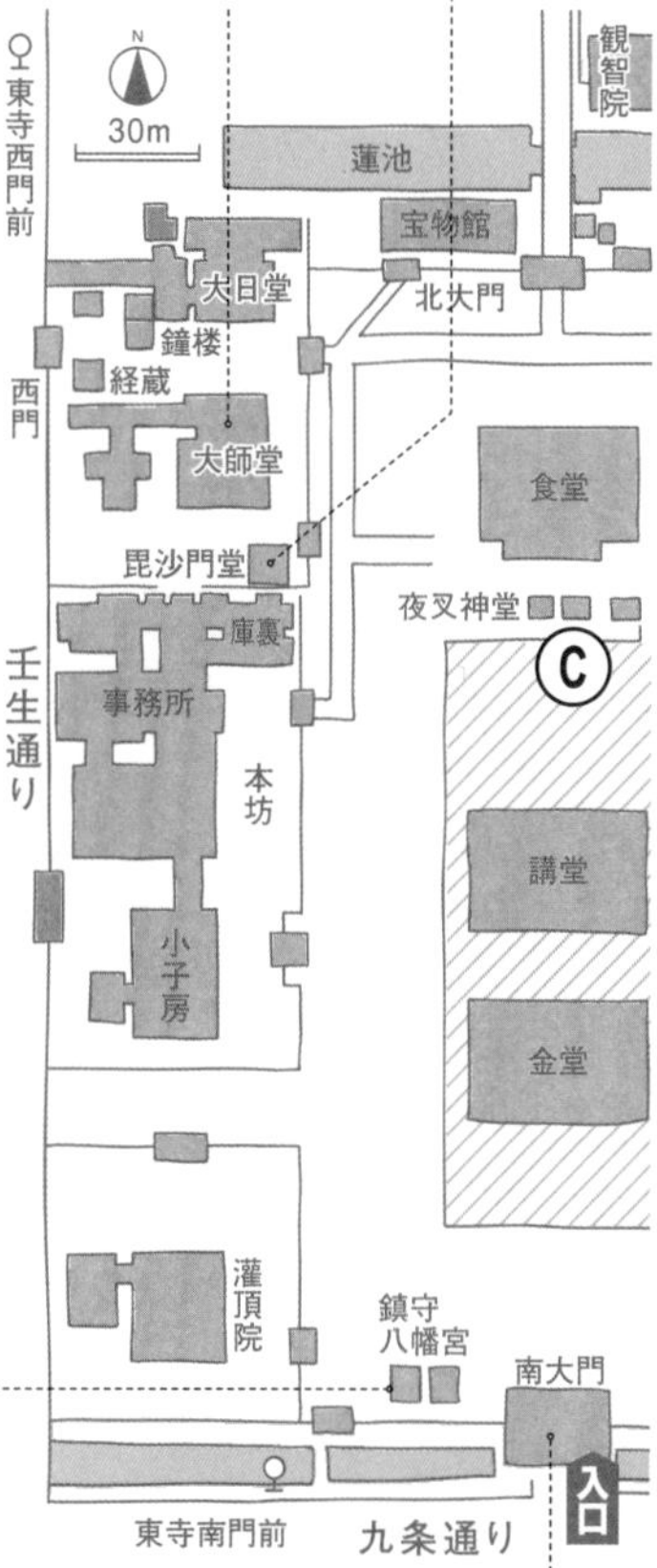

南大門《なんだいもん》

高さ約13m、幅約18m、切妻造本瓦葺、三間一戸八脚門。東寺の正門で重文。1895（明治28）年、三十三間堂の西門を移築

鎮守八幡宮《ちんじゅはちまんぐう》

東寺創建時に建立。伝空海作の神像・僧形八幡神と女神二尊を祀る。ここから放たれた神矢が足利尊氏を守った伝説も

世界遺産

(02)

仁《にん》和《な》寺《じ》

皇室カルチャーを伝える雅の殿堂といえばここ

　京都の世界遺産の中で、雅さナンバーワンといっても過言ではないのがこちら。八八八(仁和四)年に宇多天皇が開山して以来皇族との関係が深く、江戸時代末期の第三十世 純仁法親王までの約千年、皇室出身者が住職を務めたという長い歴史があります。『徒然草』に登場する「仁和寺にある法師」のフレーズを思い出す人も少なくないはず。

　仁和寺を語るうえで欠かせない存在が、中門以北の西側に広がる「御室桜」。背が低く、遅咲きとしても知られる桜で、国の名勝にも指定され

ココがすごい！　☑ 皇室ゆかりの寺院　☑ 御室桜《おむろざくら》

菊と桜がトレードマーク！

もう一つの〝御所〟、ここにあり。

ています。その様子が与謝蕪村ら俳人にも詠まれるなど、文化の香りが漂う寺院です。

御室桜の見頃は、4月上～中旬と比較的遅め。一般的なサトザクラより背が低いのは、土壌が粘土質のためともいわれる。御室花まつりは、3月中旬～5月上旬に実施

きぬかけの路

TEL 075-461-1155

京都市右京区御室大内33／9:00～16:30（12～2月は～16:00、御室花まつり期間は8:30～17:00）／御所庭園800円（御室花まつり500円）／市バス御室仁和寺からすぐ／無休／100台（有料）

一部不可

上／歴代門跡の位牌を祀る霊明殿 下／純和風の鐘楼

天皇・皇室出身者が寺をプロデュース

仁和寺は、平安時代に宇多天皇[※1]が開山した真言宗御室派の総本山。剃髪した宇多法皇が仁和寺に入り、御座所である「御室」を設けたことから、御室御所とも呼ばれていました。境内のあちこちに華やかな建物や意匠が残り、今もどこかロイヤルな雰囲気が漂います。その理由は、宇多天皇が譲位、出家され仁和寺第一世法皇となって以降、第三十世純仁法親王が還俗されるまでの約千年間、皇室出身者が代々住職を務めた門跡寺院[※2]だったから。多くの堂宇が応仁の乱で焼失し、江戸時代の三代将軍家光の承諾を得て一六四六（正保三）年に再建。御所から下賜された紫宸殿[※3]は金堂に、清涼殿は御影堂に姿を変え、現在も当時の雅さを伝えています。

細部に隠れる桜や菊柄を探してみよう

皇室との切っても切れない縁を伝えるものとして、各所に菊の御紋が残り、金堂の錺（かざり）金具には、至る所で見つけられます。一方の桜は、仁和寺の寺紋が「二引きの桜」のため、こちらも錺金具、金堂前の香炉台、御殿の唐門などで見られます。

また「仁和寺御所庭園」と呼ばれる場所があり、こちらも雅さの宝庫。中心的役割をもつ宸殿のほか、画伯の襖絵がある白書院、黒書院、そしてそれらの建物を結ぶ木造の渡り廊下も、王朝ロマン漂う造りに。宸殿から眺める北庭も必見です。

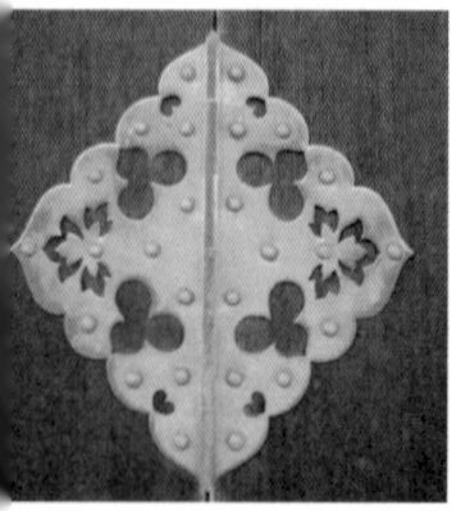

透かしが桜の花びら！

注目KEYWORD

※1 【宇多天皇《うだてんのう》】
第五十九代天皇。八九七（寛平九）年に譲位し、のちに出家して宇多法皇となった。先帝である光孝天皇の遺志を継いで仁和寺を開いた。

※2 【門跡寺院《もんぜきじいん》】
皇族や貴族が歴代の門跡（住職）を務めてきた寺院のこと。京都では仁和寺のほか、青蓮院、三千院、大覚寺なども門跡に該当する。

※3 【紫宸殿《ししんでん》】
内裏の正殿にあたり、御所の中で最も格式が高い建造物。天皇の即位式をはじめ、重要な儀式や法要などが行われることが多かった。

御殿図解

どこを切り取っても雅な御殿の中には、CMや映画で見たことあるかも! な世界が広がっています。

お姫様気分になれる！

仁和寺御所庭園《にんなじごしょていえん》

二王門をくぐってすぐ左にある仁和寺御所庭園（御殿）は、見どころたっぷり。建物をつなぐ廊下、襖絵、透かし彫りの欄間などディテールも美しく、二つの庭園も趣が異なり味わい深い。

五重塔も景色に“出演”
[北庭《ほくてい》]
宸殿北にある池泉式庭園。五重塔を愛でる、隠れたビューポイント。塔の下には中門がチラッ！

兄弟愛の結晶茶室
[飛濤亭《ひとうてい》]
光格天皇が兄・深仁法親王のために建てた、遺愛の茶室。重文

“透かし”がスゴイ！
[勅使門《ちょくしもん》]
牡丹唐草などの彫刻で埋め尽くされる。年1回、福王子神社の神輿が通る時のみ開門

「大奥」気分を楽しめる！
[御殿回廊《ごてんかいろう》]
カクカクと折れ曲がった廊下。建物を結び、坪という小さな2つの庭を通る

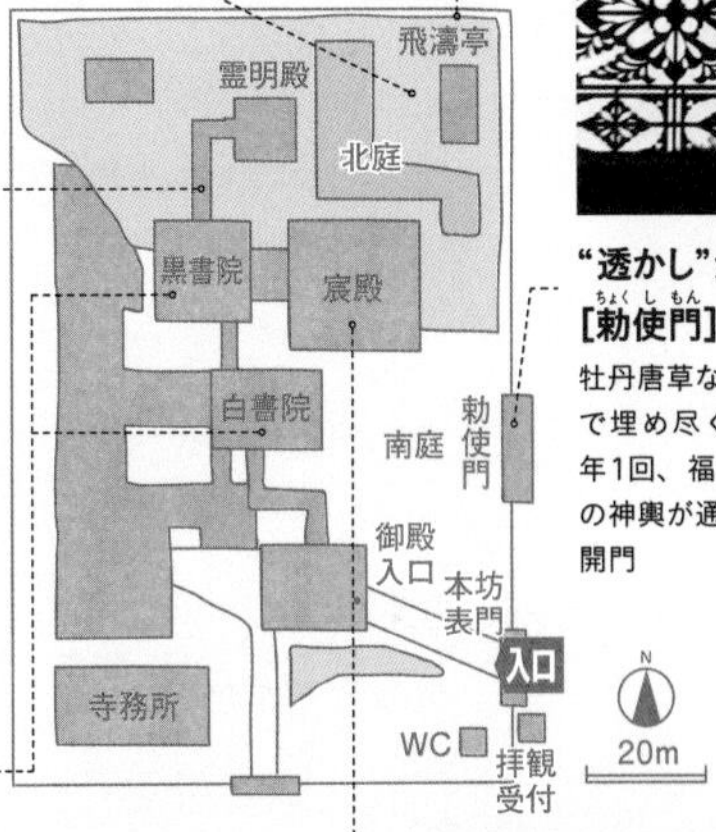

違いを探せ！
白vs.黒
[白書院《しろしょいん》・黒書院《くろしょいん》]
位置は宸殿に対し西か南か、障壁画は堂本印象筆か福永晴帆筆かなど、比べながら見るのも面白そう

中もアーティスティック！
[宸殿《しんでん》]
門主が本坊として生活した御殿の中心的建物。障壁画は原在泉筆

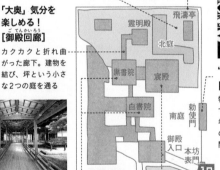

仁和寺 見どころ MAP

仁和寺の拝観は、きぬかけの路に面した二王門からスタート。二王門からまっすぐ北へのびる参道の先に立つ金堂をはじめ、御影堂、五重塔など風雅な伽藍を順にめぐろう。御殿や霊宝館など見どころが多いので、時間配分は余裕をもって。＋αの楽しみを見つけたいなら、仁和寺のホームページで御室桜の開花情報などもチェック。京都市街の桜が散り始めても見られることが多い。

◆創建：888（仁和4）年 ◆本尊：阿弥陀三尊 ◆拝観所要時間：1時間 ◆特別拝観では通常非公開堂宇や宝物、文化財が公開される。霊宝館は年に4回、名宝展を開催し貴重な寺宝を展示する。（開催期間等はHP要確認）

経蔵《きょうぞう》

中央には八面体の回転式書架があり、768もの経箱が納められている。重文

九所明神《くしょみょうじん》

伽藍を守護。石清水八幡宮の八幡三神など、京都の名だたる神社の神様9柱がここに！

霊宝館《れいほうかん》

年4回、各回それぞれにテーマを設けて開館する。仏像、仏具、経典などがズラリ

＼ 京都の四大五重塔の一つ ／

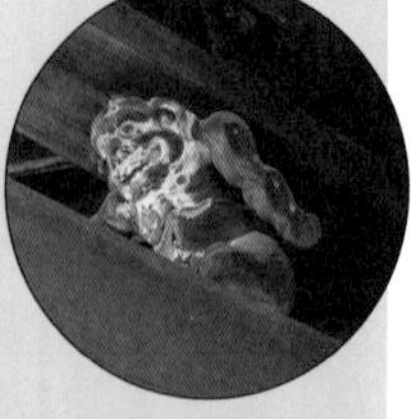

屋根の四方の裏側で、邪鬼が屋根を支えている。これは罰ではないそう

仁和寺の おたのしみ

1 京の遅咲き桜といえば！ 御室桜《おむろざくら》

江戸時代の名所案内『京城勝覧』に記載があり、古くから人々に親しまれてきた。遅咲きで背の低い桜。

2 2時間でお遍路できる！ 八十八ヶ所ウォーク

裏山にある御室八十八ヶ所霊場の札所で、スタンプラリー開催。4〜12月（8月除く）の第1日曜、9〜11時に茶所で受付、500円。

3 早朝の境内を独り占め！ 宿坊・おみやげ

境内の宿坊「御室会館」に泊まると、僧侶の朝のお勤めを特別に参拝でき、開門前の清々しい境内も散策可♪

開運健康おむろ桜守 700円

御朱印帳 左 1400円
右 1680円

御《み》影《え》堂《どう》

弘法大師像、宇多法皇像、性信親王像を安置する。内裏の清涼殿の材を使用している

水《みず》掛《かけ》不《ふ》動《どう》尊《そん》

石造りの不動明王像に水をかけて祈願することから、水掛不動尊の名で親しまれている

観《かん》音《のん》堂《どう》

修行僧のためのお堂。本尊が祀られ、創建当時の障壁画が残る。通常非公開

二《に》王《おう》門《もん》

高さ18.7mの堂々たる門。左右に阿吽の二王像、後面に唐獅子像を安置する

仁《にん》和《な》寺《じ》御《ご》所《しょ》庭《てい》園《えん》

宸殿、黒書院、白書院など7棟の建物と2つの庭園で構成。全体が御所風

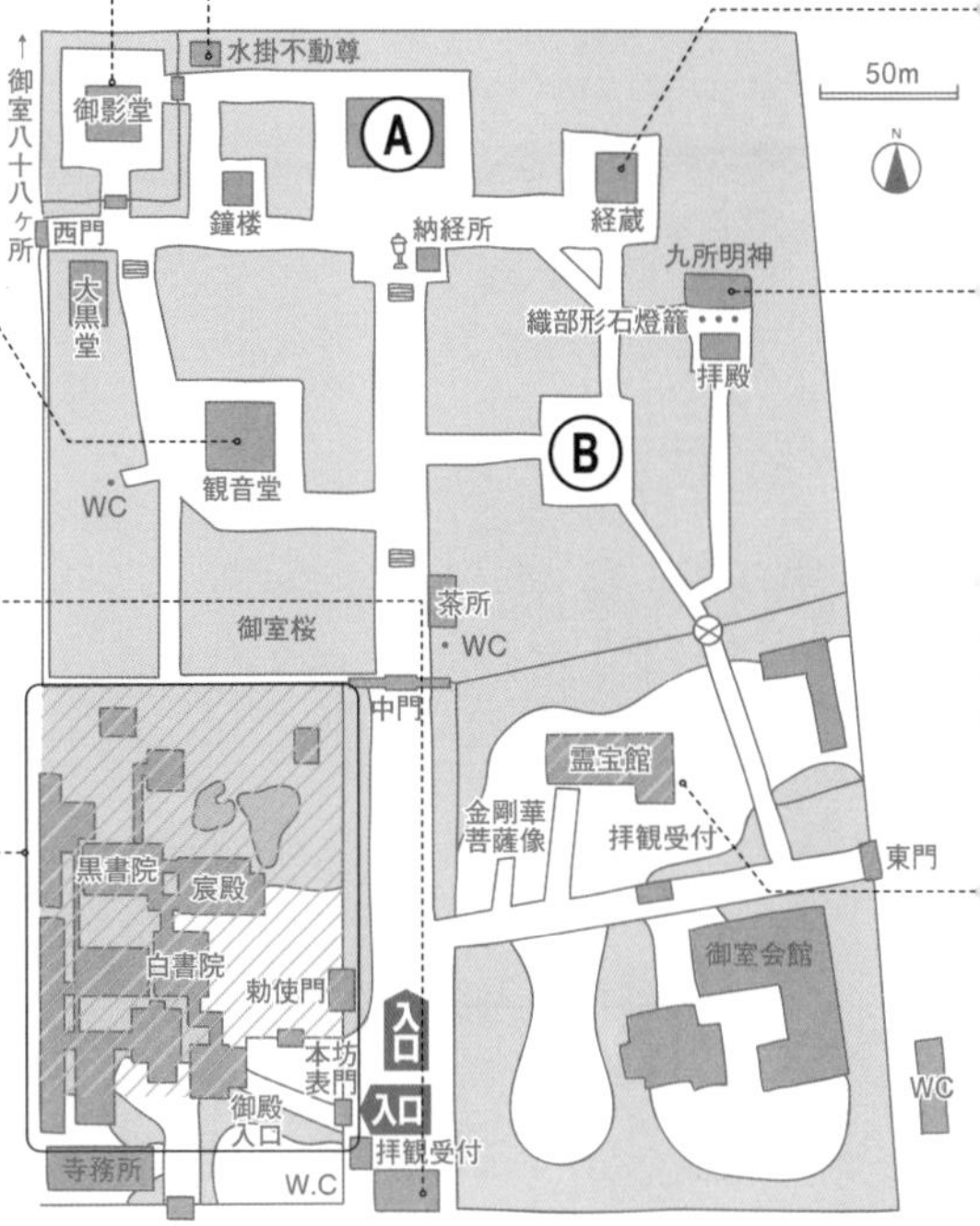

見逃せない!

Ⓐ 金《こん》堂《どう》

境内正面突き当たり
これぞ雅な本堂!

現存する最古の紫宸殿建築。本尊の阿弥陀三尊像などが安置され、極彩色の壁画が飾る。通常内部非公開

Ⓑ 五《ご》重《じゅうの》塔《とう》

赤い彩色が残る
仁和寺の五重塔

1644(寛永21)年に建立された塔で、内部に大日如来や無量寿如来などを祀る。塔身約32m、総高は約36mにもなり、上層から下層にかけてほぼ同じ大きさの屋根が設けられているのが特徴。実は東寺の五重塔と“同級生”

世界遺産

(03)

下《しも》鴨《がも》神《じん》社《じゃ》

賀《か》茂《も》御《み》祖《おや》神《じん》社《じゃ》

縁結び＆美人祈願もあります

太古の森は、神様と祭のオンパレード！

ココがすごい！ ☑ 神秘的な糺《ただす》の森 ☑ 縁結びの相《あい》生《おい》社《のやしろ》

右／糺の森にある、直線400mの馬場で行われる流鏑馬（やぶさめ）神事。勇壮な光景に大勢の観衆が拍手喝采！ 上／森の奥に立つ南口鳥居 下／縁結びの相生社でおみくじも

広さは東京ドームの三倍 原生林に囲まれた古社

町なかにあって、本物の原始時代が残る場所、下鴨神社参道の糺の森。古代豪族・賀茂氏の始祖とされる主祭神がこの地にやって来たのも神話の時代で、社殿の造営は紀元前九〇年とも。そんな太古のパワーと木漏れ日を体いっぱいに浴びながら、森に住む神々に会いに行きましょう。

下鴨神社

TEL 075-781-0010

京都市左京区下鴨泉川町59／6:00〜17:00（大炊殿拝観は10:00〜16:00）／500円（大炊殿）／市バス下鴨神社前から徒歩5分／無休／100台（有料）

一部不可

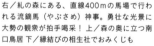

エンブレムでおなじみのヤタガラスが御祭神!?

本殿は糺の森の最北。主祭神・[※1]賀茂建角身命と、その御子神の玉依媛命（たまよりひめのみこと）を祀ります。賀茂建角身命は、神武天皇が東征して熊野から大和へ入る時、[※2]八咫烏となって道案内をしたという神様。この大仕事の後、山城の地に降り立たれたと伝わります。

このようないきさつもあり、当然のように朝廷の深い崇敬を集めた下鴨神社。多くの荘園が寄贈され、『源氏物語』や『枕草子』にも登場するなど大いに栄えました。時代が戦乱の世になる頃には、一般庶民の信仰で支えられるようになり、人々は親しみを込めて「しもがもさん」の愛称で呼ぶように。一六二九（寛永六）年の式年遷宮では多くの社殿が建て替えられ、今に至る美麗な佇まいになりました。

神様が集う森だからご利益もいっぱい♪

賀茂建角身命は厄除け・開運、道開きや勝利の神様で、玉依媛命は上賀茂神社の神様のお母さんで、安産・子育てにご利益があるそう。言社には、干支ごとに分かれて神様が祀られ、商売繁盛はもちろん、水の神に蹴鞠の神、和歌の神などちょっとコアな専門分野の神様まで。また、[※3]連理の賢木や[※4]何でも柊など思わず神業！と言いたくなるような不思議なスポットも多いので、参拝前にしっかり下調べを。盛りだくさんですが、参拝は当然のことながら本殿から。次に干支の神様、というのが古くからの習わしです。

上／春の季節は、桜と一緒に楼門の写真を撮ろう。糺の森が季節を彩る
下／同じ柄がない、自分だけのお守り！

注目KEYWORD

※1 【賀茂建角身命《かもたけつぬみのみこと》】
古代の京都をひらいた神。玉依媛命の父神で、賀茂別雷大神の祖父神。神武天皇東征の際、八咫烏となり道案内したという。

※2 【八咫烏《やたがらす》】
八咫とは広くて大きいという意味。三本足で、天地人を表すという。

一年中お祭だらけ！人気行事に行ってみよう

古来、京都で祭といえば葵祭のこと。約千四百年前の欽明天皇の頃、飢饉を収めるために天皇が下鴨・上賀茂両社に使いを出したことに始まります。『続日本紀』には、葵祭に見物人が多く集まるので警備するよう命令が出た、と書かれるほどの人気ぶり。

他にも、宮中の伝統を伝える蹴鞠はじめ、葵祭前儀式で日本最古の神幸列・御蔭祭[※5]、土用の丑の日に無病息災を祈る足つけ神事など多くの祭があるので、旅の目的にするのもいいのでは。

注目の祭事・イベント

数ある下鴨神社での神事や催しの中から、特に人気の行事をピックアップ。

1月
4日　蹴鞠はじめ
京の伝統行事「蹴鞠」が奉納される

2月
3日　節分祭
福豆・福餅まきなどが行われる

3月
3日　流し雛
ひな人形を流し、子どもの無病息災を祈る

5月
3日　流鏑馬神事
15日の葵祭の前儀として、糺の森の馬場で騎射が行われる

6月
上旬　蛍火の茶会
夕方から行われる風雅な催し。お茶席で蛍を観賞。糺の森納涼市も開催

7月
土用の丑（前後5日間）
御手洗祭（足つけ神事） ▶P.180
御手洗池の中に足を浸して無病息災を祈る

9月
中秋の名月
名月管絃祭
観月茶席で名月と舞楽などを楽しむ。平安時代からの伝統を伝える

10月
20日　崇敬者大祭
秋の実りを感謝する祭。模擬店などで賑わう。えと祈願祭とも言う

11月
28日　お火焚祭
出雲井於神社の神前で火を焚き上げる。風邪除けのミカンも

※3 **【連理《れんり》の賢木《さかき》】**
二本が中ほどでつながって一本になっている不思議な姿の木。相生社の縁結びの御神木。

※4 **【何《なん》でも柊《ひいらぎ》】**
出雲井於神社の周りに厄除けのために木を植えると、なぜか葉がギザギザになって柊のように！その理由は不明とか。

※5 **【御《み》蔭祭《かげまつり》】**
五月十二日、主祭神の御魂が生まれる（荒魂）という洛北・御蔭の地から、荒魂を遷す神事。優雅な舞「東遊」を奉納。

相生社の連理の賢木

下鴨神社 見どころ MAP

下鴨神社の建築群は、国宝二棟、重要文化財五十三棟。それぞれの建物はもちろん、何げないスポットにも古代からの様々な言い伝えが残っているので、案内板をしっかり読みつつ巡拝を。また境内は、『方丈記』でおなじみの鴨長明が生まれた河合神社、和歌の神で『徒然草』に登場する橋本社・岩本社、源氏物語がモチーフの相生社のおみくじもあり、文学的要素も満載。

◆創建：不詳。BC90（崇神天皇7）年には瑞垣修造の記録あり　◆祭神：賀茂建角身命、玉依媛命　◆拝観所要時間:2時間　◆大炊殿（おおいどの）など、通常特別拝観あり

境内MAP

古代祭祀跡《こだいさいしあと》

縄文期からの祭祀跡の石敷を再現。旧奈良の小川のすぐ近く

手水舎《てみずしゃ》

神話にならい、神様が乗る船形の中にある。水は糺の森の湧水

泉川《いずみかわ》

参道の東側、糺の森の中を自然と調和するように静かに流れる

瀬見《せみ》の小川《おがわ》

参道の西側を流れ、賀茂川へと注ぐ。瀬見とは清らかに澄んでいる様子のことで、枕詞にもなる

＼森林浴気分♪／

見逃せない！

Ⓑ 河合神社《かわいじんじゃ》

ここでも登場！
美麗の神・玉依姫命様

第一摂社で女性守護。鏡絵馬は、絵馬に描かれている顔に自分のメイク道具でお化粧を施して ▶P.225

美人になれますように！

さすがにツケマはしないよね

＼河合だけにかわいく?!／

Ⓐ 糺《ただす》の森《もり》

3万6千坪の原生林は
みんなが癒やされる場所

古代・山背原野の名残で、ケヤキ、エノキ、ムクノキなどの広葉樹を中心に40種もの樹木が生い茂り、2つの小川がキラキラと流れる

三《みつ》井《い》神《じん》社《じゃ》

賀茂建角身命夫妻神、玉依媛命を祀る。親子三柱パワーは強力そう

印《いん》璽《じ》社《しゃ》

西本殿そばの社に印璽が祀られる。大事な契約時にお参りしたい

言《こと》社《しゃ》

7つの社に干支の神様を祀る。本殿参拝の後に、自分の干支の社をお参り

西《にし》本《ほん》殿《でん》・東《ひがし》本《ほん》殿《でん》

神社の多数を占める流造りの原型。現在の建物は1863(文久3)年の再建で国宝。西に賀茂建角身命、東に玉依媛命を祀る

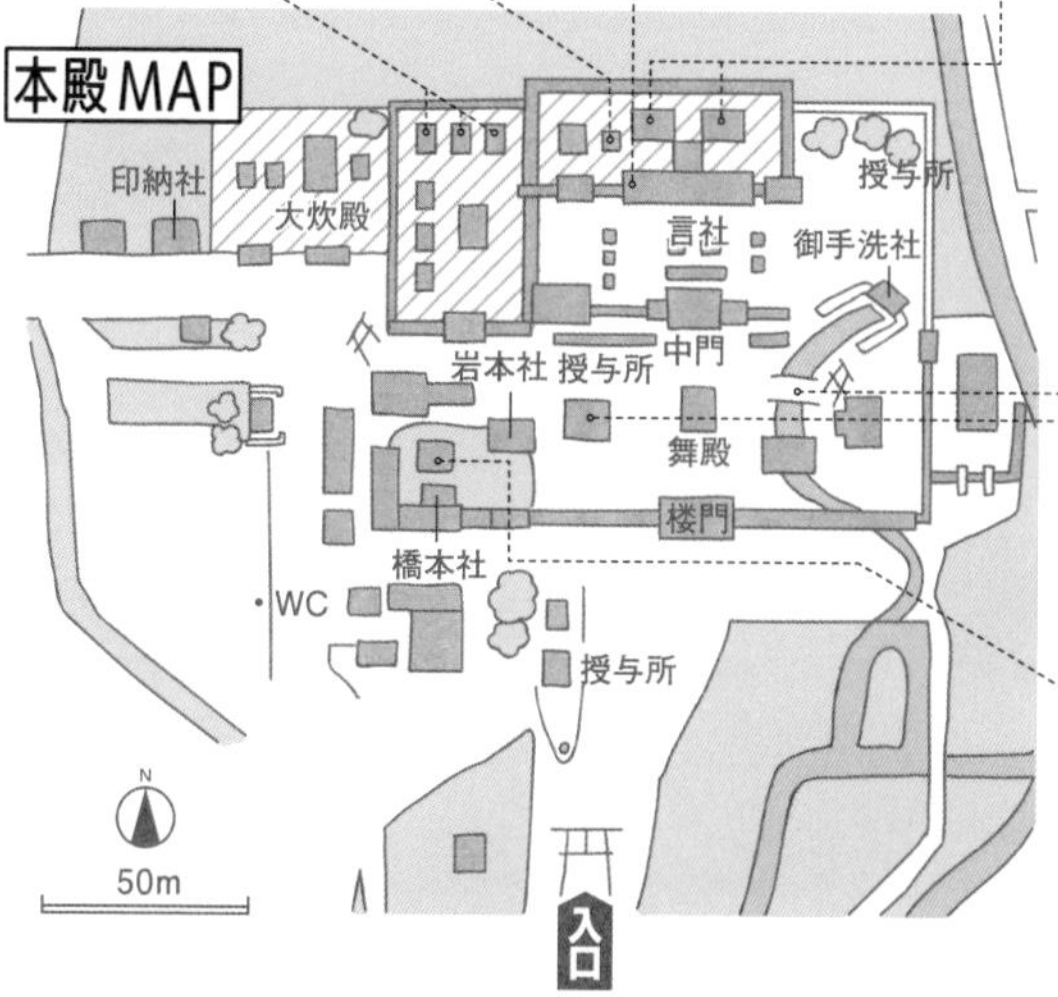

輪《そり》橋《ばし》

御手洗池にかかる。そばに、尾形光琳作「光琳白梅図屏風」の梅

神《しん》服《ぷく》殿《でん》

もとは夏、冬の神服を奉製した御殿。殿内には「開けずの間」があり、天皇行幸の際の御座所となった。特別公開の時は要チェック

出《いず》雲《も》井《いの》於《への》神《じん》社《じゃ》

通称は比良木神社。出雲の神、スサノオノミコトを祀る。井於とは川のほとりの意味

下鴨神社のおたのしみ

1 絶品スイーツを! さるや

ここではぜひ「申餅」を食べたい! 葵祭の中の日に、神前に供えられたという御餅。まめ豆茶・申餅セット600円。

140年ぶりに復元!

2 絶大な縁結びパワー 相《あい》生社《おいのやしろ》

1人で行っても良し、カップルでも良し。縁結び祈願のルールは、隣の授与所で教わろう。

▶P.223

3 キレイになりたい! 美人水・おみやげ

相生社横で授与。レース御守2000円

ほんのり甘くて美味しい!

河合神社休憩所の「かりん美人水」は、天然蜂蜜&花梨&御神水で430円。本殿近くで採れるカリン入り。

世界遺産

(04)

平《びょう》等《どう》院《いん》

極楽に憧れすぎて…とことん再現しました！

社会不安が募り、貴族らの中で末法思想が広がっていた平安後期。人々は極楽浄土へと導いてくれる阿弥陀如来への信仰を深めていました。時の権力者、藤原道長もその一人。息子の頼通は、亡き道長の思いを継いで、父の別荘宇治殿を寺院に改めて創建。その翌年の一〇五三（天喜元）年に阿弥陀如来坐像を安置する阿弥陀堂を建立しました。

仏教の経典に描かれている極楽浄土の楼閣を、当時の技

10円玉と1万円札にも！

ここは、極楽のテーマパークです。

ココがすごい！ ☑ 鳳凰堂 ☑ 雲中供養菩薩像

術の限りを尽くして現世に出現させたのが、この有名な鳳凰堂こと阿弥陀堂なのです。

鳳凰堂の中も、極楽浄土さながらの光景が広がる。大きな阿弥陀如来坐像の周りを雲中供養菩薩像が楽しそうに飛び回る。建立当初の色彩は、どれほどきらびやかだったのだろう

宇治

TEL 0774-21-2861

宇治市宇治蓮華116／8:30〜17:15（最終受付、鳳翔館は9:00〜16:45最終受付）／600円／JR・京阪宇治駅から徒歩10分／無休／なし

足を踏み入れたら そこは極楽浄土

内部拝観は、鳳凰堂の歴史解説などもある

藤原頼通[※1]が極楽浄土への思いの丈を込めて造った阿弥陀堂は、真っ赤[※2]に塗られたお堂の中に本尊の阿弥陀如来坐像と雲中供養菩薩像[※3]が安置されています。壁扉画には信仰の世界観が表現され、それが現存する日本最古の大和絵風「九品来迎図」。生前の行いや信仰によって違う、臨終の際のお迎えパターン九つが、当時の日本の風景や四季と共に描かれています。

柱や天井に至るまで、部材すべてが極彩色の宝相華文様などで装飾され、須弥壇や天蓋に至っては螺鈿がはめ込まれ、さらに天井には六十六もの銅製鏡が。いくつもの仕掛けが施された堂内は、外からのわずかな光でキラキラ輝いたに違いありません。

キーワードは「鳳凰」 吉兆を知らせる幸せの鳥

創建時は阿弥陀堂と呼ばれていたお堂が鳳凰堂と呼ばれるようになったのは、中堂の南北両端に鳳凰が据えられているからとも、阿弥陀堂の姿が尾の長い鳥が翼を広げた姿に似ているからともいわれています。

そもそも鳳凰とは、中国の神話に登場する伝説上の鳥。縁起の良い瑞鳥で、鳳凰堂の一対以外では金閣寺の屋根などで見られます。ちなみに、二〇〇四（平成十六）年から発行されている一万円札に描かれるのは、鳳凰初代(国宝)の南像。鳳翔館ミュージアムにて対面できます。

一万円札を広げて、見比べてみよう

注目 KEYWORD

※1 【藤原頼通《ふじわらのよりみち》】
平安中期の公卿関白で、摂政・藤原道長の長男。父の死後は政界のトップとなり、父の遺志を継いで宇治の別荘を寺院に改めて平等院とした。

※2 【赤】
朱色より深みがある赤色。大改修の調査で丹土(につち)という顔料が使われていたと判明。今まで使われていた鉛丹(えんたん)から丹土に変えて修復された。

※3 【雲中供養菩薩像《うんちゅうくようぼさつぞう》】
阿弥陀如来と共に、飛雲に乗って来迎する菩薩。楽器を奏でたり、舞を舞っていたりと様々な姿で表現されている。

鳳凰堂図解

阿弥陀堂が鳳凰堂と呼ばれるようになったのは、江戸時代の初め頃。意外に最近なので、ちょっとびっくり！

10円玉でおなじみのフォルム

国宝 平等院鳳凰堂《びょうどういんほうおうどう》

《一〇五三年》入母屋造り
真上からは翼を広げた鳳凰の姿に見えるそう

実用性はない
[二層部《にそうぶ》]
左右の翼廊の2階部分に実用性はなく、全体でのバランスをみて軽快さと優美さを演出

輝く2代目！
[鳳凰《ほうおう》]
屋根の棟飾りとして取り付けられている一対の鳳凰は、いわば当時のラッキーアイテム

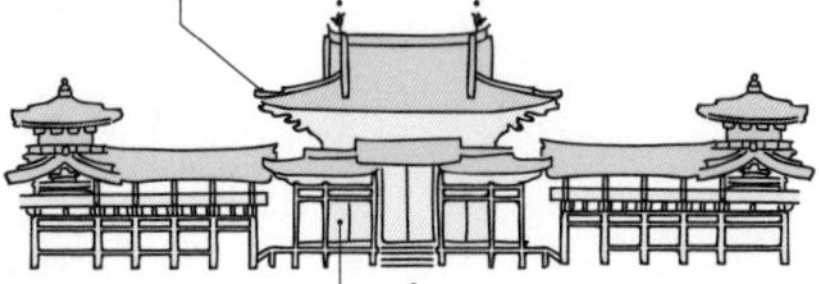

目がくらむ〜
【彩色《さいしき》】
創建時の堂内は、柱や壁、長押(なげし)、貫(ぬき)、天井などすべてが極彩色だった

彼岸をイメージ
[洲浜《すはま》]
建物下にこぶし大の礫(れき)が敷き詰められた、洲浜のある浄土庭園になっている

仏像図解

正面からお堂を見てみれば、あらら！阿弥陀如来様のお姿が。「本尊（私）を拝まずに帰るな」ってこと？

外からひょっこりお顔が見える

国宝 阿弥陀如来坐像《あみだにょらいざぞう》

《一〇五三年》木造漆箔
平安後期の大仏師・定朝の作。日本独自の寄木造りの完成形

透かしに飛天が！[光背《こうはい》]
仏から発する後光を表現。光背には、大日如来と飛天が配されている。12光仏の化身とも

踊るUKB52
[雲中供養菩薩像《うんちゅうくようぼさつぞう》]
雲に乗り音楽を奏で舞いながら、極楽浄土へと誘う。楽器類のほか、蓮台、宝珠などを持つ

リアリティ重視
[表情・体格]
和風のやわらかな表情、ふっくらとした体つき。定朝の作風が見て取れる

決めポーズです
[印相《いんそう》]
仏像の手や指のポーズのこと。仏教の教えや、仏の伝えたいことがわかるハンドサイン

平等院 見どころ MAP

鳳凰堂を中心に史跡・名勝に指定されている庭園やミュージアム「鳳翔館」など、見どころが詰まった平等院。阿字池の周囲をぐるりと巡って、平安人が夢見た極楽世界を体験しよう。

　参拝は、太陽が鳳凰堂の阿弥陀如来坐像のご尊顔を照らし出す朝一番がおすすめ。阿字池に映り込む鳳凰堂の姿は絶景で、まさに浄土。境内に咲く花の見頃もチェックして出かけよう。

不動堂《ふどうどう》

不動明王を本尊とする最勝院の本堂。災難除不動尊として信仰される。役小角(えんのおづぬ)の像も

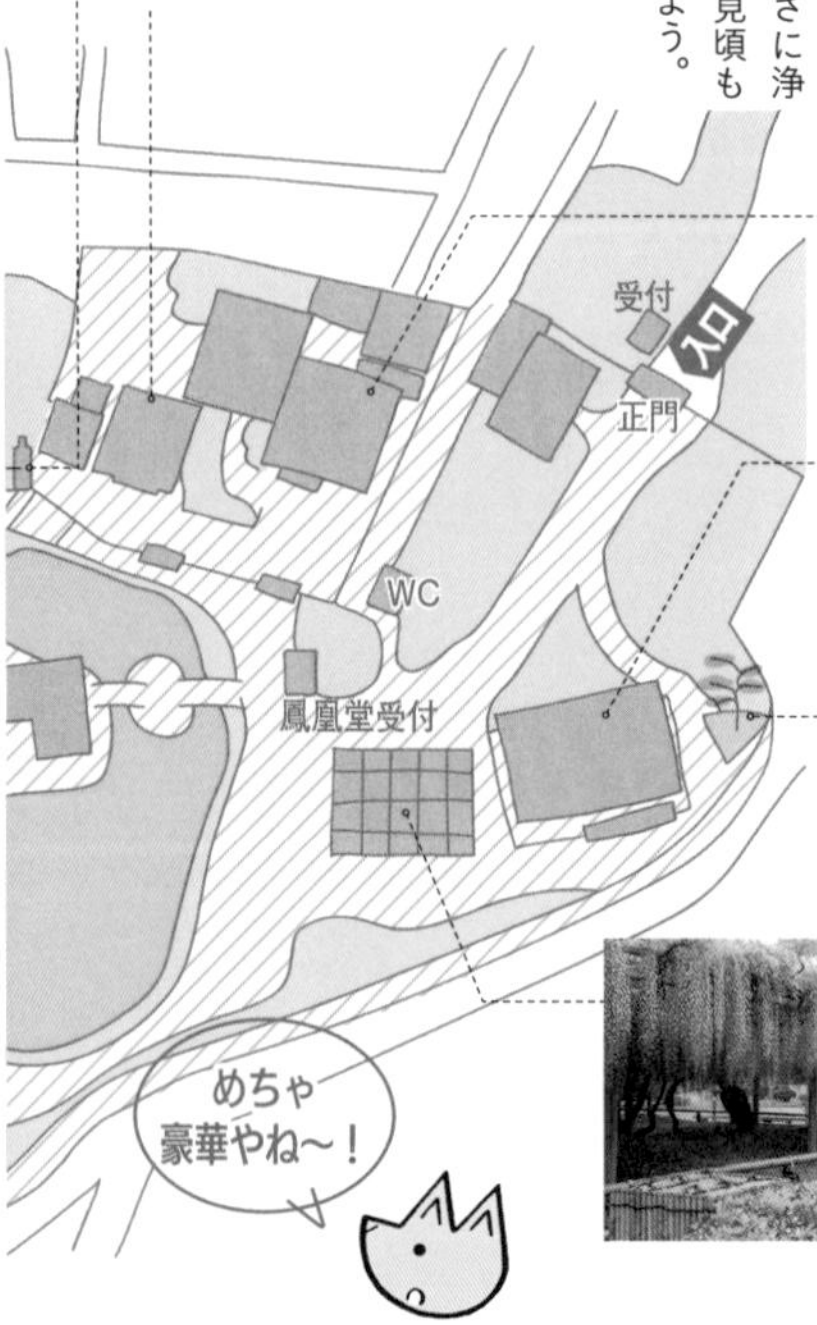

最勝院《さいしょういん》

平等院に2つある塔頭の一つ。源頼政の念持仏などが伝わる

観音堂《かんのんどう》

重要文化財。非公開。創建当時の本堂跡に再建された鎌倉時代前期の建物で、天平以来の格式の高い様式にならっている

扇《おうぎ》の芝《しば》

平家に敗れた源頼政の自害の地。軍扇にちなみ扇状になっている

藤棚《ふじだな》

樹齢300年ともいわれ、満開時はまるで滝のような美しさ。4月下旬が見頃

見逃せない！

Ⓐ 鳳凰堂内部《ほうおうどうないぶ》

極楽浄土の宮殿は中もやっぱり極楽

阿弥陀如来が、52体の雲中供養菩薩を従えてこの世に来迎。天井、天蓋、柱に壁……色と光が輝く極楽の世界。平安後期の様々な技術を駆使した空間は、ゴージャスの極み

◆創建:1052(永承7)年、開基・藤原頼通、開山・明尊 ◆本尊:阿弥陀如来 ◆拝観所要時間:1時間 ◆境内にミュージアム併設 ◆鳳凰堂内部拝観は別途300円必要、9:30〜16:10(20分ごと、最終受付)各回定員50名、先着順

浄土院《じょう ど いん》

塔頭の一つで、平等院修復のため、浄土宗の栄久上人が開創

羅漢堂《ら かん どう》

宇治市指定文化財。茶師・星野道斎とその息子たちによって建立

養林庵書院《よう りん あん しょ いん》

重要文化財。非公開。桃山城の遺構との説。狩野山雪筆の襖絵も

源頼政の墓地《みなもとの より まさ ぼ ち》

毎年命日の5月26日に法要「頼政忌」が執り行われている

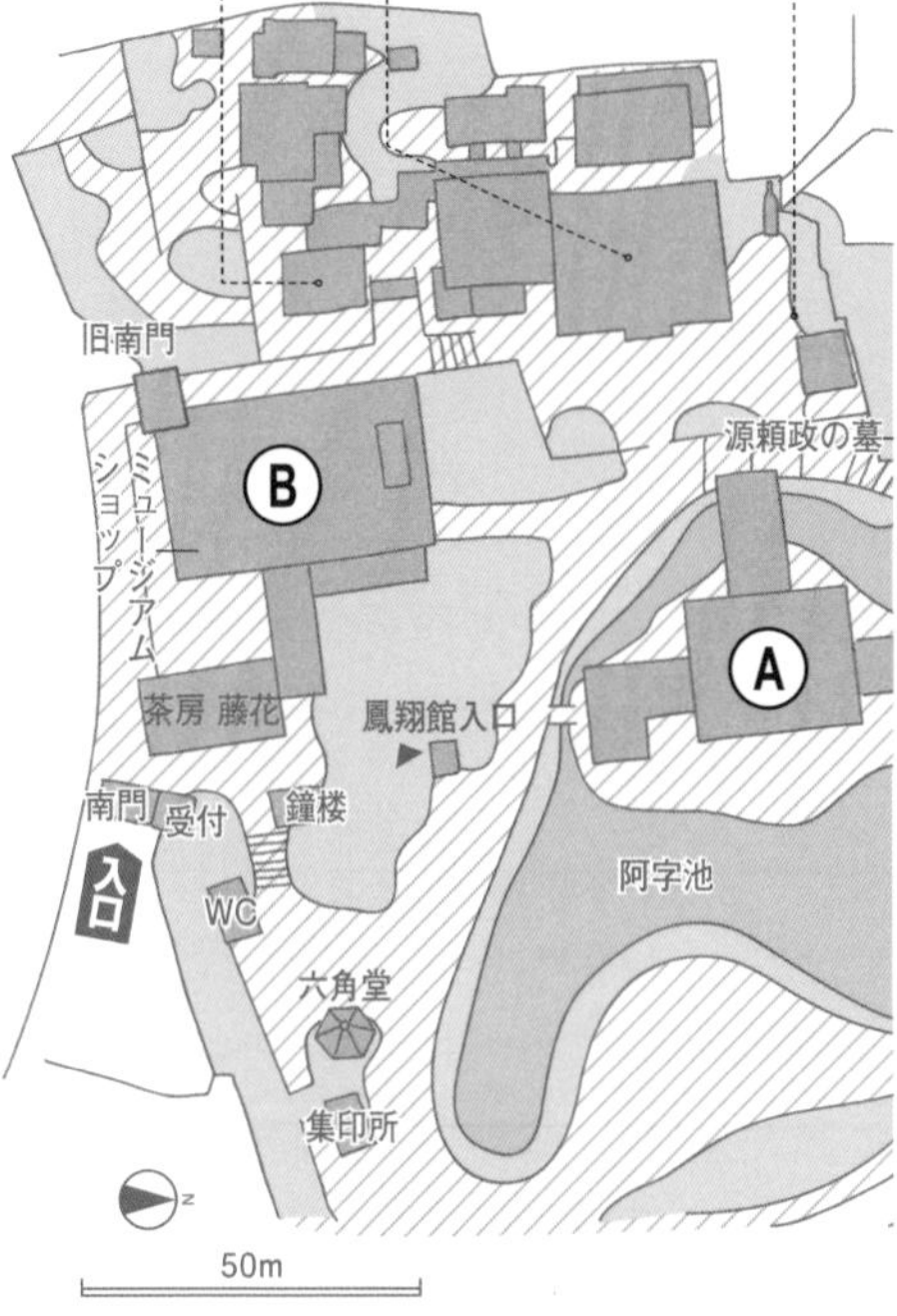

平等院のおたのしみ

1 秋に必見! ライトアップ

夜闇に浮かぶ紅葉と幽玄な鳳凰堂。例年11月中旬〜12月初旬の土・日曜・祝日のみ開催。詳細はHPで要確認。

2 宇治茶で一服 茶房《さ ぼう》 藤花《とう か》

庭園を眺めながら、100%京都産にこだわった宇治茶などを楽しめる。10:00〜16:00(LO)、月〜水曜休

3 充実してます おみやげ・グッズ

鳳翔館に併設するショップは、センスあふれるグッズでいっぱい!

雲中トランプ
800円

マスキングテープ
2個セット550円

雲中ブックマーカー
各600円

Ⓑ ミュージアム 鳳翔館《ほう しょう かん》

単なる宝物館じゃない
研究室であり美術館

雲中供養菩薩像26体をはじめ、梵鐘や鳳凰など、平等院に伝わる宝物を展示。鳳凰堂内部の彩色を再現した展示室も必見

世界遺産

(05)

醍《だい》醐《ご》寺《じ》

“醍醐味”も国宝も!

お宝がザクザク! 秀吉渾身の花見舞台

桜を七百本も移植! 秀吉も愛した「花の醍醐」

世に名高い、豊臣秀吉ご一行の「醍醐の花見」が開催されたのは、一五九八(慶長三)年旧暦三月十五日。もともと桜の名所であった醍醐寺に、秀吉は関西近隣諸国から七百本もの桜を移植させ、今に続く一大桜名所を築きました。この花見を催す以前から秀吉は、応仁の乱以降、荒廃していた醍醐寺の再興に力を貸していました。五重塔を修理し、金堂を再興、三宝院庭園は秀吉が自分で設計したほどで、醍醐寺第八十代座主・義演との深い親交がうかがえます。

ココがすごい! ☑ 上醍醐《かみだいご》下醍醐《しもだいご》 ☑ 豊臣秀吉

毎年4月第2日曜に催される「豊太閤花見行列」は、秀吉が醍醐寺で行った「醍醐の花見」にならった行事。ねねや秀頼、茶々ら一族郎党1300人を引き連れたという盛大な花見を体感できる

醍醐

TEL 075-571-0002

京都市伏見区醍醐東大路町22／9:00～最終受付16:30（12月第1日曜の翌日～2月末は～同16:00）、上醍醐は夏季9:00～同15:00、冬季は～同14:00／三宝院庭園・伽藍1000円（春は三宝院庭園・伽藍・霊宝館庭園1500円）、三宝院特別拝観500円、上醍醐600円／地下鉄醍醐駅から徒歩10分／無休／100台（普通車5時間1000円）

一部不可

桜の名所というだけあって、
あちこちで桜が楽しめる

スルーしがちな上醍醐に〝醍醐味〟があるんです

　これは醍醐寺に伝わる昔話。『むかーしむかし、平安時代の初め頃、聖宝《しょうぼう》・理源大師《りげんだいし》という偉いお坊さんが、五色の雲に誘われて笠取山(醍醐山)の山頂に着いた時、湧き出る水を飲んで「甘露。甘露。ああ醍醐味[※1]なるかな」とつぶやく老人に出会った。聖宝が声をかけると、老人はこの地の神の横尾大明神と名乗り、「この地を差し上げる」と言って消えてしまった。そこで聖宝は、自ら准胝《じゅんてい》・如意輪両観世音菩薩像を彫り、この地に納めたんだそうな』

　やがて現在の金堂の前身・釈迦堂が山麓に建てられ、堂宇が並ぶ下醍醐ができました。醍醐水は、今も上醍醐でコンコンと湧き続けています。

信長、秀吉の手を渡り歩いた天下の名石も

　三宝院は、一一一五(永久三)年に創建された寺院。花見の後、秀吉が応仁の乱で荒廃していたこの三宝院を改修した記録が、当時の座主・義演[※2]の日記に記されています。

　庭園は、聚楽第から藤戸石[※3]を運び込み、池や橋の配置を指示するなど、基本設計を秀吉が担当。醍醐山からの水をたたえた池の周りには、三段に組まれた滝など巧みな石組みが施され、鶴島・亀島も見ていて飽きません。秀吉の美意識が存分に発揮された庭園は、表書院から眺める造りになっていて、特別史跡・特別名勝に指定されています。

この庭は座って見よう

注目KEYWORD

※1【醍醐味《だいごみ》】
最上、神髄の意味で使われる「醍醐味」は、仏教の言葉である「醍醐」が語源と言われる。元の意味は最上の味わい、仏の教えにもたとえられる。

※2【義演《ぎえん》】
醍醐寺第八十代座主。二条家出身。兄が、秀吉に譲るように関白を離職。秀吉の働きかけで義演に准三后という高い位が与えられた。

※3【藤戸石《ふじといし》】
細川家にあったものを、織田信長が足利義昭の二条邸に移し、そして豊臣秀吉へと引き継がれた、天下の名石。

歴代座主が住んだ本坊的存在の三宝院は、建物の大半が重要文化財。お庭だって特別史跡＆特別名勝！

庭も室内も最高級

三宝院《さんぼういん》

醍醐寺の本坊のような存在で、歴代座主がここに住んだ。建物は大玄関から入り、勅使の間などを通って三宝院庭園正面の表書院へ続く。

一番豪華なお部屋！

[国宝 表書院《おもてしょいん》]

平安時代の寝殿造りの様式。上・中・下段があり、下段の間は畳を上げると能舞台になる。襖絵は長谷川等伯一派と石田幽汀筆

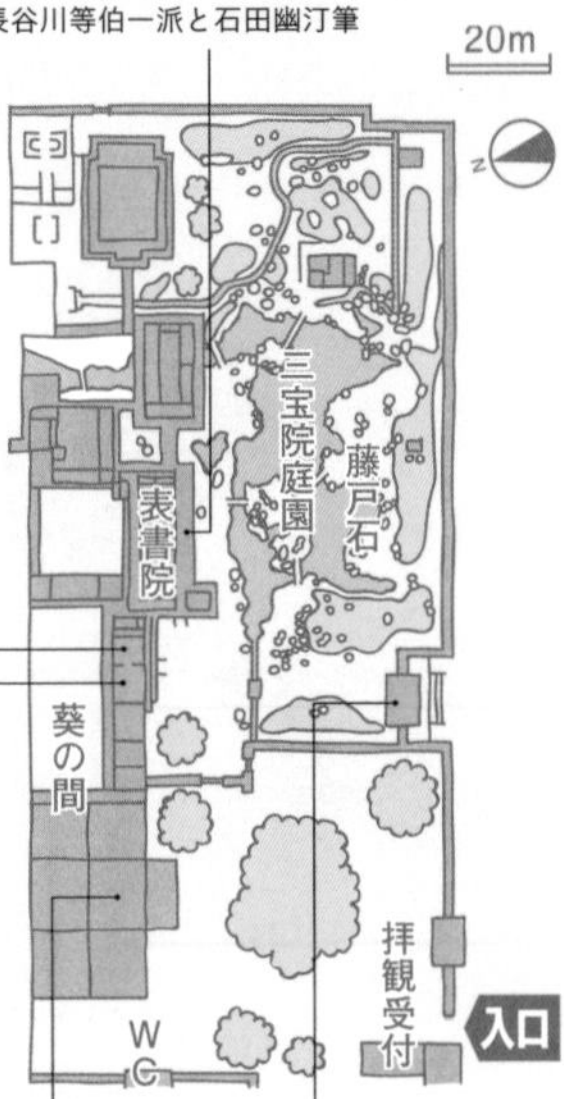

待つ時間も楽しい

[重文 勅使《ちょくし》の間]

勅使が待機する部屋。表に車寄せが付いている。襖絵は長谷川一派筆「竹林花鳥図」

葵祭は雅の象徴

[重文 葵の間]

石田幽汀筆の襖絵「葵祭図」は、下鴨神社から上賀茂神社への行列が描かれる

ほっこり和める

[重文 秋草の間]

襖絵は長谷川一派による「秋草図」。秋の七草が点在し自然との一体感を演出

大迫力の唐破風！

[重文 大玄関]

切妻屋根・本瓦葺の堂々たる構え。春には樹齢160年以上の大しだれ桜が表を飾る

スタイリッシュな門

[国宝 唐門《からもん》]

朝廷から使者を迎えるための門。黒漆塗りに、金箔の菊と桐の紋が施されとにかく壮麗

醍醐寺 見どころ MAP

◆創建：874（貞観16）年、理源大師聖宝が自刻の准胝観音と如意輪観音を笠取山に安置して開山 ◆本尊：薬師如来 ◆拝観所要時間：1.5～5時間 ◆健脚ならばぜひ上醍醐まで登拝を。時期によりライトアップや特別公開、霊宝館で特別展も

醍醐山の山頂から麓一帯にかけて、二百万坪以上の寺域を誇る醍醐寺は、修験の寺でもあり、山上の上醍醐には修験者が多く訪れる。醍醐寺発祥の地でもあり、一度は足をのばしたい。山道途中の平らな所は槍山といい、秀吉はここから桜色の境内を見渡したそう。下醍醐には豊臣秀吉・秀頼が整備した伽藍がゆったりと広がる。多くの寺宝を所蔵する霊宝館へもぜひ！

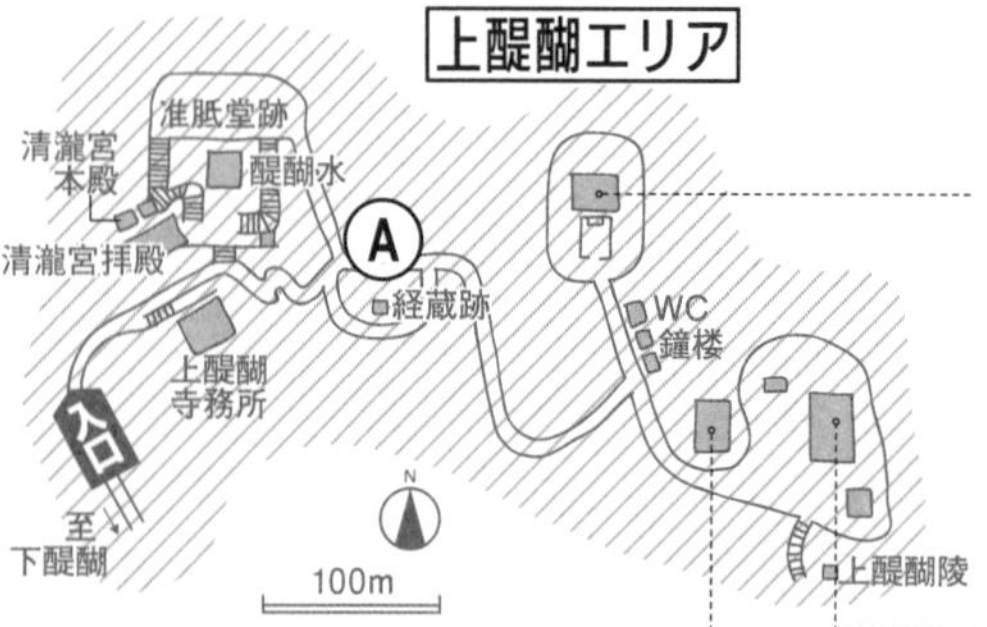

五大堂《ご だい どう》

醍醐天皇の御願堂として創建される。本尊の五大明王像は霊宝館に安置

開山堂《かい さん どう》

山上最大のお堂で理源大師を祀る。今のお堂は慶長年間、豊臣秀頼の再建

如意輪堂《にょ い りん どう》

理源大師が准胝堂と共に最初に建立。1606（慶長11）年再建。本尊・如意輪観音

上醍醐のおたのしみ

1 飲めるんです！ 醍醐水

醍醐寺開創の由来となった霊水。今も清浄で美味しい水が湧き出る。登拝で疲れたら飲んでみて！

Ⓐ 薬師堂《やく し どう》

宇治上神社、中尊寺ここも日本三蟇股《かえるまた》

913（延喜13）年、醍醐天皇の御願堂として創建され、1121（保安2）年に再建。平安時代の特色を残す蟇股にも注目。国宝

見逃せない！

Ⓒ 五《ご》重《じゅうの》塔《とう》

**京都で一番古い
木造建築はこの塔**

醍醐天皇の冥福を祈り、村上天皇が951（天暦5）年に完成。初層内部に描れる曼荼羅も塔とは別に国宝指定

Ⓑ 金《こん》堂《どう》

**国宝の本堂は、
紀州からお引っ越し**

926（延長4）年に創建した醍醐寺の中核。今のお堂は秀吉の命令で紀州湯浅から移築され、秀頼が完成させた。本尊・薬師如来を祀る

観《かん》音《のん》堂《どう》

醍醐天皇一千年御忌の1930（昭和5）年に建立。西国第十一番札所

弁《べん》天《てん》堂《どう》

弁才天を祀る。朱色の反り橋のかかる池の周囲は紅葉の名所

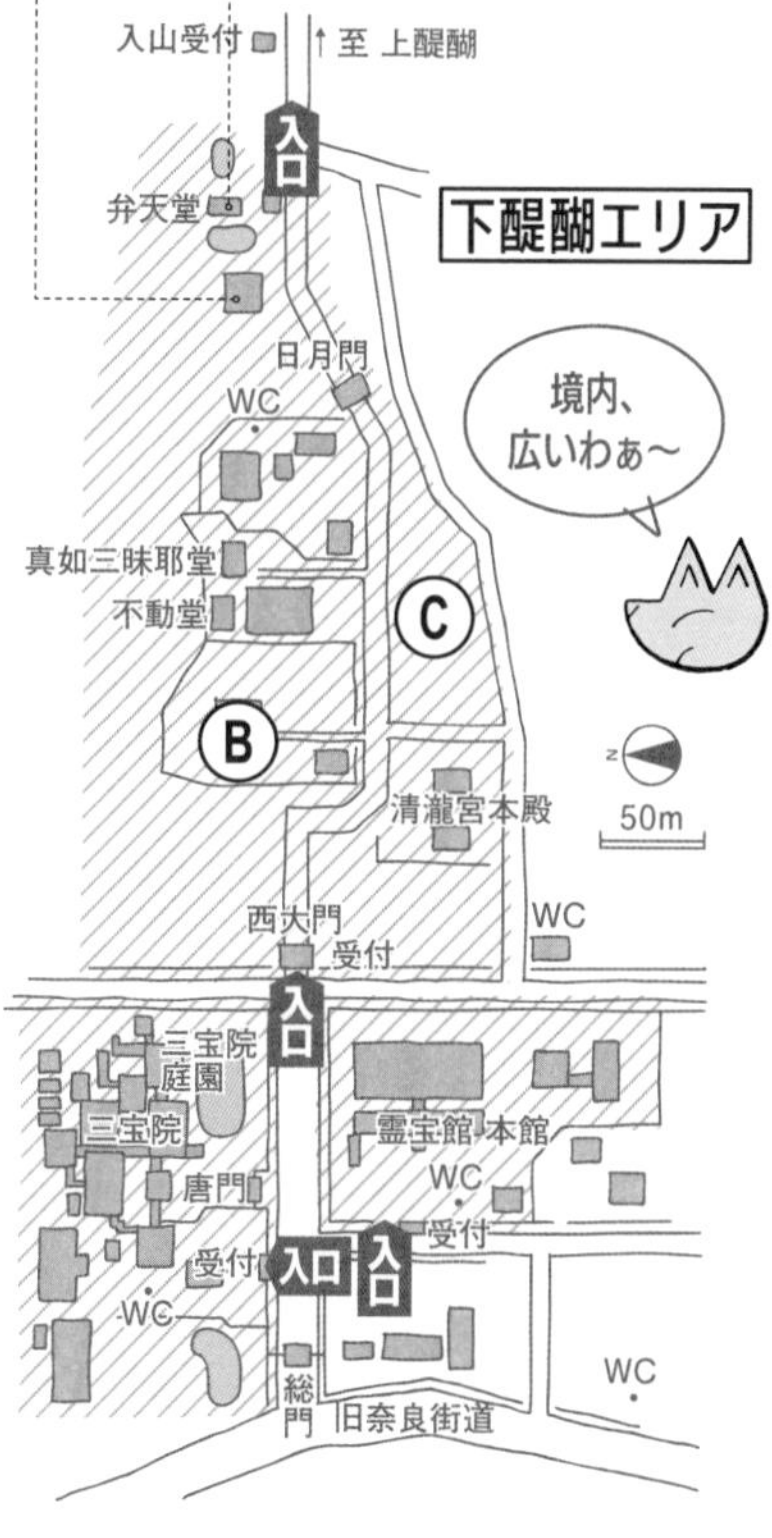

下醍醐のおたのしみ

2 IKEAとのコラボ
フレンチ・カフェ

店名は ル・クロ スゥ ル スリジェ。スウェーデンの家具・雑貨を扱うIKEAと醍醐寺が夢のコラボ！霊宝館庭園内。

3 体も心も癒やされる
阿闍梨寮「寿庵」

醍醐寺境内でもひときわ紅葉が美しい林泉と弁天堂に臨む、ホッコリできるお休み処。ゆば丼／1300円など。

世界遺産

(06)

比《ひ》叡《えい》山《ざん》延《えん》暦《りゃく》寺《じ》

日本仏教の母なる山は都の鬼門を守護する霊山

「世の中に山てふ山は多かれど、山とは比叡の御山（みやま）をぞいふ」（慈円）といわれた比叡山。豊かな自然の中、山全体に天台宗総本山の延暦寺が広がる修行の場です。少し歴史を知ってから訪れれば、日本仏教の母山という意味がわかるかも！

比叡山は、古来、山の神・大山咋神(おおやまくいのかみ)が鎮座するという信仰の対象で、大山咋神を主祭神とする日吉大社を鎮守社とします。京都の東北にあるので、都の鬼門封じの役割も担いました。

ココがすごい！ ☑ **根本中堂《こんぽんちゅうどう》** ☑ **不滅《ふめつ》の法灯《ほうとう》**

「天台薬師の池」と詠まれた、琵琶湖から見た比叡山。滋賀県大津市と京都市をまたぐ、仏教界の母であり、聖地！

比叡山

TEL 077-578-0001

滋賀県大津市坂本本町4220／東塔地区通年9:00～16:00、西塔・横川地区3～11月9:00～16:00 12～2月9:30～（巡拝受付は各地区共通～15:45）／三塔巡拝共通券1000円、国宝殿拝観料500円／京阪比叡山坂本ケーブル・ケーブル延暦寺駅から徒歩8分／無休／東塔第一駐車場270台ほか

一部不可

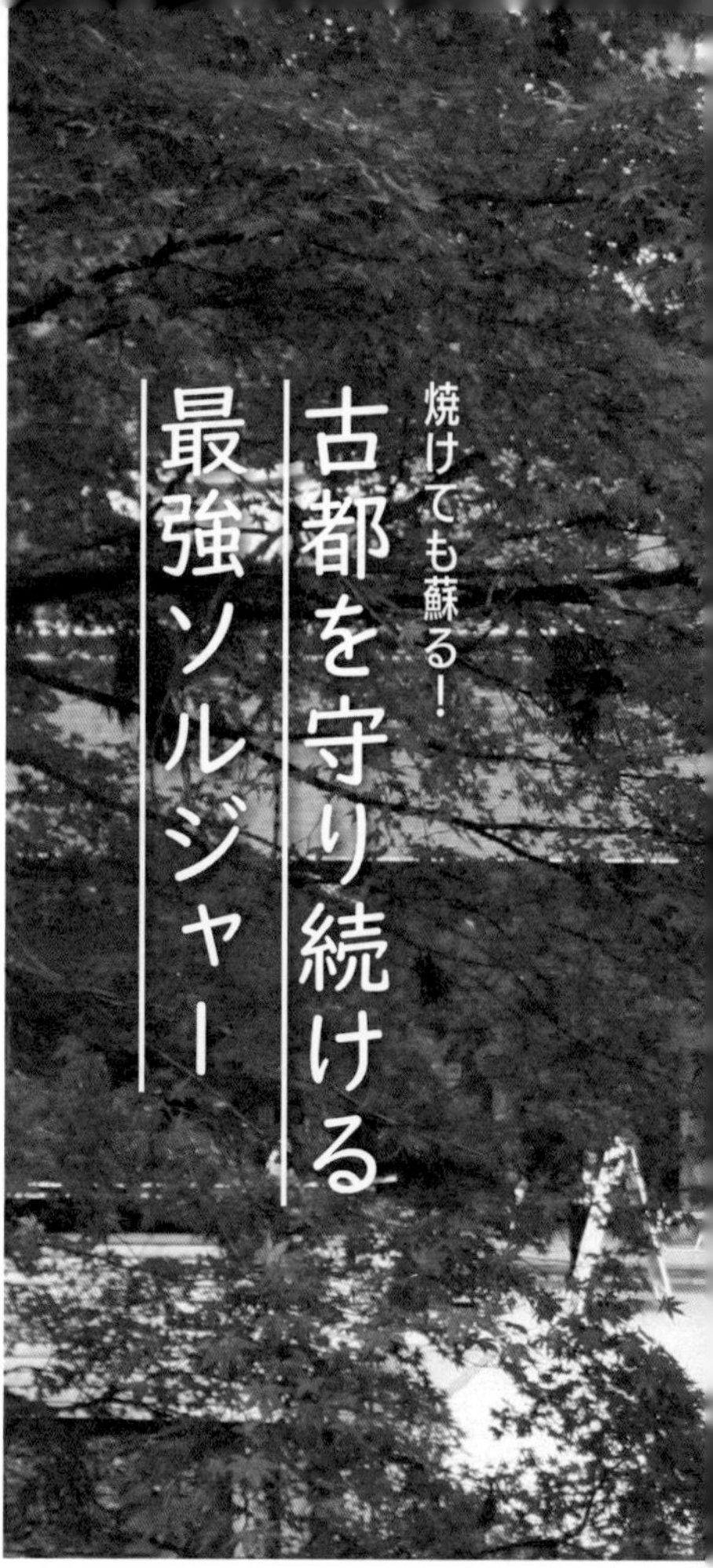

焼けても蘇る！ 古都を守り続ける最強ソルジャー

七八八（延暦七）年、伝教大師最澄によって開かれた延暦寺は、千二百年余りの長い時の中、何度も戦火をくぐり抜けてきた壮絶な過去があります。平安時代末期にはすでに、権力を振るっていた白河法皇が「賀茂河の水、双六の賽、山法師、是ぞわが心にかなわぬもの」と言ったことはあまりにも有名。山法師とは、延暦寺の僧兵のことを指します。室町幕府の六代将軍・足利義教とも激しく対立し、戦国時代に入ると細川政元に攻撃され根本中堂が焼失。さらに戦国末期の織田信長による焼き討ちは、誰もが知っている史実でしょう。

「油断大敵」は、この不滅の法灯に由来する言葉

仏教界のスターたちが学んだ超名門スクール

最澄[※1]は滋賀県・比叡山の麓の生まれ。東大寺で受戒後、「一乗の教えを体解するまで下りない」と決心し、信仰の山へ入ったのは当然だったのかも。一乗止観院（のちの根本中堂）を建て、本尊・薬師如来を刻みました。この時から灯りをともし続けるのが、不滅の法灯[※2]。八〇六（延暦二五）年に天台宗が桓武天皇より公認されました。

この山では、日本仏教界の多くのスーパースターが修行しました。三代座主・円仁は、天台教学の中に浄土教を取り入れ、九年間の唐留学を経て密教も拡充。延暦寺は仏教の総合大学のような色合いを強め、全国から若き僧が集い、学んだことをベースに各宗派を開いていったのです。

至るところにお堂が！修行僧気分に浸れそう

延暦寺は一つのお寺の名前ではなく、山にある百以上の堂塔を総じて呼ぶ名称。堂宇は、根本中堂を本堂とする「東塔」、釈迦堂[※3]を本堂とする「西塔」、横川中堂が本堂の「横川」の三区域に分かれています。東塔と西塔は歩いて三十分ほどの距離。メインの参道は主要なお堂に通じていますが、脇道の先にもいわれのあるお堂が点在します。でも、小さなお堂への参道は、けもの道のようだったりするので、山歩きの準備が必要な場合があります。無謀な一人歩きはやめておきましょう。

信長の焼き討ちの際、唯一焼け残った瑠璃堂

注目KEYWORD

※1【最《さい》澄《ちょう》】
宮中に奉仕する官職を務め、桓武天皇の援助で唐へ。天台教学を学ぶとともに密教の伝法を受けて、円密一致といわれる天台宗の基礎を築いた。

※2【不滅《ふめつ》の法灯《ほうとう》】
根本中堂に、優に千二百年以上、消えることなくともされ続けるろうそくの灯り。毎日毎日、僧侶が菜種油を注ぎ足し、今日まで守られてきた。

※3【釈《しゃ》迦《か》堂《どう》】
延暦寺に現存する最古の建築物。もとは同じ天台宗の三井寺（園城寺）の金堂だったのを、豊臣秀吉が一五九五年（文禄四）年、西塔に移築した。

比叡山出身の名僧オールスターズ

えっ！この宗派も？ あっ、名前知ってる！という「あの人」は、
実は延暦寺で修行したスーパーエリートだったんです。

身分に関係なく親しまれたパイオニア

最澄《さいちょう》

（伝教大師）767異説あり〜822

天台宗開祖。禅や密教、法華経などを融合した〝円満〟な教えで、身分に関係なくすべての人が仏になれると説いた。伝教大師の名は、清和天皇から賜った。

まさしく超人的なおみくじの元祖

良源《りょうげん》

（慈恵大師・元三大師）912〜985

十八代天台座主。比叡山の学問を振興。小さくなったり鬼になったり変幻自在で豆大師、角大師とも。角大師のお札は魔除けの印。おみくじの原型も考えた。

皆さんご一緒に！

良忍《りょうにん》

1072異説あり〜1132

融通念仏宗の開祖。みんなで心を合わせて念仏を唱えれば大きな力となり、現世での往生が叶うという考え方を広めた。

南無阿弥陀仏で◎

法然《ほうねん》

1133〜1212

浄土宗開祖。ただひたすらに念仏し仏様に救いを求める「専修念仏」が、お金のない人や身分の低い人に受け入れられた。

禅を身近にした

栄西《ようさい》

1141〜1215

日本に臨済宗を広める。禅以外の旧仏教との調和を推進し、リスペクトされた。中国からお茶を伝えたことでも有名。

人間らしさ最高！

親鸞《しんらん》

1173〜1263

法然の教えから浄土真宗を開く。肉食妻帯して救われないなら誰も救われない、という考えで自らも実践。90年の生涯。

修行命の実践派

道元《どうげん》

1200〜1253

日本に曹洞宗を広めた。釈迦のように坐禅に打ち込むことが修行で、修行の中にこそ悟りがあると説き、実践を重んじた。

万歳！男女平等

日蓮《にちれん》

1222〜1282

日蓮宗開祖。女性や殺生に関わる人も誰もが仏になれるという法華経を唯一最高と説き、禅や念仏を否定。闘う不屈の僧。

比叡山延暦寺 見どころMAP

横《よ》川《かわ》中《ちゅう》堂《どう》

船の姿のような舞台造りの建物。伝慈覚大師作の聖観音菩薩を祀る

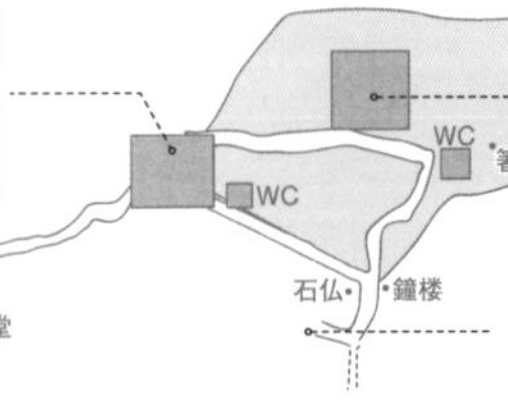

四《し》季《き》講《こう》堂《どう》（元《がん》三《さん》大《だい》師《し》堂《どう》）

良源（元三大師）の住居跡と伝わる。魔除けの角大師のお姿を授与

恵《え》心《しん》堂《どう》

恵心僧都源信の旧跡。阿弥陀如来を祀る念仏三昧道場（内部非公開）

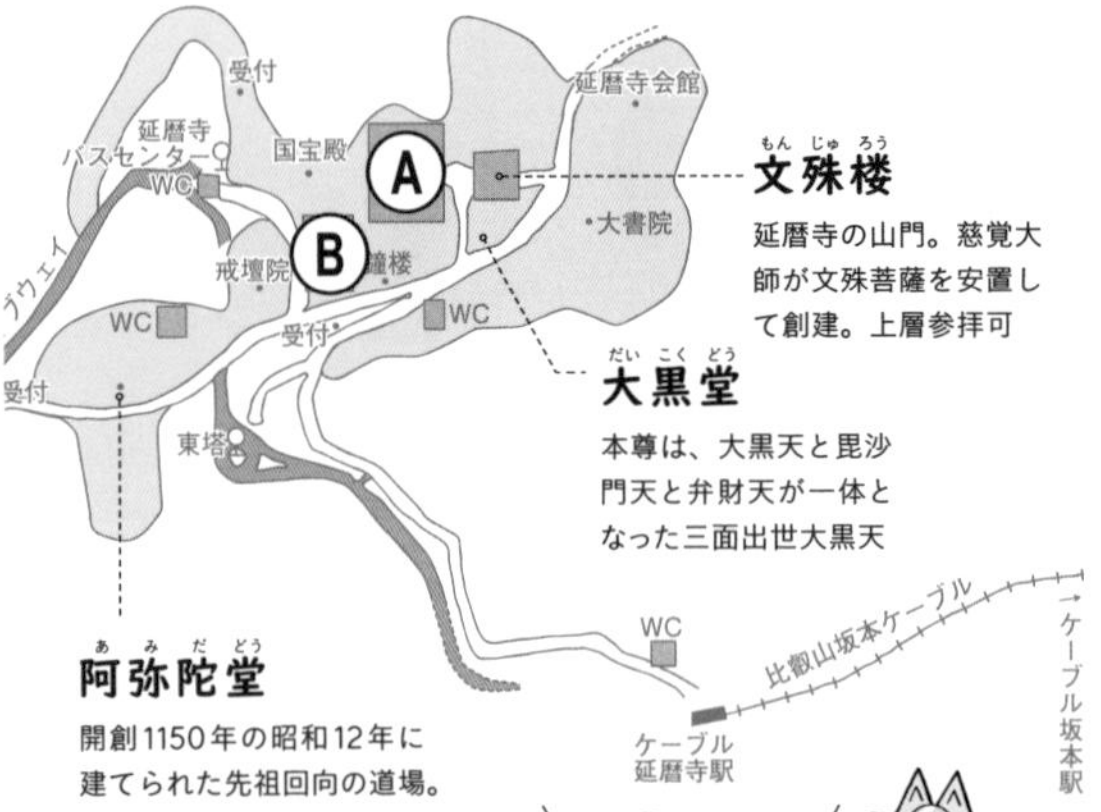

文《もん》殊《じゅ》楼《ろう》

延暦寺の山門。慈覚大師が文殊菩薩を安置して創建。上層参拝可

大《だい》黒《こく》堂《どう》

本尊は、大黒天と毘沙門天と弁財天が一体となった三面出世大黒天

阿《あ》弥《み》陀《だ》堂《どう》

開創1150年の昭和12年に建てられた先祖回向の道場。丈六の阿弥陀如来を祀る

見逃せない！

Ⓐ根《こん》本《ぽん》中《ちゅう》堂《どう》

薬師如来の前に不滅の法灯がともる

不滅の法灯が揺れる延暦寺の総本堂。伝教大師が788年に創建した一乗止観院に始まり、現在の建物は徳川家光の寄進

Ⓑ大《だい》講《こう》堂《どう》

比叡山で修行した名僧たちに会える

本尊・大日如来ともに、法然、親鸞、栄西、道元ら名だたる僧の木像を安置。法華大会など重要な儀式が行われる

見逃せない！

Ⓒ釈迦堂《しゃかどう》

最澄自作と伝わる釈迦如来を祀る

西塔の本堂で正式名は転法輪堂。天台建築様式の代表的建築で、信長の死後、秀吉が寄進

Ⓓにない堂

「になう」とはかつぐという意味

廊下がつなぐ2棟の、向かって左が阿弥陀如来を祀る常行堂、右が普賢菩薩を祀る法華堂

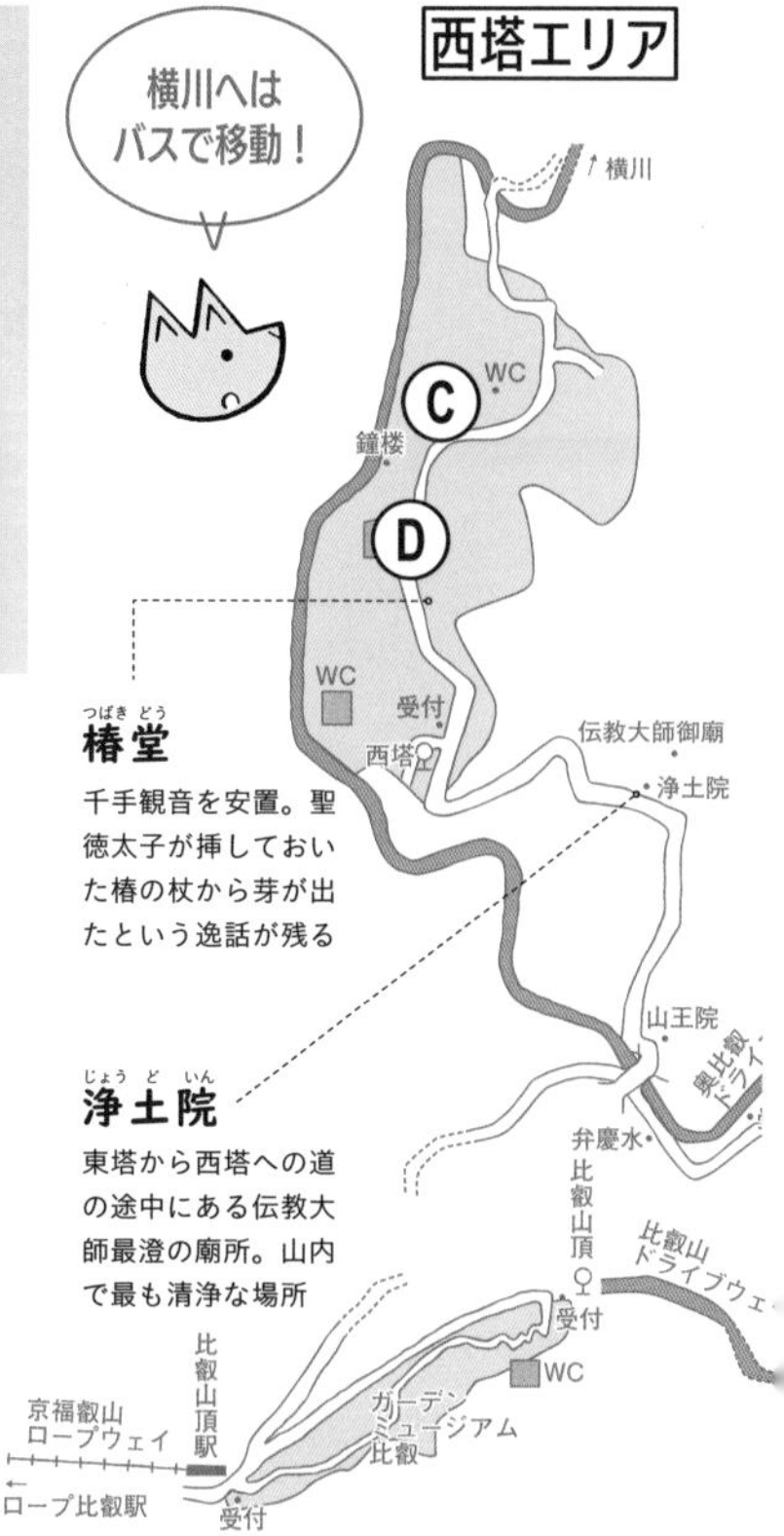

椿堂《つばきどう》

千手観音を安置。聖徳太子が挿しておいた椿の杖から芽が出たという逸話が残る

浄土院《じょうどいん》

東塔から西塔への道の途中にある伝教大師最澄の廟所。山内で最も清浄な場所

比叡山全山が日本仏教の一大聖地。広大な寺域の三つのエリアは、シャトルバスで結ばれている。利用する前に時刻表を確認しておこう。食事や買い物は東塔エリアで。悠久の歴史、そして世界宗教サミットの開催地として世界平和の祈りに満ちた境内を巡る経験は、それだけでもとても貴重。

◆創建：788（延暦7）年、最澄が一乗止観院を創建、823（弘仁14）年に延暦寺の寺号を賜る ◆本尊：薬師如来 ◆拝観所要時間：3〜5時間 ◆「比叡のもみじ」など、参加できる行事・法要あり　※根本中堂は2027年まで改修工事予定、工事期間中も内部は拝観できる

比叡山延暦寺の おたのしみ

＼ホッコリしよう／

1 元気が出てくる！ 梵字抹茶ラテ

延暦寺会館のカフェで人気の梵字ラテ。希望の干支の守り本尊の梵字を描いてもらえる。

梵字は7つ！ 700円

2 やってみよう！ 写経体験

延暦寺会館では写経や坐禅を体験できる。各体験1100円。宿坊なのでお泊まりもできる。

3 何カ所参拝した？ 延暦寺の御朱印

お堂に祀られる仏様によって、授与される御朱印も異なる。延暦寺全体で、11体の御朱印がいただける。

御朱印1体 300円

京都社寺

OMIYAGE CATALOGUE

お守り（その1）

お守りは文字通り神様・仏様が守ってくださるもの。可愛いデザインのものや、ペアタイプのものもあり、思わず欲張ってしまいそう！

平等寺

無病息災守

各700円。子どもでも持ちやすい無病息災のお守り。オカメインコなど　P.230

下鴨神社

彦守・媛守

各1000円。心願成就のお守り。女性用はちりめん生地、男性用はジーンズ生地　P.30

地主神社

ふたりの愛

1500円（セット）。2人の仲が続くようにと願いを込めて。夫婦、カップル向け　P.216

御寺 泉涌寺

楊貴妃観音御守

500円。楊貴妃観音像にちなんだ美人祈願、女性守護のお守り。紫、赤、黄の３色　P.106

今宮神社

玉の輿お守

800円。地元の西陣で織られた良縁祈願のお守り。色は桃、黄色など　P.219

野宮神社

開運招福御守

1500円。平安ロマンあふれるデザイン。表と裏の柄が異なり織り糸が美しい　P.218

北野天満宮

縁結守

1000円。ウグイスは春の訪れを告げる鳥。恋の訪れも知らせてくれるかも　P.204

天龍寺

昇運（龍）御守

800円。龍が雲間を昇るように運気上昇！ 鱗まで見えるデザインがステキ　P.72

天龍寺

幸守

1000円。持っているだけで乙女心がくすぐられる総レース！ ピンク色もあり　P.72

世界遺産

(07) 金《きん》閣《かく》寺《じ》

鹿《ろく》苑《おん》寺《じ》

提供：鹿苑寺 蔵

これぞトップの象徴！

建築も庭も超一級品！

究極のゴージャス楼閣
これが将軍の理想郷

金閣寺は、室町幕府三代将軍・足利義満[※1]が建てた山荘がもとで、彼の死後寺院になりました。境内で最も有名な舎利殿（金閣）は、武家や貴族、仏教などの文化が融合した、北山文化[※2]が花開いた時代の代表的な建造物。金閣を中心とした庭園・建築は義満が描いた極楽浄土の世界で、当時としては珍しい三層三階建てです。金色に彩られた楼閣はまさに義満の富と権力の象徴で、室町幕府の最盛期を物語るゴージャスさが特徴。しかしこの北山文化唯一の遺構は、

ココがすごい！ ☑ **金色まぶしい金閣** ☑ **鏡湖池**

舎利殿図解

「金閣」の正体は、お釈迦様の骨を祀る舎利殿。
シンボリックな建物が、いつしか寺の通称にも。

華やかなだけじゃない、異なる様式のミックス美

舎利殿（金閣） しゃりでん（きんかく）

義満の理想が詰まった金閣。下の階層から「公家↓武家↓仏教」を象徴する建築様式なのは意図的？

平和の象徴
[鳳凰《ほうおう》]
義満の時代が長く続くようにと願いが込められたもの

最高層には…
[仏舎利《ぶっしゃり》]
中央に仏の遺骨である仏舎利を安置。壁や天井も金色一色！

武家は強い
[岩屋観音《いわやかんのん》と四天王《してんのう》]
観音さまをたくましい四天王像が守る

3層目
禅が一番大事！
[究竟頂《くっきょうちょう》]
花頭窓が特徴の禅宗様式の仏間。屋根はこけら葺の宝形造り

2層目
ここから上が金色
[潮音洞《ちょうおんどう》]
書院造りで武士の様式。建物の内外を仕切る引き戸が特徴

1層目
公家が一番下？
[法水院《ほっすいいん》]
貴族の寝殿造りで舟も着けられる。湖畔からも拝観できる

ちゃっかり自分も
[足利義満像《あしかがよしみつぞう》]
仏と現実、両世界の支配を表すとされる

中央には…
[宝冠釈迦如来《ほうかんしゃかにょらい》]
仏の世界の支配を意味する

一九五〇（昭和二五）年に焼失。二十キロの金箔を使って復元されたのが、現在の金閣です。

注目 KEYWORD

※1【足利義満《あしかがよしみつ》】
義満の財力と権力を知らしめた金閣寺。その一方で、貴族・武士・仏教の文化を融合させた新しい文化の象徴にもなった。

※2【北山文化《きたやまぶんか》】
金閣寺に代表される北山文化は、公家文化の影響を受けて優美で華やか。東山文化の代表・銀閣寺とも比較してみよう。

きぬかけの路

TEL 075-461-0013
京都市北区金閣寺町
1／9:00～17:00／500円／市バス金閣寺道から徒歩3分／無休／250台（有料）

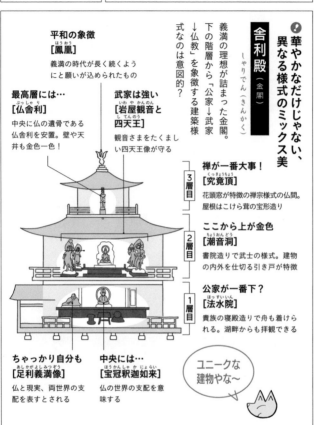

金閣寺 見どころ MAP

衣笠山を借景とするダイナミックな池泉回遊式庭園に、燦然と輝く金色の御殿。世界に名高いその絶景は、季節により趣を変えて訪れる人を楽しませる。

境内には義満ゆかりのスポットや名所が数々あるが、ゆっくり散策しても一時間ほどで回ることができる。手軽にできる写経や、二カ所の授与所も必見。参拝券はお札になっているので、家に持ち帰ったら玄関内側の鴨居に貼ろう。

◆創建：鎌倉時代前期に鹿苑寺の前身寺が建てられ、室町時代前期1397（応永4）年に足利義満発願で夢窓疎石を勧請開山として鹿苑寺に改められた ◆本尊:観音菩薩（方丈本尊）◆拝観所要時間:1時間 ◆方丈、書院、方丈庭園は通常非公開だが、特別公開されることもある

一字写経所《いちじしゃきょうじょ》

般若心経からの1文字を願い事とともに写経。1回100円の手軽さが◎

不動堂《ふどうどう》

天正年間に宇喜多秀家が再建したという境内最古の建物。弘法大師作と伝わる石像不動明王を安置（通常は非公開）

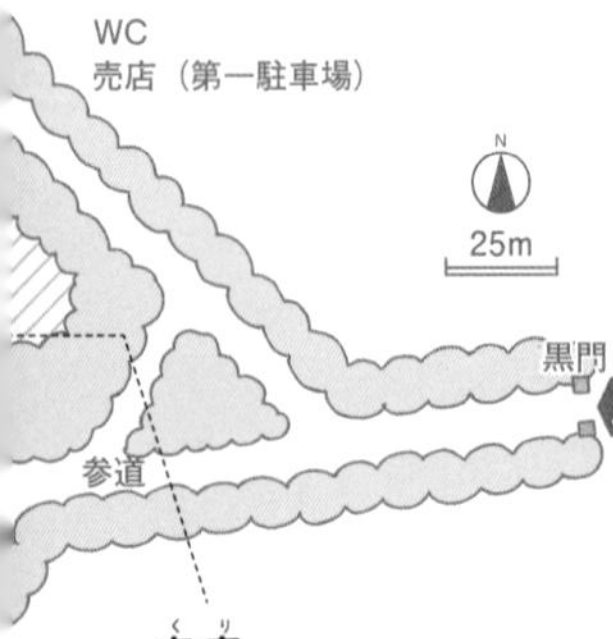

庫裏《くり》

1835（天保6）年に再建された禅宗の台所。切妻造り、桟瓦葺の屋根

見逃せない！

Ⓐ 鏡湖池《きょうこち》

金閣を鏡のように映し出す池

金閣寺の目の前にある池で、浄土世界の七宝の池を表すという。広大な苑池には葦原島をはじめとした大小の島や、各地の大名からこぞって寄進された名石・奇岩が配されている。水面に映る“逆さ金閣”の美しさも感動的

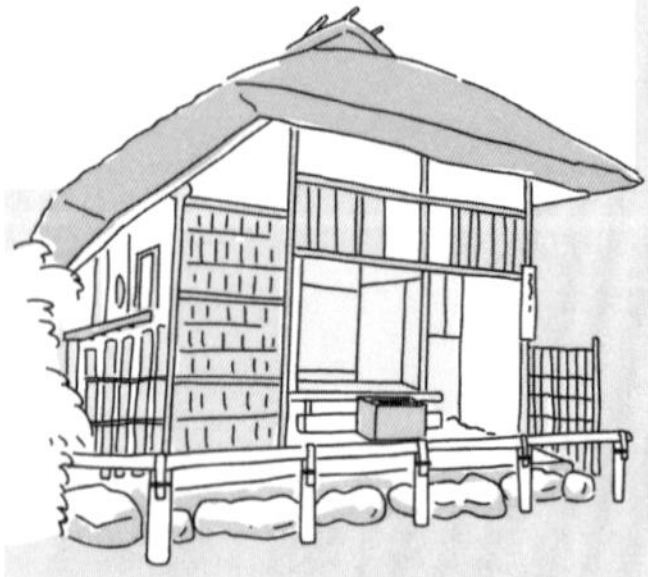

Ⓑ 夕佳亭《せっかてい》

夕暮れ時はここから金閣を眺めよう

茶道家の金森宗和が造った茶室で、茅葺屋根を設けた数寄屋造りの趣ある建物。高台の夕佳亭から見た、夕日に映える金閣の美しさをたとえて名付けられた。内部にある南天の床柱や萩の違い棚など、珍しい意匠にも注目

貴人榻《きじんとう》

夕佳亭の傍にある小ぶりな石で、「榻」とは腰掛けのこと。その名の通り身分の高い人に椅子として使われた。8代将軍・足利義政も愛用したとか

龍門滝《りゅうもんたき》

鯉が滝を登って龍になる故事にちなみ、滝壺に鯉魚石が置かれる

安民沢《あんみんたく》

干ばつでも水が枯れず、雨乞いの場だった。義満山荘以前の遺構

銀河泉《ぎんがせん》

義満が茶の湯に使ったという。現在も清水が滴る小さな泉

巌下水《がんかすい》

義満が手洗いに使ったとされる水。小さな茅葺きの屋根がかかる

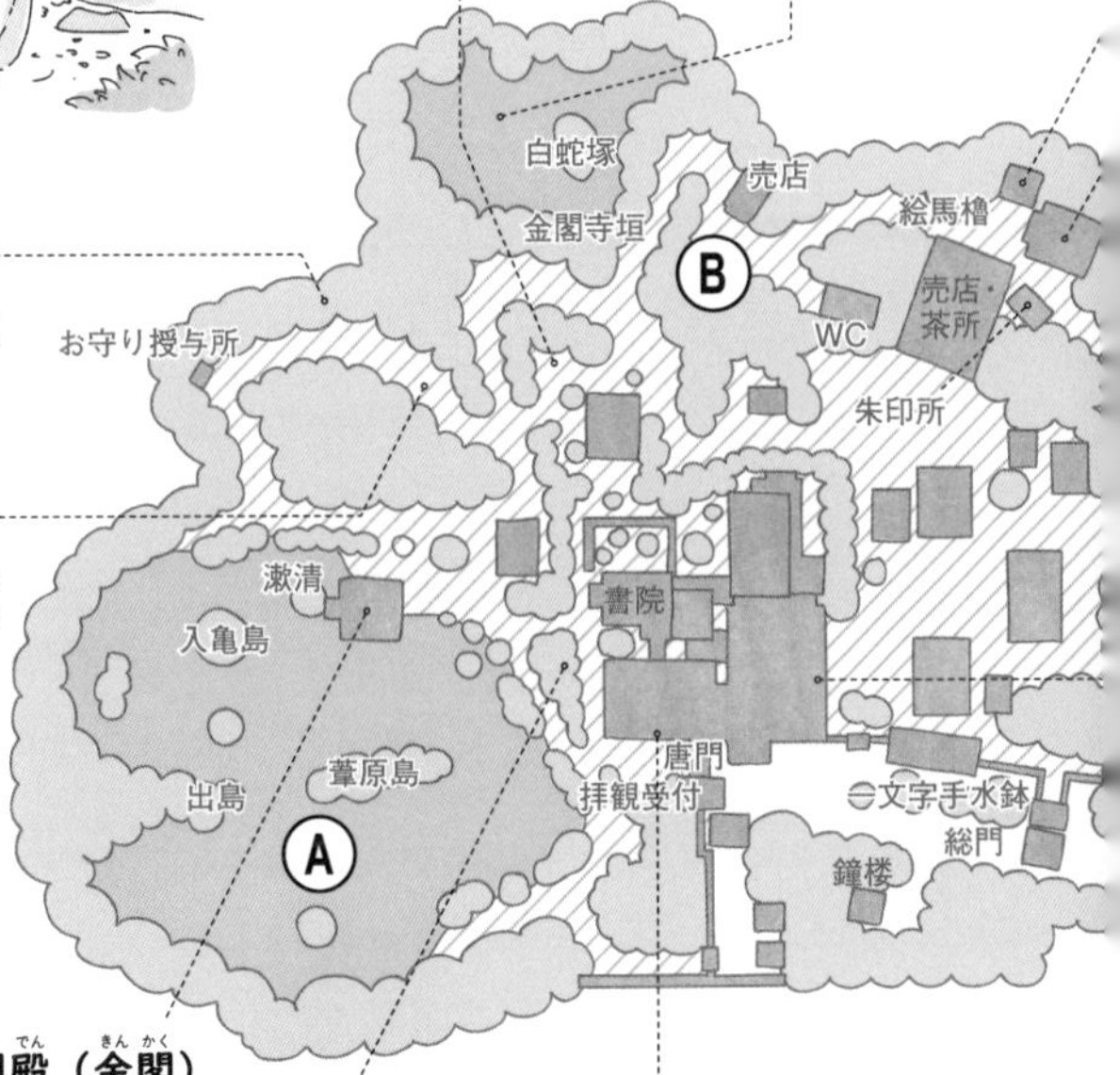

舎利殿《しゃりでん》（金閣《きんかく》）

極楽浄土を象徴する金色の舎利殿は、絶対に見ておきたい

陸舟《りくしゅう》の松《まつ》

義満の盆栽だったという五葉松。極楽浄土に向かう帆掛け舟を表す

方丈《ほうじょう》

本尊・聖観世音菩薩坐像を安置。庭は伝相阿弥作（非公開）

金閣寺のおたのしみ

1 ただの券じゃない！ お札

お札が参拝券になっているなんて、ポイ捨てが絶対にできない！ ありがたくいただいて、家に貼ったらご利益も。

2 超有名寺院で体験 写経

「金閣寺で写経したよ」なんて、ちょっと自慢できるかも。写経は3種類あり、1枚1000円。庫裏で申し込み。

3 販売所は境内3つ お茶席＆おみやげ

境内は逆行できないので、お気に入りを見つけたら即決で。お茶所は、お不動さんをお参りしてから。

お抹茶（お菓子付き）500円

開運守 400円ほか

世界遺産

（08）

銀《ぎん》閣《かく》寺《じ》

慈《じ》照《しょう》寺《じ》

日本の美の源流がココに

ワビ・サビの真骨頂！

政治から退いた義政が表現した美の世界

室町幕府八代将軍・足利義政[※1]は政治の世界から逃れ、自らのユートピアを求めて東山山荘（現在の慈照寺）を造営。その建物の一つが銀閣（観音殿）でした。銀箔は貼られていませんが江戸時代以降、金閣寺に対して銀閣寺と呼ばれるように。その簡素にして幽玄な美の世界は、日本人の美意識の源流ともいわれています。いぶし銀のような味わい深い建物やミステリアスな砂盛など、義政が生み出したワビ・サビ[※2]ワールドをたっぷり堪能してみよう。

ココがすごい！ ☑ 銀閣 ☑ ワビ・サビ

観音殿図解

銀ではなく黒い漆塗り。近年の科学調査で銀箔が貼られた形跡もなかったことが明らかになった。

簡素にして高貴な美の世界

国宝 観音殿《かんのんでん》（銀閣《ぎんかく》）

室町中期 一四八九（長享三）年、二層建築
上層は和様を取り入れた禅宗様で、初層は和様住宅の造り

可愛い形の窓
花頭窓《かとうまど》
禅宗様式である梵鐘型の飾り窓。往時のトレンドを思わせる

幸せの鳥
鳳凰《ほうおう》
屋根の上には金閣寺同様に鳳凰が。内部の観音菩薩を守る

観音堂の観音様
岩屋観音《いわやかんのん》
上層室内の須弥壇に安置されている。別名、洞中観音とも

観音様のお堂
潮音閣《ちょうおんかく》（2層目）
外側に高欄を巡らせた禅宗仏殿風の建築で、中には観音様が祀られている

縁側もある
心空殿《しんくうでん》（1層目）
外側に腰高障子を立てた住宅風の書院造りで、千体地蔵が安置される仏間もある

千体地蔵《せんたいじぞう》
仏間の厨子の中には、親指大の小さな地蔵がぎっしり納められている

上と下では大違い
内部
上層は格天井の板敷、黒漆塗りの1室。初層は畳の部屋もあるそう

500年も昔から！
室町時代の地層
2009（平成21）年の発掘調査により、建物の配置が創建当時のままだと判明

注目KEYWORD

※1
【足利義政《あしかがよしまさ》】

政治を捨てた義政が、自らの美を追求して造った東山山荘。政治的には評価が低い義政だが、日本文化の礎を築いた功績は大きい。義政の死後、山荘が慈照寺に。

※2
【ワビ・サビ】

不足の中に、満たされる心や美を見つけようとする、意識や表現。その新しい美意識を基調とした東山山荘は、東山文化の中心地となった。

哲学の道

TEL 075-771-5725
京都市左京区銀閣寺町2／8:30～17:00（12～2月は9:00～16:30、特別拝観は10:00～16:00）／500円（春秋の特別拝観は本堂・東求堂・弄清亭別途2000円）／市バス銀閣寺道から徒歩10分／無休／なし

銀閣寺 見どころ MAP

創建当時の姿を残す観音殿と東求堂。貴重な遺構はいずれも国宝に指定されている。簡素にして気品あふれる観音殿や白砂の庭園は、シンプルゆえに義政の強い美意識を感じさせる。また、東求堂は日本最古の書院造りとして知られており、今では当たり前の床の間、障子や襖で部屋を仕切る様式もこの頃生まれた。そんな日本文化にも大きな影響を与えた歴史遺産をくまなく見て回ろう。

◆創建：1490（延徳2）年、足利義政の東山山荘を寺に改めて創始。勧請開山は夢窓疎石 ◆本尊：釈迦如来 ◆拝観所要時間：1時間 ◆春秋は本堂や東求堂などが特別拝観できる。別途拝観料2000円

見逃せない！

Ⓐ 観音殿《かんのんでん》（銀閣《ぎんかく》）

東山文化の神髄はやっぱり国宝！

金閣寺の舎利殿、西芳寺の瑠璃殿を参考に建立。現存する唯一の室町時代後期の楼閣庭園建築で、金閣、飛雲閣（西本願寺）と並ぶ、京都三名閣の一つ

花壇《かだん》

当時は珍しかった外来植物・牡丹を育てるための場所として設置された

Ⓒ 向月台《こうげつだい》

あの岡本太郎氏をも魅了した造形美

月待山から昇る月を愛でるために作られたというが、詳しい理由はナゾのまま

Ⓑ 銀沙灘《ぎんしゃだん》

ストライプ状の斬新な白砂の庭

陽光・月光を反射させて、銀閣を照らす役割があるとか。江戸時代前期頃に作られた

Ⓔ 銀閣寺形《ぎんかくじがた》 手水鉢《ちょうずはち》

イマ風の格子柄が彫られた手水鉢

袈裟形手水鉢の一種で、四面に異なる格子状の模様が彫られている。この斬新でモダンな印象の手水鉢は、義政好みとされる

Ⓓ 東求堂《とうぐどう》

和風住宅のもとはここにあり

創建当時の面影を残す東求堂。内部には、四畳半や違い棚の原型を備える書院・同仁斎がある。現存する日本最古の書院造りとして国宝指定

本堂《ほんどう》(方丈《ほうじょう》)

与謝蕪村、池大雅による見事な水墨画の襖絵がある（通常非公開）

弄清亭《ろうせいてい》

義政好みの香座敷。襖絵は故・奥田元宋画伯筆。（特別拝観時に見学可能）

お茶《ちゃ》の井《い》

義政愛用の茶の井跡で、当時の遺構。現在もお茶会などで使われる

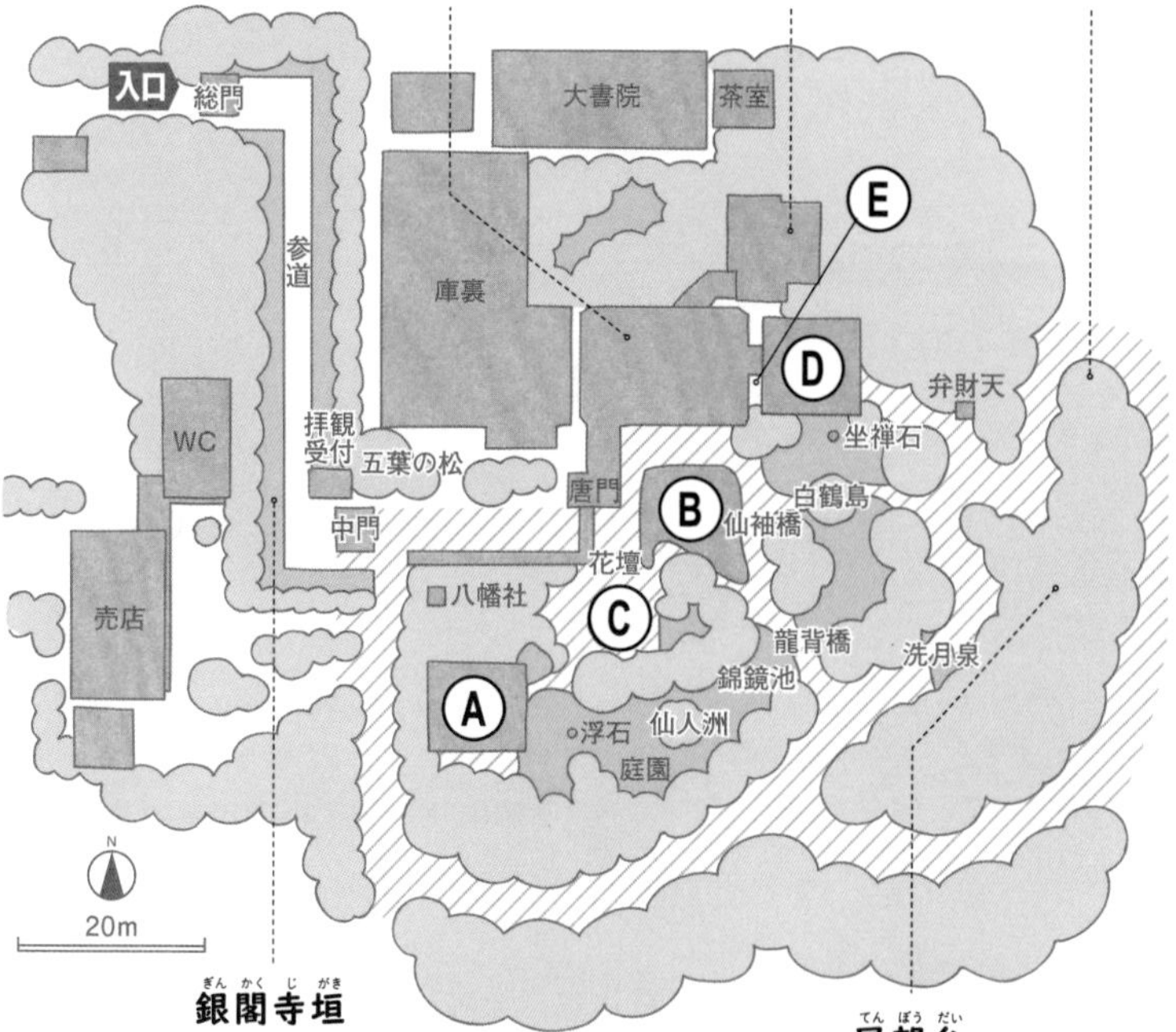

銀閣寺垣《ぎんかくじがき》

下から石垣、竹垣、椿の生木の垣と、3つの垣を重ねた独特の形状

展望台《てんぼうだい》

境内の東にある高台からは、銀沙灘や銀閣を上から眺めることができる

銀閣寺の おたのしみ

1 ここもお札の拝観券 お札

銀閣寺も拝観券代わりに、お札をいただける。帰宅したら玄関に貼ろう。ちなみに銀閣寺・金閣寺は相国寺の塔頭。

2 早めに申し込もう 講和と坐禅

隔月第1日曜に「禅の言葉」「ブッダ言葉」の講話の後、坐禅を行う。はがき、FAX、メールで申し込む予約制。詳細はHP確認。

3 ターゲットはレアみやげ 和菓子＆おみやげ

こだわりの人・義政公にあやかって、銀閣寺では上質な品を買いたい。俵屋吉富の銀閣寺限定和菓子など。

限定和菓子 972円

世界遺産

(09)

清《きよ》水《みず》寺《でら》

甦った本堂！ あの舞台のナゾに迫る

年間五百万人が訪れる その人気のワケって？

世界中から人が押し寄せる超有名スポット・清水寺。いつ見ても「おー」と思う大スケールの清水[※1]の舞台など、音羽山に沿って並ぶ堂塔伽藍は見応えたっぷり。実はご利益スポットも目白押し。季節やライトアップなど、行く度に違う風景が見られるのも、不動の人気のヒミツ。

清水寺周辺

TEL 075-551-1234

京都市東山区清水1-294／6:00～18:00（季節により変動あり、夜間特別拝観期間中は～21:00最終受付）／400円／市バス清水道から徒歩10分／無休／なし

ココがすごい！ ☑ 清水の舞台 ☑ 霊験あらたか音《おと》羽《わ》の滝

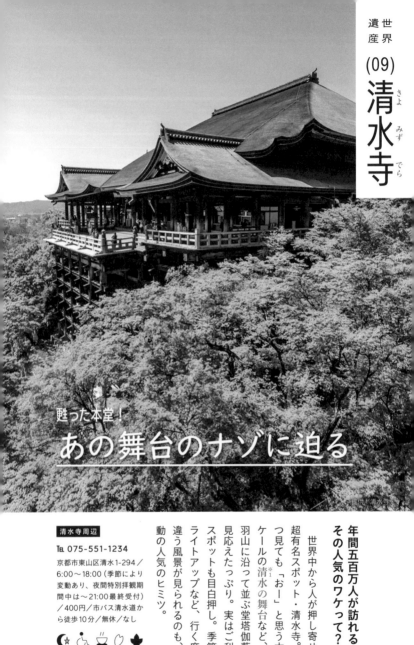

四百年ぶりの大修理で ピッカピカの堂塔伽藍に

清水寺は七七八（宝亀九）年、延鎮上人が千手観音を草庵に安置して始まりました。清水の舞台がある懸造りの本堂を造ったのは、平安時代のスーパー武官・坂上田村麻呂。

今の堂塔は寛永年間に焼失後、徳川家光の寄進によるもので、平成二〇年から大修理・修復・葺き替え等を敢行。馬駐・北総門・朝倉堂・子安塔※2・阿弥陀堂・奥の院・三重塔・轟門・釈迦堂が完工し、舞台が張り出す国宝の本堂の改修や檜皮屋根葺き替え工事も、令和二年春に完了しました。

舞台図解

眺めの良い舞台は、みんなが「京都に来た〜」と思う場所。支えているのは秘密のスゴ技！

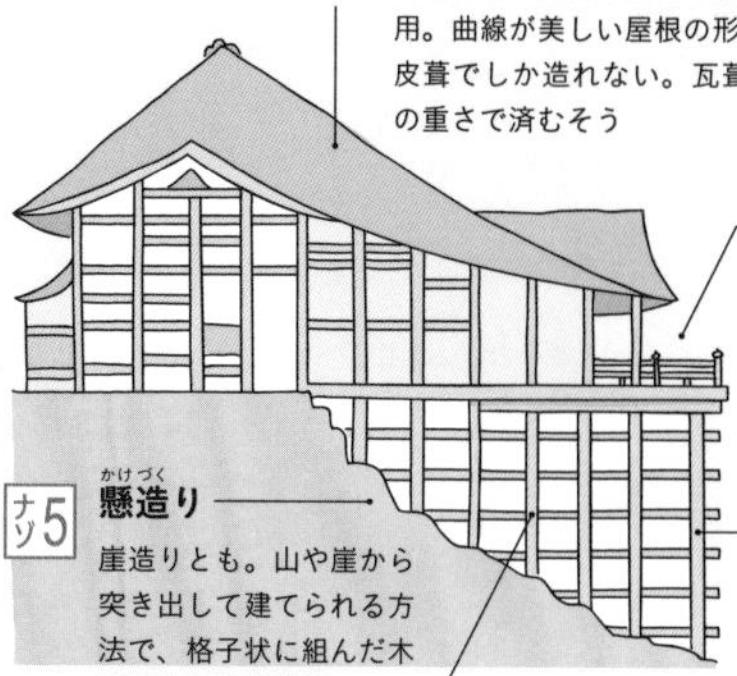

ナツ1 檜皮葺《ひわだぶき》
三尺二寸の特別な長さの檜皮を使用。曲線が美しい屋根の形は、檜皮葺でしか造れない。瓦葺の1/4の重さで済むそう

ナツ2 舞台
本来の目的は、本堂の御本尊に舞を奉納するための場所。雨水がたまらないよう、緩やかに傾いている

ナツ3 柱
高さ13mのケヤキの大木18本が舞台を支えている。結合部の貫の上には、雨除けの庇（ひさし）が付いている

ナツ4 釘を1本も使っていない
縦の柱に横の貫（ぬき）が貫通して組み合わせられていて、隙間は木材で作られたクサビで固定されている

ナツ5 懸造《かけづく》り
崖造りとも。山や崖から突き出して建てられる方法で、格子状に組んだ木材が支え合う構造

提供／清水寺

舞台や本堂の改修、屋根の葺き替えも終わり、美しさが際立つ！

注目KEYWORD

※1【清水《きよみず》の舞台《ぶたい》】本堂からせり出した舞台。「清水の舞台から飛び降りる」というけれど、実際、江戸時代には二百人を超える飛び降りがあり、明治五年に京都府が禁止令を出したほど。

※2【子安塔《こやすのとう》】古くから安産・子授けのご利益で知られ、三寧坂の語源とも。修復により、室町時代の建物と判明。

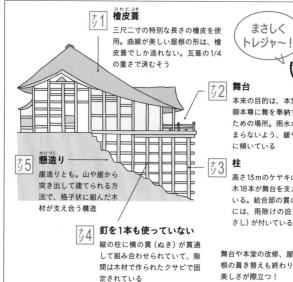

清水寺 見どころ MAP

清水寺の魅力はダイナミックな伽藍だけにあらず。本堂の大黒様をはじめ、奥の院には縁切りの夜叉神堂、水をかけて祈願する濡れ手観音、子安塔への参道には、なぜか肩に五芒星のある福禄寿など、知る人ぞ知る願掛けスポットが至るところに。さすがに千年続く観音信仰の中心地だけある。混雑を避けるためにも、早朝拝観で清々しい境内を歩くのがオススメ！

◆創建：778（宝亀9）年 ◆本尊：十一面千手観世音菩薩 ◆拝観所要時間：1〜2時間 ◆境内各所にご利益あり ◆春夏秋に夜間拝観あり。春秋は年によって日にちが変わるが、夏は8/14〜16（千日詣り▶P.180）

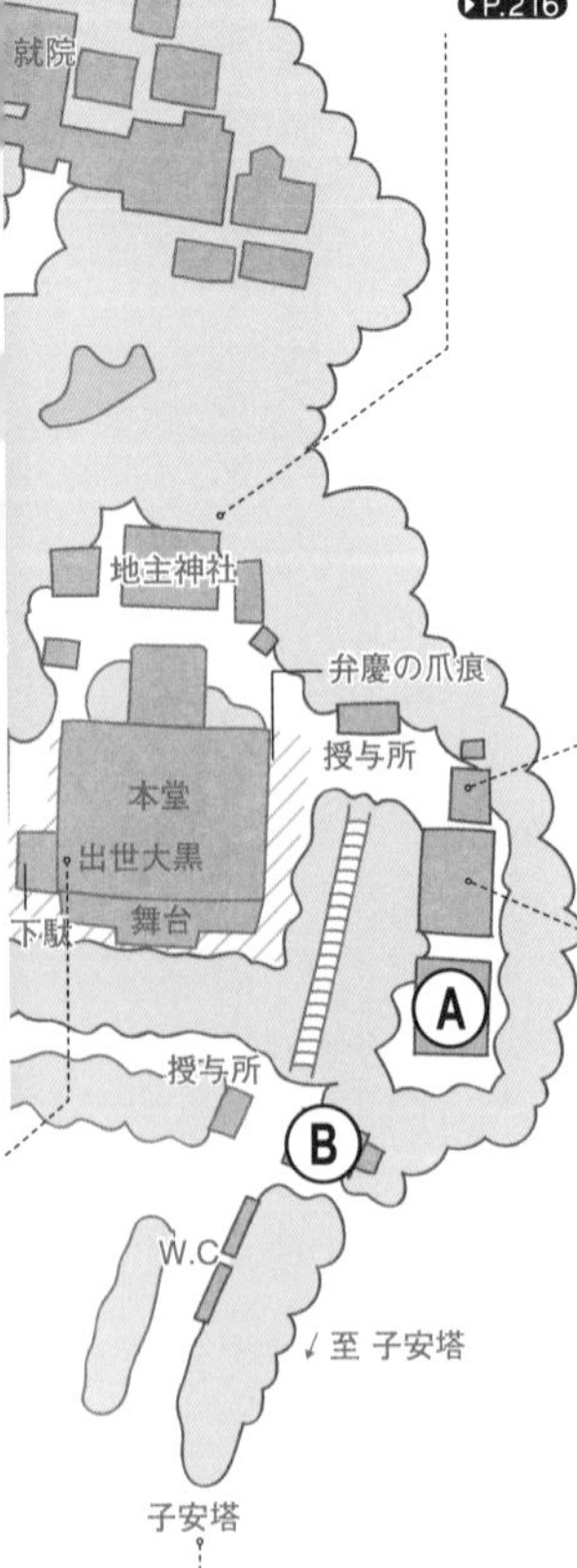

地《じ》主《しゅ》神《じん》社《じゃ》

ご存じ、縁結びの神。※社殿修復工事のため2026年秋頃まで閉門 ▶P.216

釈《しゃ》迦《か》堂《どう》

平安後期作と伝わる釈迦如来坐像とミニサイズの文殊菩薩・普賢菩薩を安置

阿《あ》弥《み》陀《だ》堂《どう》

像高192cmの大きな阿弥陀如来坐像と、厨子の中に法然上人坐像が安置される

子《こ》安《やすの》塔《とう》

平成25年の修復で鮮やかな朱色に。本堂全景を望むなら、ここから。室町時代再建と伝わる、重文の塔

提供　清水寺

見逃せない！

Ⓐ 奥《おく》の院《いん》

彩色も甦った本堂そっくりなお堂

造りも仏像の顔ぶれも本堂とまったく同じ。音羽の滝の真上に立っていて、延鎮上人が清水寺の創建前に草庵を結んだ跡とも

提供　清水寺

Ⓑ 音《おと》羽《わ》の滝《たき》

昔から有名な滝 霊験求めて大行列！

寺名の起源となった滝。学業成就、恋愛成就、長寿のご利益と伝わるが、1筋だけでないとご利益がないそうなので、ご注意を！

音羽霊水
500円

仁《に》王《おう》門《もん》

清水寺の入口に立つ仁王門には、京都で最大という仁王像を安置

首《くび》振《ふり》地《じ》蔵《ぞう》

お地蔵様の首を、好きな人のいる方角へ回して恋の成就を祈願して

西《さい》門《もん》

京都市街の眺望が素晴らしい。西方浄土を思わせる、夕日の光景は絶景！

三《さん》重《じゅうの》塔《とう》

三重塔としては日本最大級。極彩色が華麗で、ライトアップも

清水寺のおたのしみ

1 見た目以上に重い！ 弁慶と力試し

武蔵坊弁慶は、平安末期の僧兵。錫杖と下駄は本堂手前。「弁慶だってこんなの持てないし、はけない！」と思う。

2 夜空に青ビーム ライトアップ

夜間拝観は、桜、紅葉シーズンとお盆の千日詣りの年に3回。本当はビームではなくて、観音様の慈悲の光。

3 ご利益をいただこう 授与品・茶店

仏様をお参りしたら、ぜひ、祈願済みの授与品を。広い境内を歩き回ったら、3軒ある茶店にも立ち寄って。

御守護
500円

幸鏡
1650円

本《ほん》堂《どう》

舞台がある本堂は、秘仏の本尊・千手観音を安置。同じ姿の御前立の観音様は、千日詣りの時に拝観可

出《しゅっ》世《せ》大《だい》黒《こく》

黒光りする大黒様。出世＆金運のご利益で、参拝行列は男性率が高めかも？

世界遺産

(10)

龍《りょう》安《あん》寺《じ》

ジョブズになりきり “禅”の心を考えてみる。

シンプルゆえに奥深い解釈は見る人の自由！

枯山水[※1]の庭園が世界的に有名な龍安寺は、禅の信奉者でもあったあのスティーブ・ジョブズ氏も訪れたとか。

七十五坪の空間に、ランダムに置かれたように見える大小一五個の石ですが、数えるとどこから眺めても一五個のうち一つは見えないそう。この配置には「虎の子渡し」や「七五三」など諸説ありますが、作庭者はいまだに不明でその意図もわからないまま。あるいは見る人に解釈を委ねた、答えのない庭[※2]といえるかもしれません。

ココがすごい！ ☑ 枯山水の石庭 ☑ 鏡容池

石庭の楽しみ方

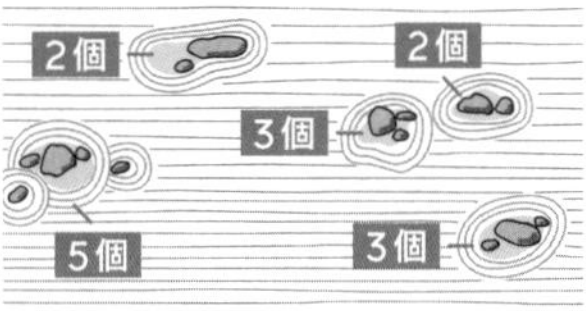

全体を見て想像

まずは庭全体を観賞しよう。方丈から見て右側の土塀は、奥に向かって低くなる。庭に奥行きをもたせる演出。次に、5つの石が集まる左側を源流と見て、水の流れを感じよう。

「心」に見える？

5個の石組を起点に、漢字の「心」を形作るとも。禅宗の「以心伝心」を伝えている？

石の数にも意味が

15とは十五夜（満月）つまり「完全」を意味する。15個全部が見えないため、逆に「不完全さ」を表しているのかも

「七五三」って？

左5個＋左奥2個、真ん中3個＋右奥2個、右手前3個で、ほら「七五三」！

注目KEYWORD

※1

【枯山水《かれさんすい》】

禅寺に多く見られる庭園。水を用いることなく、石や、もとから地形がもっている起伏などによって山水を表現する、日本庭園の様式の一つ。

※2

【答えのない庭】

極限までシンプルな庭園は、禅の世界を表現している。無意味な装飾は一切なく、考え抜かれて造られた。室町時代の作庭以来、庭から禅問答を投げかけられているかのよう。

きぬかけの路

℡ 075-463-2216

京都市右京区龍安寺町御陵ノ下町13／8:00～17:00（12～2月は8:30～16:30）／600円／市バスまたは西日本JRバス竜安寺前からすぐ／無休／100台

龍安寺 見どころ MAP

龍安寺といえば枯山水の石庭が有名だが、見どころは他にも盛りだくさん。国の名勝にも指定されている、鏡容池を中心とした日本庭園、方丈では仏教の真髄を伝えるつくばいや侘助椿など、決して派手さはないものの、ひっそりとした趣に心が癒やされる。どの季節もそれぞれに美しいが、参道から鏡容池まで、境内全域が色づく紅葉シーズンの拝観は特におすすめ。

◆創建：1450（宝徳2）年、足利幕府の官僚だった細川勝元により創建 ◆本尊：釈迦牟尼仏 ◆拝観所要時間：1時間 ◆回遊式庭園の鏡容池も国の名勝指定を受けている

茶《ちゃ》室《しつ》 蔵《ぞう》六《ろく》庵《あん》

江戸初期の建立で、蔵六とは亀のことをいう。通常非公開

侘《わび》助《すけ》椿《つばき》

侘助という人が朝鮮から持ち帰ったのが名前の由来。日本最古とも

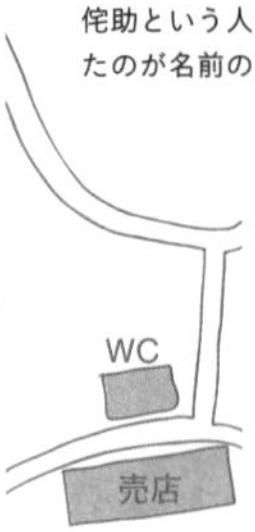

山《さん》門《もん》

建立は江戸中期。洪水により破損したが再建。落ち着いた佇まい

見逃せない！

Ⓐ 龍《りょう》安《あん》寺《じ》垣《がき》

天然素材の芸術品

見落としがちな参道脇の垣は、ひなびた風情に美しさを添えている。割竹がひし形に張られたデザインが特徴的で、フォトジェニック！

参《さん》道《どう》

秋は燃えるような紅葉が空を覆う。息を呑む美しさに、カメラを構える人も多い

Ⓑ つくばい

こんな所にも仏の教えが

徳川光圀公寄進の手水鉢。中央の水穴を「口」の字として「吾唯足知（われ、ただ、足るを知る）」と読む。こちらは複製

方丈《ほうじょう》

もともとあった方丈は、火災により焼失。そこで、塔頭である西源院の方丈として1606（慶長11）年に建立されたものを移築した。石庭はこの方丈から眺めるよう作られている。重文

石庭《せきてい》

腰を下ろしてゆっくり眺めるのもいいが、立って見るのもオツなもの。15個すべての石を見ることができるポイントがどこかにあるらしい。国の史跡及び特別名勝

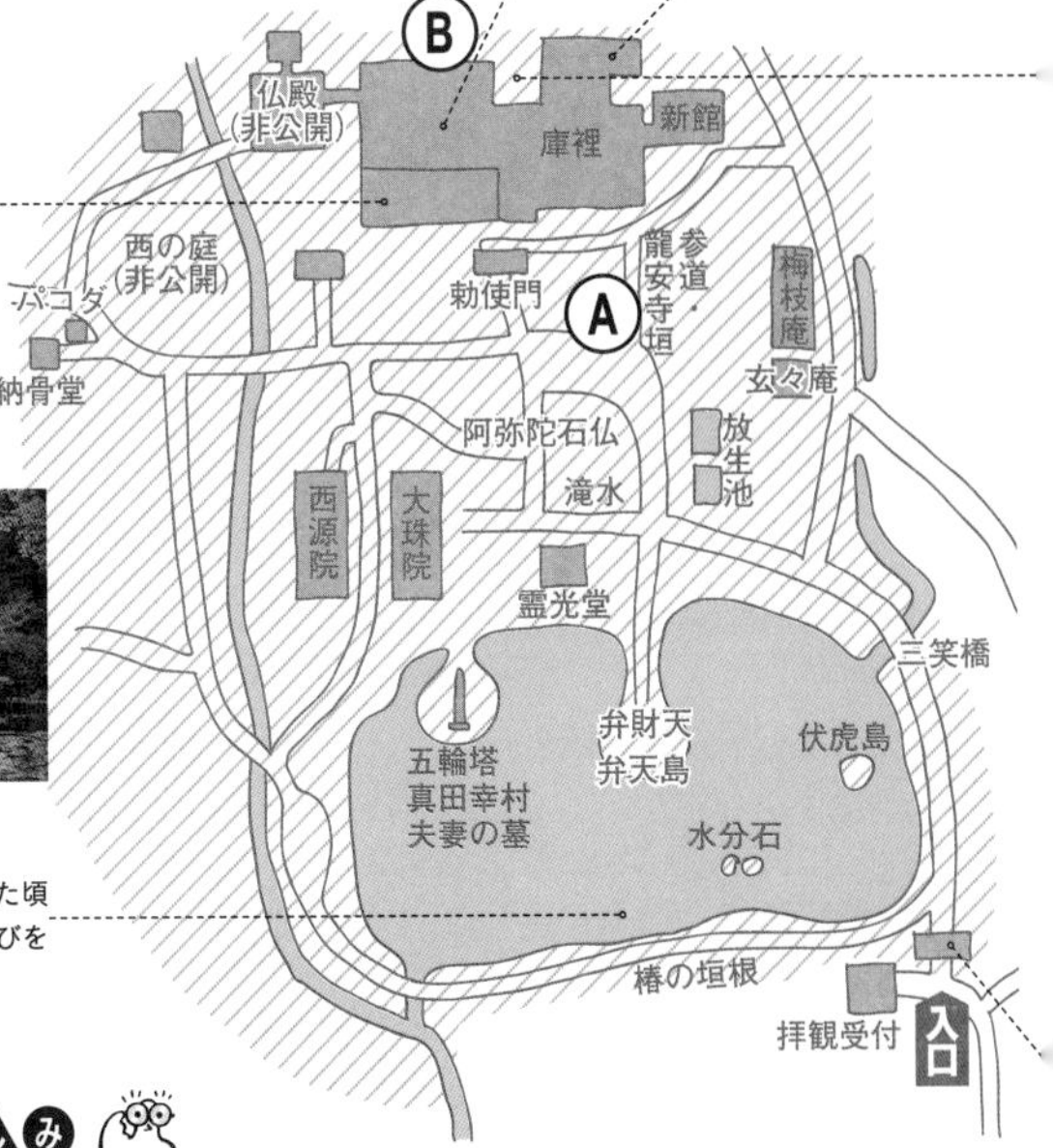

鏡容池《きょうようち》

龍安寺が徳大寺家の別荘だった頃(平安末期)、貴族たちが舟遊びをしたと伝わる。国の名勝庭園

龍安寺のおたのしみ

1 ほっこり和める 湯豆腐

龍安寺の境内塔頭の西源院で、ゆっくり庭を眺めながら湯豆腐を。七草湯豆腐 1800円。

2 いろんな種類の紅葉 紅葉狩り

鏡容池だけでなく全域に様々な樹木が茂り、秋には紅葉、黄葉が楽しめる。

3 渋さでキメよう グッズ・おみやげ

見たままに描かれた石庭柄手ぬぐいは、デザインもお値段もシンプル♪

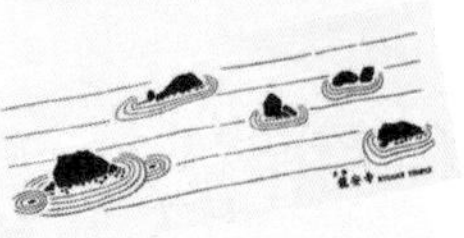

石庭手ぬぐい 450円

世界遺産

(11) 天龍寺《てんりゅうじ》

史跡・特別名勝、上から見るか？ 横から見るか？

行くなら早朝。ミラクルビューを独占！

天龍寺をお参りする人が必ずといっていいほど訪れるのが、大方丈の西にある曹源池庭園。手前にはキレイに整えられた白砂、中央には光を浴びてキラキラ輝く曹源池、そして奥には木々が並ぶ築山が配され、嵐山の山々を借景にした景色はまるで絵画のよう。静かに座って眺めるのも素敵だけど、それだけではもったいない！ できれば十一月中旬から下旬に開催される早朝参拝に行って、朝日が当たって美しい絶景をより近くで体験してはいかが？

ココがすごい！ ☑ 曹源池庭園《そうげんちていえん》 ☑ 雲龍図《うんりゅうず》

注目KEYWORD

※1 【夢《む》窓《そう》疎《そ》石《せき》】
南北朝時代の禅僧。後醍醐天皇や足利尊氏も帰依し、臨済宗の地位向上に貢献。西芳寺（苔寺）などの作庭も手がけた。

※2 【京《きょう》都《と》五《ご》山《ざん》】
臨済宗寺院を統制するために設けた、政治的意味合いが強い格付け制度。南禅寺を別格とし、天龍寺、相国寺、建仁寺、東福寺、万寿寺を五山とした。

マルチな活躍を見せた開山・夢窓疎石

天龍寺の開山・夢窓疎石※1は、時の権力者や門下から慕われていただけでなく、プロデューサーやアーティストとしてもマルチに才能を発揮しました。天龍寺を建てるお金を集めるため、中国（元）との貿易を室町幕府に提案。歴史の教科書にも出てくる天龍寺船は、約四億円もの利益を上げたそう！ 日本の庭園の歴史に大きな影響を与えた曹源池庭園を造ったのも、実は夢窓疎石。京都五山※2第一位の格式を誇る天龍寺のベースを築いた多才な人物なのです。

曹源池庭園は、国の史跡・特別名勝第一号

「日本初の作庭家」ともいわれる夢窓疎石が力を注いだ曹源池庭園。天龍寺は八度の火災に遭い多くのお堂を失いましたが、庭園は創建当時の姿を現在に残しています。真ん中の曹源池をぐるりと囲むように白砂や築山が配された池泉回遊式庭園で、一九五五（昭和三〇）年に国の史跡・特別名勝第一号に指定。庭園好きならマストでチェック！

嵐山

TEL 075-881-1235

京都市右京区嵯峨天龍寺芒ノ馬場町68／8:30～17:00／庭園参拝500円（諸堂参拝は300円追加、法堂は別途500円）／嵐電嵐山駅または市バス嵐山天龍寺駅からすぐ／無休（法堂は土・日曜、祝日、春夏秋の期間限定公開）／120台（有料）

一部不可

放生池《ほうじょうち》

7月上旬になると大輪のハスの花が咲く放生池。早い時間帯に行くのがおすすめ！

天龍寺 見どころ MAP

室町幕府を開いた初代将軍足利尊氏が、後醍醐天皇の冥福を祈るために建立した天龍寺。かつては渡月橋や嵐山も境内の一部だった。現在も三万坪もの広さがあるため、ゆっくり散策するなら時間に余裕をもって！総門から西へ進み大方丈を見学したあと、曹源池庭園から北門へ向かうルートを使って、竹林の小径や嵯峨野へGO！

◆創建：1339（暦応2）年 ◆本尊：釈迦如来坐像（重文） 参拝所要時間：1時間半 ◆庭園・諸堂はいつでも参拝できるが、法堂は土・日曜、祝日、春夏秋の期間限定公開

見逃せない！

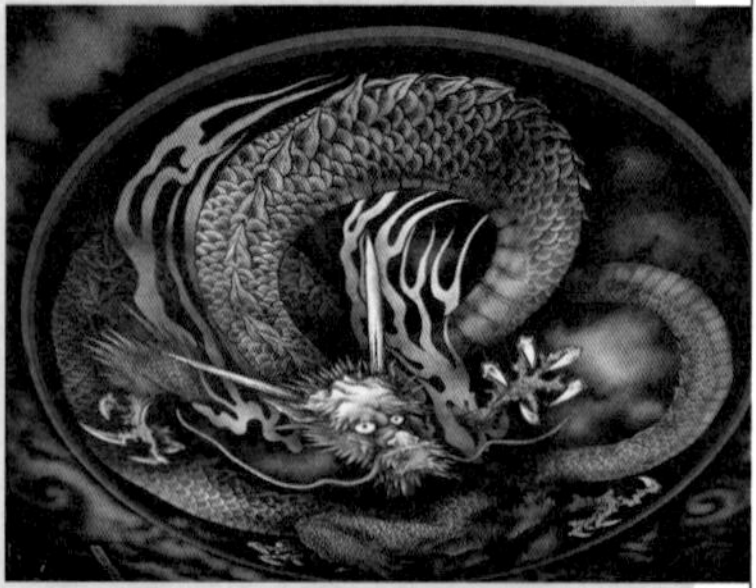

Ⓐ **法堂《はっとう》**

▶P.134

飛び出そうな天龍が尊像とお堂を守る

桁行・梁行どちらも約9mとスケールの大きなお堂。釈迦三尊のほか、夢窓疎石や足利尊氏の尊像なども祀られている

Ⓑ **百花苑《ひゃっかえん》**

こちらの庭園は植物園のよう

自然の傾斜に沿って、多くの植物が植えられている。いつ訪れても、何かの花が咲いている

3 天龍寺だから龍 グッズ・おみやげ

売店は、受付より手前の休憩所横か、北門付近の2カ所。使いやすいグッズやセンスの良いお守りが多い。

龍の手ぬぐい 800円

龍神水琴鈴 1000円

祥雲閣《しょううんかく》・甘雨亭《かんうてい》

いずれも通常非公開の天龍寺の茶室。祥雲閣は表千家残月亭を写した茶室。甘雨亭は四畳半台目の茶室

達磨図《だるまず》

前管長の平田精耕老師が描いた大衝立の達磨図は、天龍寺のシンボル！

大方丈《おおほうじょう》

本尊の釈迦如来坐像は、8度の火災を乗り越えた奇跡の仏様。物外道人筆の龍の襖絵も見どころ

望京《ぼうきょう》の丘《おか》

広大な天龍寺や京都市街を一望できる小高い山は、人も少ない穴場のビュースポット

曹源池庭園《そうげんちていえん》

もともと離宮を禅寺にしたこともあり、ほかの禅寺の庭園と比べて柔らかな雰囲気がある

宝厳院《ほうごんいん》

天龍寺の塔頭で獅子吼の庭が有名（特別拝観期間以外は参拝不可）

天龍寺のおたのしみ

1 清々しさ、満喫 朝坐禅

毎月第2日曜、9〜11時に行われる（坐禅と講義）。予約なし、しかも無料（友雲庵にて、2・7・8月休）。7月最終土・日曜は、6時から暁天講座（写真はイメージ）。

朝から心を無にして

2 天龍寺直営 精進料理

「精進料理 篩月」では、本格的精進料理が味わえる。雪 3300円〜（要予約、別途庭園参拝料）。

世界遺産

(12) 上《かみ》賀《が》茂《も》神《じん》社《じゃ》

賀《か》茂《も》別《わけ》雷《いかづち》神《じん》社《じゃ》

昔々の、神様の時代、山に神様が降りました

上賀茂神社は神代の昔、背後にそびえる神山を信仰の対象とした、自然崇拝の象徴のような存在だったそう。この山に降り立った神こそ、古代豪族賀茂氏の氏神で御祭神の賀茂別雷大神。厄祓い災難除けのほか、落雷除けなどでも信仰されています。

神山を遥拝するように本殿が設けられ、この地に神の降臨を願って作られたのが、円錐形に盛られた神秘的な「立※1砂」という古代の神の依り代で、盛り塩のルーツともいわれます。

ココがすごい！ ☑ 立砂《たてずな》 ☑ 賀《か》茂《も》別《わけ》雷《いかづちの》大《おお》神《かみ》

天から降りてきた神様
頼れる超絶パワスポ。

恋愛成就もおまかせ！上賀茂神社の伝説とは

　上賀茂さんは、女性にもとてもゆかりがあります。神話によると、賀茂《かも》玉依《たまより》比売《ひめ》命《のみこと》が賀茂川の上流に流れてきた丹塗りの矢を持ち帰り、大切に寝床に祀って休んだところ御子を懐妊、その御子こそ賀茂別雷大神ということで、上賀茂神社には縁結びや安産の信仰もあり、かの紫式部も詣でたとか。紫式部を描いたハート形・ご神紋の二葉葵の形をした絵馬は、素敵な縁を求める女性に大人気です。

朝廷からの崇敬を物語る神社の格式と葵祭

　延暦年間に天皇の行幸があり、伊勢神宮に次ぐ格を与えられた上賀茂神社。賀茂祭（葵祭※2）は国家鎮護のため欽明天皇の御代に始まったといわれます。賀茂祭の社頭の儀（五月十五日）にて行われる「走馬（そうま）の儀」は、賀茂神話にある「走馬を行い葵楓の蔓を作り、厳しく飾って吾を待て」という神勅によって神迎の祭を行ったことを伝える、古い儀式とされています。

注目 KEYWORD

※1 【立砂《たてずな》】
細殿の前に盛られた円錐形の砂山で、古代の神の依り代。頂には三葉と二葉の松葉があり、陰陽思想の陽と陰をあらわす。

※2 【葵祭《あおいまつり》】 ▼P.170
上賀茂神社と下鴨神社の祭礼で京都三大祭の一つ。路頭の儀は、斎王代をはじめ行列に参加する従者、馬、牛車も葵の葉を飾る

上賀茂

TEL 075-781-0011
京都市北区上賀茂本山339／5:30～17:00／境内自由／市バス上賀茂神社前からすぐ／無休／170台（有料）

上賀茂神社 見どころ MAP

一ノ鳥居をくぐると白砂の参道の両脇に芝生が広がり、西側の芝は馬場となって賀茂競馬などが行われる。境内には名前を変えつつ三筋の小川が流れ、清流に沿って立ち並ぶ社殿は、国宝二棟・重要文化財四十一棟。国宝の本殿・権殿はまったく同じ造りの建物が並ぶ大変珍しいもので、調度品に至るまで同じだそう。ほとんどが江戸時代の造替だが、平安時代の造りを伝える貴重な社殿。

◆創建：不詳 ◆祭神：賀茂別雷大神 ◆拝観所要時間：1時間 ◆特別参拝は神職の案内で本殿・権殿が見られる［受付］楼門内の受付所［時］10:00〜16:00［料］500円

楼門《ろうもん》

東西に回廊を巡らせた華麗な門。かつては一般の人が門前に来ることもご法度だった

玉橋《たまばし》

楼門正面にある朱塗りの橋。神事の際に神職のみが渡れる神聖な橋で、普段は通行できない

岩上《がんじょう》

古代祭祀の形を残す場。葵祭ではここで、勅使に宮司が神の意志を伝える返祝詞を申す

見逃せない！

Ⓐ 細殿《ほそどの》

ひと際、目を引く格調高い建物と立砂

天皇の行幸や、斎王が到着した時に使用された建物。立砂は、神山をかたどった古代の神の依り代。盛り塩や清めの砂のルーツともいわれる

Ⓑ 片岡社《かたおかしゃ》

優しい雰囲気の社

賀茂別雷大神の母・賀茂玉依比売命を祀る。紫式部も詣でたという、縁結びにもご利益あり ▶P.222

3 葵祭、語源の植物 フタバアオイ

上賀茂神社では「葵プロジェクト」を設立し、フタバアオイを保護・育成中。

本殿《ほんでん》・権殿《ごんでん》

東が本殿、西が権殿。1863（文久3）年に建て替えられたもので、三間社流造りの典型として共に国宝

新宮神社《しんぐうじんじゃ》

境内の一番奥、癒やしと辰年の守護神・水の神を祀る。第2・第4日曜のみ開門。その時だけの御朱印もあり

神山《こうやま》

本殿の背後、北北西に位置する山。その名の通り、神の宿る山として豪族・賀茂氏の信仰の対象だった。現在の社殿建立は天武天皇の御代

高倉殿《たかくらでん》

楼門を入って左側にあり、1628（寛永5）年に造替された重文の建物。多くの御神宝が展示されていて、特別参拝の後に拝観できる

馬場《ばば》

普段は参拝者が寛いでいるが、「賀茂競馬」では、馬が疾走する馬場になる

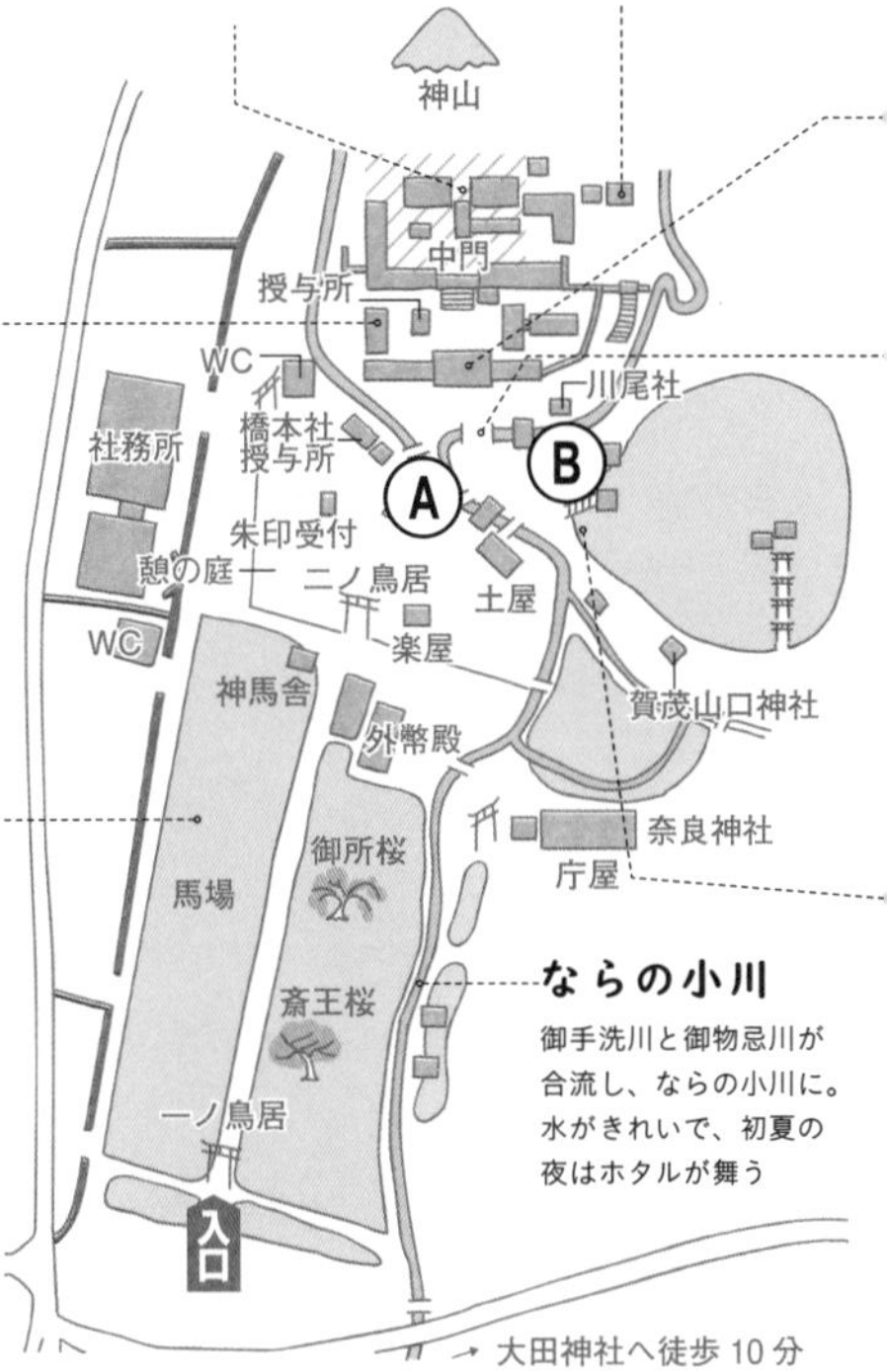

ならの小川

御手洗川と御物忌川が合流し、ならの小川に。水がきれいで、初夏の夜はホタルが舞う

上賀茂神社 おたのしみ

1 憩いの庭で特別な一杯 スペシャルティコーヒー

ご神水と合うよう、ブレンドされたコーヒー。神山湧水珈琲｜煎 1杯500円

2 可愛すぎて迷っちゃう 絵馬・おまもり

片岡社の縁結絵馬 500円

右、むすひ守 800円
左、身まもり 1000円

本当はハートではなく、神紋の二葉葵をかたどったもの。授与所は2カ所あるので、どちらも要チェック。

世界遺産

(13)

西《にし》本《ほん》願《がん》寺《じ》

壮麗な装飾にうっとり

京都駅チカの国宝の宝庫

超ド級の建物がお出迎え 門信徒が支える世界遺産

京都駅から歩いて行ける世界遺産の一つ、西本願寺。浄土真宗本願寺派の本山で、全国から門信徒が集まるだけでなく、京都人からも「お西さん」と呼ばれ親しまれます。誰もが驚くのは、建造物のスケールの大きさ！「派手好み」で知られる秀吉ゆかりの建物は、ため息モノの華やかさ。巨大建造物の奥にある数々の寺宝は、見なきゃ損！

門をくぐれば別世界！ 国宝・重文がズラッ

門から一歩中へ入ると、目

ココがすごい！ ☑ 書院 ☑ 国宝の唐門

根が空に広がるような姿で「逆さ銀杏」とも呼ばれる。火災時に水を噴き出し消火した伝説あり

世界遺産

西本願寺

前の御影堂と阿弥陀堂にまずビックリ。親鸞聖人の木像を安置する御影堂は世界最大級の木造建築物で、阿弥陀堂とともに国宝。繊細な彫刻が全面に施された唐門は、時が経つのも忘れて見入ってしまうことから、「日暮らし門」とも。飛雲閣は、アシンメトリーに造られた楼閣で、京※1の三名閣に名を連ねます。桃山文化を代表する書院は、狩野派の金碧障壁画※2に埋め尽くされ、両面透かし彫り欄間など全部屋が絢爛豪華。（通常非公開、「Shinran's Day〈しんらんずでい〉」参加者は拝観可）

注目KEYWORD

※1
【京《きょう》の三名閣《さんめいかく》】

京都に残る楼閣のなかでも有名な三カ所のこと。西本願寺の飛雲閣、鹿苑寺（金閣寺）の舎利殿（金閣）、慈照寺（銀閣寺）の観音殿（銀閣）を指す。四カ所なら呑湖閣（どんこかく・大徳寺芳春院）が加わる。

※2
【障壁画《しょうへきが》】

襖や壁などに連続的に描かれた障子絵、壁貼付絵のこと。金碧（きんぺき）障壁画は、それらの下地に金箔や金泥などを使って描いたもの。

京都駅周辺

TEL 075-371-5181

京都市下京区堀川通花屋町下ル／5:30～17:00／境内自由（書院、飛雲閣、滴翠園は通常非公開）／JR京都駅から徒歩15分／無休／参拝者用駐車場あり

一部不可

西本願寺 見どころ MAP

門から境内に入ったら、まず本堂である阿弥陀堂と、宗祖・親鸞聖人の木像を安置する御影堂へ。その後、唐門や新選組ゆかりの太鼓楼の外観など通常拝観が可能な場所を巡りたい。書院拝観には、毎月十六日（一月は除く）の「Shinran's Day」がおすすめ。改修工事を終え、美しさを取り戻した唐門、飛雲閣（通常非公開）もチャンスがあればぜひ！

◆創建：1272（文永9）年、東山に建てられた親鸞聖人の廟堂が始まり ◆本尊：阿弥陀如来 ◆拝観所要時間：1時間 ◆書院・飛雲閣・滴翠園は通常非公開

経蔵《きょうぞう》

内部の八角輪蔵という書棚に、天海僧正開版「大蔵経（一切経）」が納められる

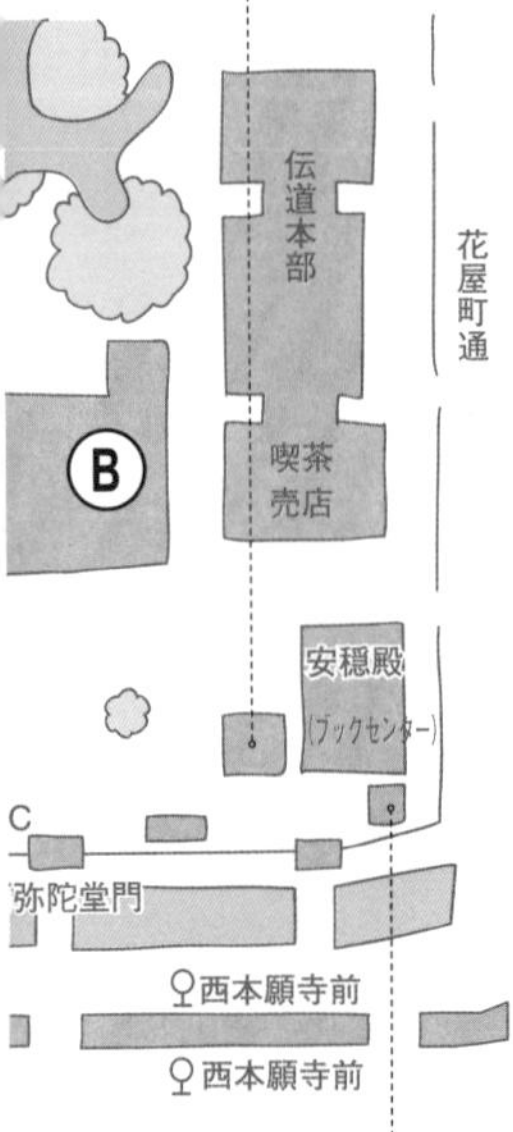

太鼓楼《たいころう》

高さ約15mの楼閣建築で外観のみ拝観可。かつて時を告げた太鼓2つを残す

見逃せない！

Ⓐ 御影堂《ごえいどう》

親鸞聖人像を安置する最大級の巨大御堂

1636（寛永13）年に再建された国宝の建物で、重要行事はここで行われる。御真影（ごしんねい、親鸞聖人坐像）と歴代門主の御影が安置されている

Ⓑ 阿弥陀堂《あみだどう》

こちらも大スケール！西本願寺の本堂

本尊阿弥陀如来像と聖徳太子等の御影を安置する国宝の建物。1760（宝暦10）年の再建。大きさは東西42m、南北45m、高さ25m！

Ⓒ 唐門《からもん》

うっとり見とれて日が暮れる

秀吉の居城・伏見城の遺構と伝わる、檜皮葺、唐破風の四脚門。唐獅子と牡丹、麒麟など、107点もの彫刻にご注目

書院《しょいん》
書院造様式の代表的なもので、国宝の対面所（鴻の間）は203畳敷き！障壁画は、狩野派の渡辺了慶らが描いた

大銀杏《おおいちょう》
京都市の天然記念物に指定される、樹齢約400年の大銀杏。秋の黄葉は名物

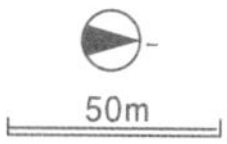

龍虎殿《りゅうこでん》
参拝者との応対や、参拝や読経のための施設。読経・お勤めの申し込みは、まずは電話で問い合わせを

飛雲閣《ひうんかく》と滴翠園《てきすいえん》
回遊式庭園・滴翠園のほとりに立つ飛雲閣は、聚楽第の遺構とも伝わる3層の楼閣。左右非対称の大胆なデザインで、1層には主室の招賢殿や、舟を引き入れる舟入の間などがある

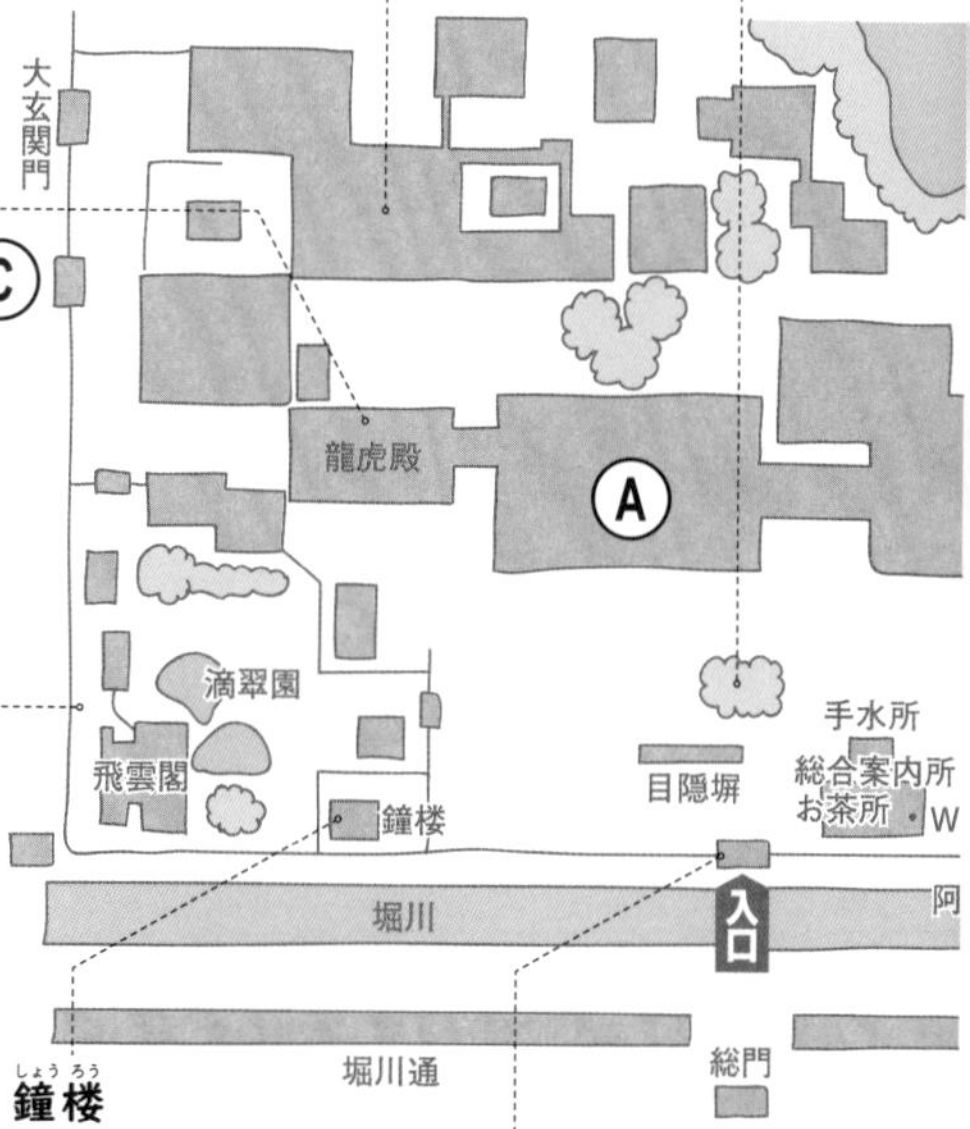

鐘楼《しょうろう》
滴翠園内にある極彩色の彫刻が見事な鐘楼。1996年まで使われていた重要文化財の梵鐘は、総合案内所（お茶所）に展示

御影堂門《ごえいどうもん》
堀川通に面し、御影堂へ通じる重厚な門。北隣にある阿弥陀堂門と共に重文

西本願寺の おたのしみ

1 6時からスタート
早朝参拝
晨朝勤行（じんじょうごんぎょう）という6時から始まる朝のお勤めは、阿弥陀堂に引き続き、御影堂でも行われる。参加自由。

2 案内人はお坊さん
ガイドツアー
僧侶約30人が交代で案内する「お西さんを知ろう！」。参加無料で予約なし、しかも1日4回実施。受付は総合案内所。

3 毎月16日は！（1月を除く）
Shinran's《しんらんず》 Day《でい》
宗祖・親鸞聖人の月命日に、法要や法話、文化財の特別案内が行われる。1月以外の毎月16日の10時までに、龍虎殿で受付が必要。法要後に書院を案内してもらえる。

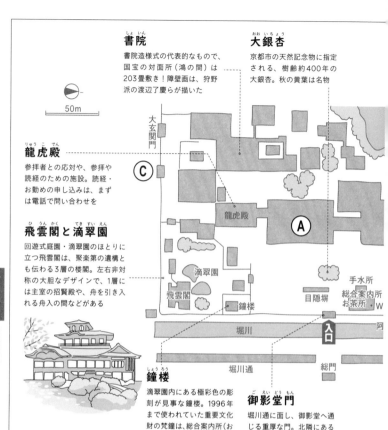

世界遺産

(14)

高山寺《こうさんじ》

日本最古の茶園も！

「鳥獣人物戯画」の故郷

可愛いイラストに みんな、首ったけ♪

二本足で走るウサギ、泳ぐサル、相撲を取るカエル…。まるで人間のように躍動するマンガチックな動物たちが描かれたのは、今から八百年以上も前のこと。栂尾にある高山寺は、有名な作品「鳥獣人物戯画[※1]」の故郷。この戯画は甲乙丙丁の四巻あり、ほとんどの巻で十一メートルもあるというから驚きです。誰もが見たことのある動物たちは、甲巻の中で遊び回っています。甲乙の巻は平安時代後期にでき、丙丁の巻は鎌倉時代に作られたそうですが、作者を含めて詳細はわかっていません。

現在の高山寺の基礎を築いた明恵上人[※2]は、「茶祖」といわれることもある人物。臨済宗の祖として知られる栄西禅師が宋から持ち帰った茶の実を、明恵上人が託されて高山寺で育て、やがてお茶は、宇治へ伝わり全国へと広まりました。宇治茶[※3]発祥の地ともいえる高山寺では、伝統を引き継いで現在も毎年十一月には献茶式が行われています。

高雄

TEL 075-861-4204

京都市右京区梅ケ畑栂尾町8／8:30～17:00／山内自由（秋期は入山500円）、石水院拝観1000円／西日本JRバス・市バス栂ノ尾から徒歩5分／無休／市営駐車場利用

ココがすごい！ ☑ 鳥獣人物戯画 ☑ 宇治茶の発祥地

高山寺のおたのしみ

1 境内で育つお茶 茶園

研究により最古の茶園は、清滝川対岸の深瀬三本木にあったと判明。従来の茶園跡と伝わる場所も充分最古の雰囲気がある。

紅葉は、市街より2〜3週間早く色づき始める

布巾(ふきん)
各600円

トートバッグ1600円

2 限定品も販売! おみやげ

ここでしか買えない鳥獣人物戯画のイラストグッズは、友だちに自慢できる逸品揃い。

◆創建:1206(建永元)年、後鳥羽上皇の勅願により明恵上人が中興開山◆本尊:釈迦如来 ◆拝観所要時間:1時間 ◆紅葉の名所として有名

注目KEYWORD

※1 【戯《ぎ》画《が》】
おもしろおかしく描かれた絵のこと。作品によってはやんわりと皮肉が込められる場合もある。

※2 【明《みょう》恵《え》上人《しょうにん》】
華厳宗と真言宗を修めた、鎌倉時代前期の僧。茶祖として知られるほか、自らが見た夢の記録を約四十年にわたって『夢記』につづっていたなど、逸話の絶えない人物。

※3 【宇《う》治《じ》茶《ちゃ》】
日本を代表するブランド茶。明恵上人が高山寺の山内で育てたお茶の木から種を採り、宇治でまいたという伝承がある。

(15) 宇《う》治《じ》上《かみ》神《じん》社《じゃ》

清らかな空気に包まれた宇治川畔の聖なる空間

門をくぐると、まず目に飛び込んでくるのが国宝の拝殿で、正面の階段脇には一対の円錐形に盛られた砂が。この砂の山は「清め砂[※1]」といい、境内を清める役割があるそう。拝殿の前に立つと、不思議と心がすっと清らかになる気がするのは、清め砂のおかげ？

ここは宇治川東岸、さわらびの道の奥に鎮座する宇治上神社[※2]。長い時を超えて佇む本殿と拝殿には、遥か昔の気配が残されています。

まるでタイムカプセル！

平安時代にトリップ気分

ココがすごい！ ☑ 最古の神社建築 ☑ 過去、平等院の守護社

本殿は、三柱のご祭神を祀る内殿を、覆屋がすっぽりカバーするという独特の建築様式

覆屋が守る優美な本殿 歴史は年輪が知っている

宇治上神社のある一帯は、五世紀前半の天皇・応神天皇の末の皇子・菟道稚郎子が、離宮を建てたという説がある場所。本殿には、応神天皇と二人の皇子の三柱が祀られます。年輪年代測定法という調査では、本殿は一〇六〇（康平三）年頃の建築と判明。現存する神社建築の中で、最も古いものだとか。平等院創建の一〇五二（永承七）年に近く、古をしのばせる趣のある本殿は、藤原時代特有のものかもしれません。

注目 KEYWORD

※1 【清め砂】
境内のお清め用の砂として毎年九月一日に奉納。一年間盛り続けられる。

※2 【宇治上神社】
宇治神社と二社一体の時代があり、「上の社」として宇治上神社と呼ばれるようになったという。

宇治上神社のおたのしみ

1 現在は禊（みそぎ）用 名水

お茶処の宇治では昔、良い水が湧く7カ所を「宇治七名水」とした。境内の「桐原水」は、現存する唯一の名水。

2 なぜ、ウサギさん？ おみやげ

昔は宇治を「菟道」と書いていたから、など説はいろいろ。おみくじやお守りにもウサギ。可愛かったら万事よし！

うさぎみくじ
300円

願い人形《ひとかた》
500円

◆創建：不詳 ◆祭神：応神天皇（おうじんてんのう）、菟道稚郎子（うじのわきいらつこ）、仁徳天皇（にんとくてんのう）◆拝観所要時間：30分〜1時間 ◆平安時代には宇治鎮守明神、離宮明神とも呼ばれていた ◆御屋根葺贊の済んだ本殿と拝殿は、堂々とした佇まいに

宇治 TEL 0774-21-4634

宇治市宇治山田59／9:00〜16:30／境内自由／京阪宇治駅から徒歩10分／無休／10台

(16) 元《もと》離《り》宮《きゅう》二《に》条《じょう》城《じょう》

徳川家康が創建した歴史を伝える貴重な城

二条城は京都御所の守護と将軍上洛の際の宿泊所として、江戸幕府の初代将軍になって間もない徳川家康により築かれました。家康はこの二条城で豊臣秀頼との会見[※1]、大坂冬の陣・夏の陣では軍議を行い、二条城から出陣しました。また歴史の教科書にも登場する「大政奉還」は、十五代将軍慶喜がその意思を二の丸御殿で表明し、二条城は江戸幕府の始まりと終焉の舞台となりました。

その佇まい、威風堂々！

京都の世界遺産、唯一の城

ココがすごい！ ☑国宝・二の丸御殿 ☑狩野派の障壁画

狩野派の障壁画で飾られる二の丸御殿は美術館!?

二条城が現在の規模になったのは三代将軍家光の時代で、後水尾天皇の行幸を迎えるために二年も前から二の丸御殿の大改修、城域の拡大、御殿の造営などが行われました。二の丸御殿は遠侍、式台、大広間、蘇鉄の間、黒書院、白書院の六棟が連なる雁行形の建物で、部屋には大改修時に狩野派が描いた障壁画で飾られています。将軍が座った大広間の一の間はもちろん、四の間の「松鷹図」※2もお忘れなく!

注目 KEYWORD

※1 【豊臣秀頼との会見】
家康が秀頼に要請し二条城での会見が実現した。二条城会見とも。

※2 【松鷹図《まつたかず》】
二の丸御殿で最も有名といわれる障壁画。狩野山楽筆とされる。

◆創建：1603（慶長8）年 ◆築城主：徳川家康 ◆［文化財］国宝：二の丸御殿、重文：本丸御殿（修理中）など建造物22棟、二の丸御殿障壁画1016面 ◆［庭園］二の丸庭園（特別名勝）、本丸庭園、清流園。全域が史跡 ◆［参観所要時間］2時間

二条城 TEL 075-841-0096

京都市中京区二条通堀川西入二条城町541／8:45～16:00（閉城17:00）／1300円／市バス二条城前から徒歩すぐ／12/29～31、二の丸御殿観覧休止日は1/1～3と1・7・8・12月の火曜（休日の場合は翌日休）／約120台（有料）

一部不可

たくさんの彫刻と極彩色で飾られた唐門も、家光の大改修時に造営された。重文

二条城のおたのしみ

1 どの部屋も見ごたえあり
障壁画

各部屋の目的などに応じて描かれる内容が異なり、見比べてみるのも興味深い。欄間や天井にも注目を！

2 広い城内をおさんぽ♪
庭園とおみやげ

庭園の一つ、清流園の和楽庵ではお茶をいただける。大休憩所内では二条城オリジナルの伝統工芸品の販売も。

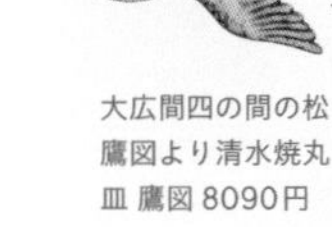

モチーフは唐門の鶴。京七宝 ピンブローチ 5200円

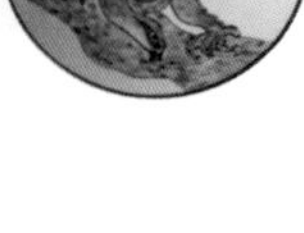

大広間四の間の松鷹図より清水焼丸皿 鷹図 8090円

京 都 社 寺

OMIYAGE CATALOGUE

お守り（その2）

ひたすらキュートなお守りや、現代人には必須のIT関連お守りなど、
注目を浴びそうなお守りはいかが？ プレゼントしても喜ばれそう！

鈴の音と一緒に
＼ 季節を持ち歩き ／

4.　3.　2.　1.

1.貴船神社のもみじ守 各900円（緑・赤）。それぞれ季節限定　P.213／2.平野神社の妹背さくら守 800円。妹背とは仲良しの2人のこと　P.164／3.清水寺の桜鈴500円。鈴の音が福を招く　P.64／4.平安神宮の開運厄よけ桃守800円。桃は魔除け・厄除けの果実だそう　P.152

植物モチーフで
＼ 運気アップ♪ ／

7.　6.　5.

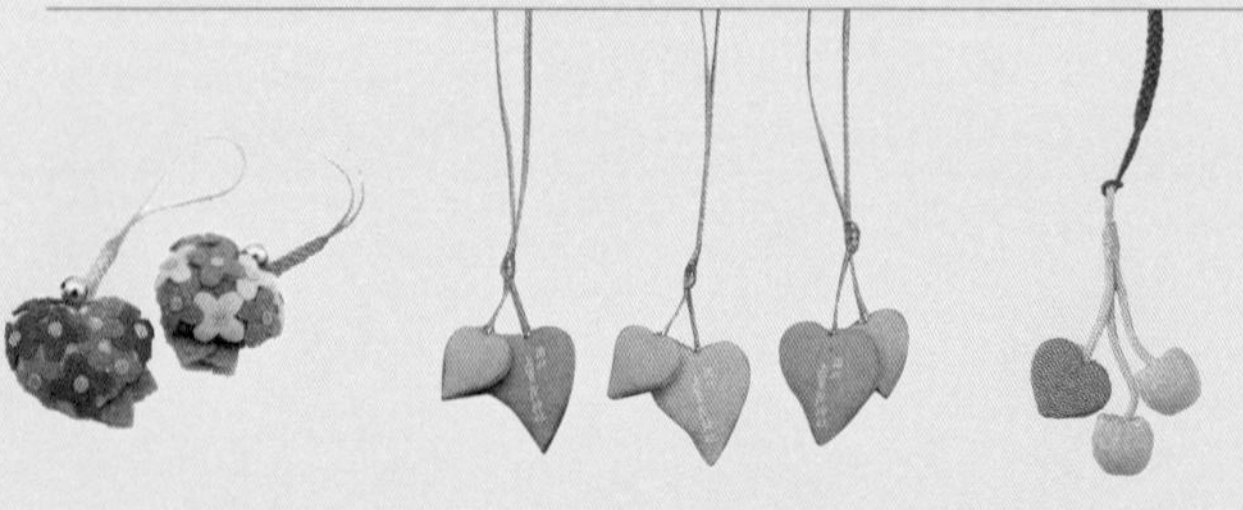

5.東寺の恋の実 500円。サクランボが末永く恋を応援してくれそう！　P.18／6.上賀茂神社の身まもり各 1000円。葵の葉をハートに見立てた甘すぎない形も人気　P.76／7.三室戸寺のハートアジサイのお守り 各800円。境内に咲く幸運のハート形アジサイがモチーフ　P.172

松尾大社
服酒守

800円。お酒を飲む人のためのお守り。財布やパスケースに入れて持ち歩こう　P.154

晴明神社
みずかがみ守

1200円。晴明桔梗紋がドンと入った、集中力向上と災厄除けのペンダント　P.206

法輪寺
マイクロSD御守

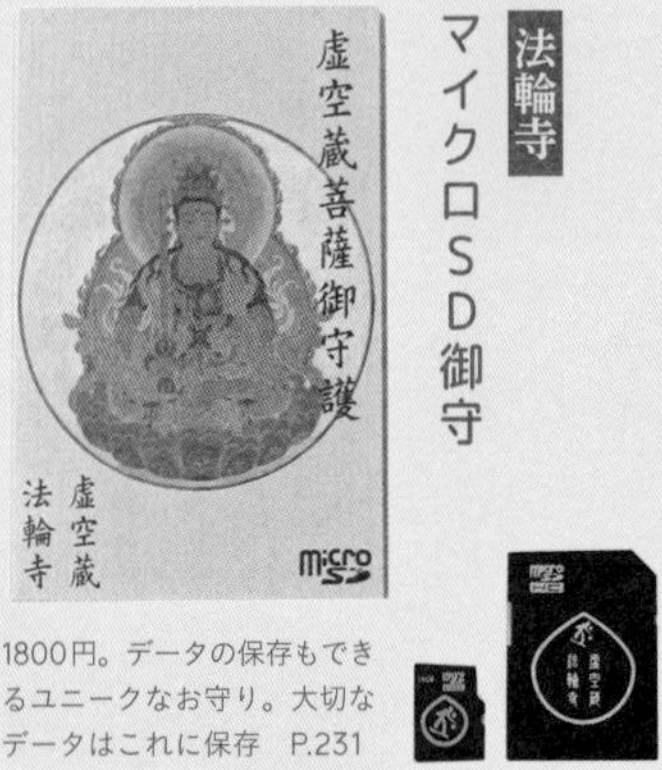

1800円。データの保存もできるユニークなお守り。大切なデータはこれに保存　P.231

法輪寺
情報安全護符

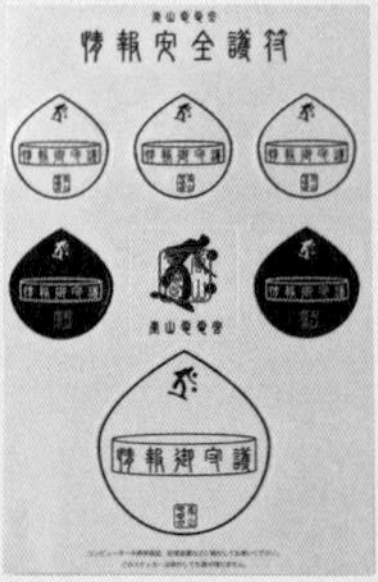

400円。データ保護やウイルス防止の護符。パソコンやスマホに貼り付けて　P.231

大覚寺
愛犬・愛猫おまもり

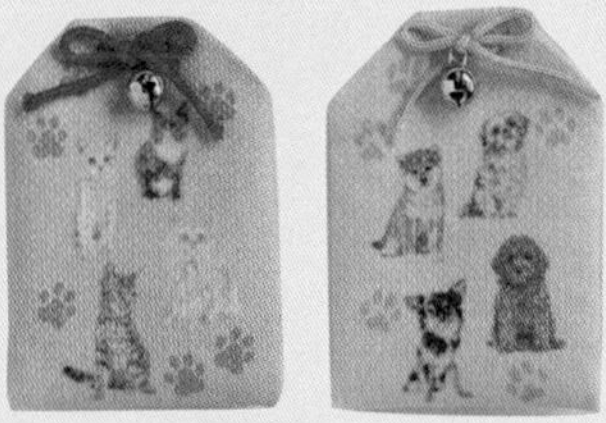

各1000円。動物救済のご利益もある馬頭観音にちなむお守り。犬と猫の絵柄　P.146

上賀茂神社
みちびき守

各1000円。賀茂建角身命の化身であるヤタガラスが、良い方向へ導いてくれる　P.76

京都の世界遺産

京都の世界遺産は全部で17。
1000年の都が受け継いだ歴史や建物は、世界共有の遺産！

宇治上神社

仁和寺

平等院

上賀茂神社

「世界遺産」とは、文化遺産・自然遺産を人類全体の遺産として保護し、保存するため、一九七二年にユネスコ総会で採択された条約をもとに「世界遺産一覧表」に記載された物件のことです。京都の世界遺産は「古都京都の文化財（京都市、宇治市、大津市）」として、これまでに紹介した十五の社寺と元離宮二条城に、西芳寺（苔寺）を加えた十七スポットが、一九九四（平成六）年に日本で五番目に登録されました。平安時代から江戸時代までの各時代特有の建築様式、庭園形式を伝えていて、歴史的にも重要。日本の発展にも影響を与えている、世界に認められた人類の宝なのです。

天龍寺

元離宮二条城

下鴨神社

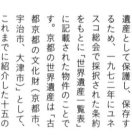

コレは外せない

3、見どころ

CHAPTER.3 HIGHLIGHT SPOTS

仏

Buddha statue

三《さん》千《ぜん》院《いん》

ココがすごい！ ☑ 国宝《こくほう》阿弥陀《あみだ》三尊《さんぞん》坐像《ざぞう》 ☑ 有清園《ゆうせいえん》

困ったらすぐ駆けつけます！

激レアの三尊様ラブ。

緑色の苔が絨毯のように広がり、新緑や紅葉の名所でもある有清園。宸殿から往生極楽院を眺めるように造られた池泉回遊式庭園で、季節ごとの景色が美しい

人々を極楽へ導く優しい仏様のお寺へ

のどかな空気に満ちる大原は、平安時代から続く野菜の産地で、赤シソを使って野菜を漬け込む「しば漬」のふるさととしてもおなじみです。

田園地帯を見下ろす場所に立つ、天台宗寺院の三千院。往生極楽院に祀られる国宝・阿弥陀三尊坐像の前に立つと、なぜか距離が近いような、不思議な感覚に包まれます。中央の阿弥陀如来坐像が穏やかに座るのに対し、両脇侍の観音・勢至菩薩はやや前かがみの姿勢。これは身を乗り出して、すぐにでも人々を救おう、極楽へ導こうとしているから。三尊の優しさと、チームワークの良さが伝わってきます。

大原

TEL 075-744-2531

京都市左京区大原来迎院町540／9:00～17:00(11月は8:30～17:00、12～2月は9:00～16:30)／700円／京都バス大原から徒歩10分／無休／なし

一部不可

◆創建：782～806（延暦）年間、最澄を開基に創建 ◆本尊：薬師如来 ◆拝観所要時間：1時間 ◆大原観光の中心的寺院

御懺法講を行う場である宸殿（上）と聚碧園

比叡山の僧が作った大原、三千院の文化

三千院は、最澄が比叡山の東塔南谷、梨の木の下に建てた小堂がルーツ。滋賀の坂本、洛中と移転を重ね、大原に落ち着いたのは明治時代のこと。平安時代に最雲法親王が寺に入って以降は、代々法親王が住持する門跡として格式を誇ってきました。円融房、梨本坊、梨本門跡、梶井宮、三千院と移転のたびに変わった名前からも、寺がもつ豊かなストーリーを感じられます。

大原はもともと、比叡山を下りた僧がさらに修行を深めた地。大原の各寺院が伝えてきた天台声明[※1]はその修行の中で生まれたもので、三千院で最も大切な法要「御懺法講（おせんぼうこう）」をはじめ、重要な儀式で唱和されています。

二つの庭園と凛としたお堂を巡る

自然と調和した境内の見どころの中でも、二つの庭園の美しさは感動モノ。池泉回遊式庭園の有清園は、杉や檜と苔が絵画的な世界観で調和。木々の根元をよく見れば、かわいい姿のわらべ地蔵[※2]がひょっこり顔をのぞかせます。客殿の池泉観賞式庭園・聚碧園（しゅうへきえん）は、江戸時代の茶人・金森宗和が修築したと伝わっています。広い境内の山の地形を利用しつつ池を組み合わせた、立体感のある庭です。庭園とあわせて、境内のお堂巡りもお楽しみに。往生極楽院はもちろん、本尊の薬師瑠璃光如来[※3]を祀る宸殿、護摩祈祷を行う根本道場の金色不動堂など、それぞれ凛とした雰囲気が漂います。

石彫刻家の杉村孝氏が手がけたわらべ地蔵

注目 KEYWORD

※1【声明《しょうみょう》】
仏教の儀式的な音楽で、お経に節をつけて唱和する。三千院にとって最も大切な行事「御懺法講」では、雅楽を組み合わせて宮中法会を再現する。

※2【わらべ地蔵《じぞう》】
往生極楽院の南側で出会える。苔の間や木の根元に埋もれつつ顔を出し、一帯の風景に溶け込んでいる。表情もポーズもすべて違う！

※3【薬師瑠璃光如来《やくしるりこうにょらい》】
天台宗の祖である最澄自刻の秘仏。八六〇（貞観二）年に承雲和尚が像をお堂に安置し、その際に円融院（えんにゅういん）と称した。

仏像図解

両脇に仕える仏様は、私たちをすぐに救えるよう、今まさに立ち上がろうとしているお姿！

人類愛にあふれてる！

国宝 **阿弥陀三尊坐像**《あみださんぞんざぞう》

平安時代　木造漆箔　ヒノキ材
寄木造　往生極楽院に安置

平安時代末期造の往生極楽院は、重要文化財の建物

正座とは少し違う〈大和《やまと》坐《すわ》り〉

上体をやや前かがみにして膝を開く座り方。今にも立ち上がりそうな臨場感のある姿

手指で表す〈印《いん》〉

来迎印という、阿弥陀如来が極楽浄土から迎えに来る際に結ぶ種類の印。左右でセット

大切なもの〈胎内納入品《たいないのうにゅうひん》〉

勢至菩薩坐像の胎内から1148（久安4）年の墨書が発見されている

極楽への乗り物〈蓮台《れんだい》〉

こちらの観音様は、極楽浄土へ往生する人を乗せる台を持つ

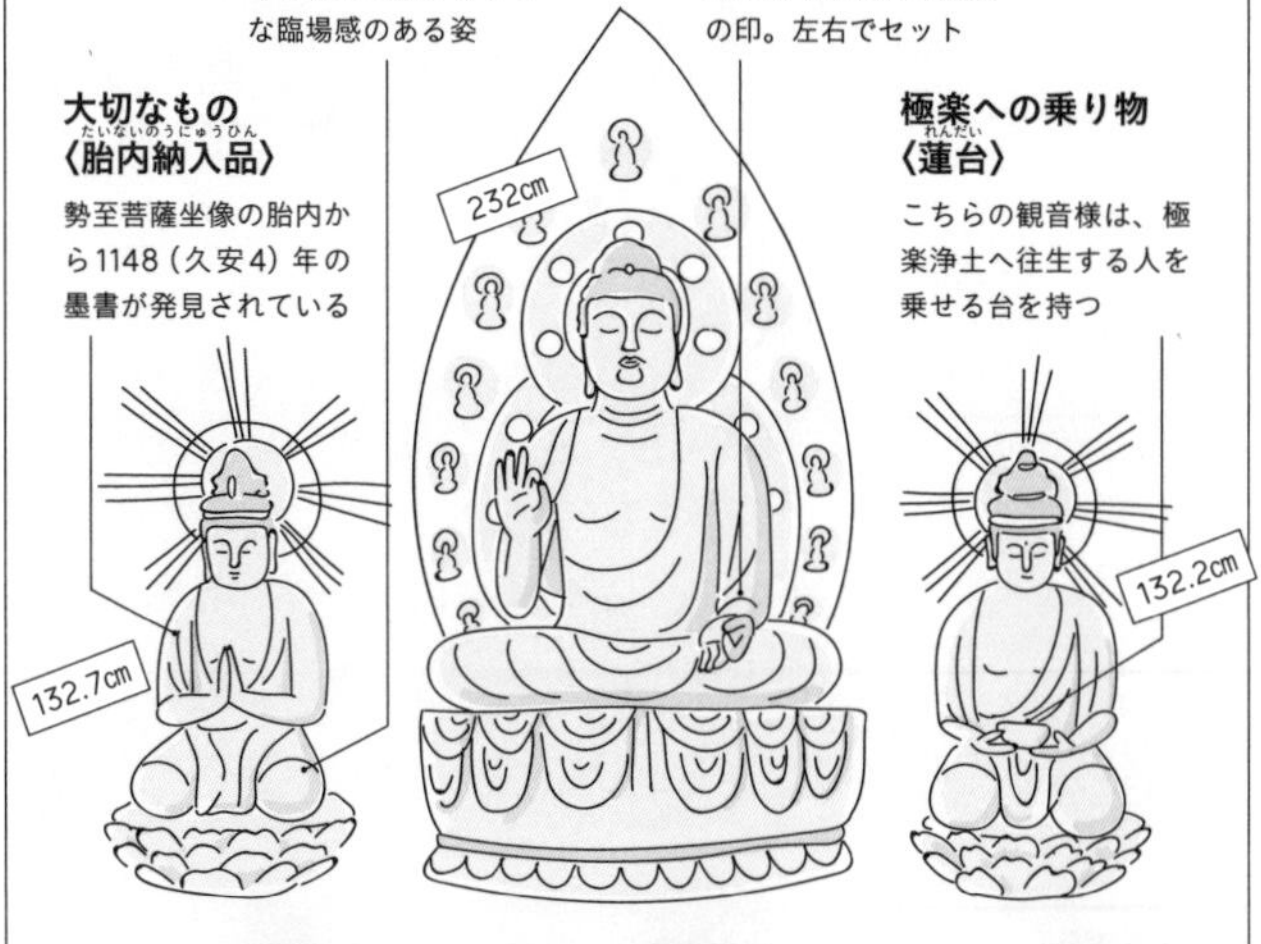

ハートフル仏

観音菩薩坐像《かんのんぼさつざぞう》

助けを求める人に向ける、優しい表情が印象的。今まさに往生しようとする人をサポート

頼れるリーダー

阿弥陀如来像《あみだにょらいぞう》

人の臨終の際、極楽浄土から眷属を引き連れて迎えに来る場面を表し、平安時代を代表する像

クールな知性派

勢至菩薩坐像《せいしぼさつざぞう》

知恵の力によって衆生を救う菩薩で、蓮台に座る。頭に水瓶をのせ、両手を合わせる

仏

Buddha statue

三《さん》十《じゅう》三《さん》間《げん》堂《どう》

ここは夢か極楽か？

2002の瞳に見つめられて。

ココがすごい！ ☑ 千《せん》手《じゅ》観《かん》音《のん》坐《ざ》像《ぞう》 ☑ 千《せん》体《たい》千《せん》手《じゅ》観《かん》音《のん》立《りゅう》像《ぞう》

提供：妙法院

実は意外なヒミツも
圧巻の仏像ワールド

中尊の千手観音様を中心に、左右にずらり五百体ずつ。千体千手観音立像は多くの仏師が制作に携わり、一体一体お顔立ちが違うのは知られていますが、仰いで見ると一度に全部の仏像が目に入るとのウワサも。さらに仏像はすべて東向きですが、一体だけ西向きの仏像が中尊の真裏に？

京都駅周辺

TEL 075-561-0467

京都市東山区三十三間堂廻町657／8:30～17:00(11月16日～3月は9:00～16:00)受付は閉堂30分前まで／600円／市バス博物館三十三間堂前からすぐ／無休／50台

仏像図解

お堂には千手観音様のほか、風神・雷神、観音様を守る二十八部衆も。仏像オールスターズは個性派揃い。

じっくり見たらみんな違う！

国宝 **千体千手観音立像《せんたいせんじゅかんのんりゅうぞう》**

平安～鎌倉時代　木造漆箔　ヒノキ材　寄木造り　慶派、院派、円派作

似た人いるかな？
[顔]
すべてにお名前があり、会いたい人に似た仏がいるという。目を凝らすと気になる仏に出会えるかも

全フォローする！
[顔の数、手の数]
手の数は、合掌する手を合わせて42。お顔は頭上に11面あり、全方向を見守ってくださっている

名誉の証拠
[作者名が残る]
約500体に作者名が記され、慶派、円派、院派など多くの集団が参加する国家的事業だったとわかる

御年いくつ？
[創建当時の像も]
中尊よりも古い、平安時代の観音立像は124体。ほとんどが建長の大火で焼失後、鎌倉時代に作られた

天翔ける神は、スピード命！

国宝 **風神・雷神像《ふうじん・らいじんぞう》**

鎌倉時代　木造漆箔　寄木造り　彩色　玉眼

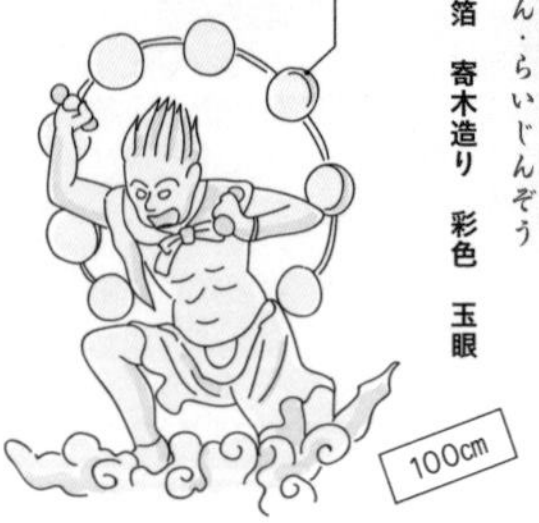

特徴を表す
[持ち物]
風神は下界へ大風を送り、雷神は8個の太鼓で雷鳴を轟かす

5本じゃない？
[手足の指の数]
足の指は2本。手の指は風神が4本で、雷神が3本。異なるので見比べてみて

風神雷神といえば
[日本最古]
風神・雷神を表す最古の像。作像以来この姿でイメージ定着

宗達も見た！
[モデル]
この風神像・雷神像を見て俵屋宗達は、「風神雷神図屏風」を描いたという

国宝一千件
みなぎる数のパワー

三十三間堂の正式名は蓮華王院といい、平安末期、[※1]後白河法皇が営んだ院御所・法住持殿の一角。柱と柱の間が三十三もある横長のお堂・三十三間堂は、法皇の発願、平清盛の資金提供で建立され、等身大の千手観音立像を十段百列に安置し数のパワーで世の平安を願いました。壮大な三十三間堂に平成三十年、大きなトピックスが。中尊はすでに国宝でしたが、千体千手観音立像すべてが[※2]国宝指定に。

また、観音様の前面に並ぶ[※3]二十八部衆のうち四天王以外

やっぱりセンターは一番重要！

国宝 **千手観音坐像**《せんじゅかんのんざぞう》

鎌倉時代　木造漆箔　ヒノキ材
寄木造り　湛慶作

湛慶仏の特徴
［顔・表情］
観音様の慈悲が満ちあふれる、優しげで張りがあり穏やかな面差し

1000＝∞
［手の数］
脇手が40。1手で25の救いの働きがあるという。無限のパワーを表現

なんでも持ってる！
［持ち物］
数珠、宝剣、法輪、錫杖など40の異なる持ち物で人々を強力救済

重厚感たっぷり
［光背］
天蓋を吊るし、雲焔と唐草を透かし彫りにした光背。厳かにして豪華な造り

ゆったりした衣
［衣文］
左右非対称のデザイン性に富んだ衣文。平安王朝を反映するかのよう

見逃せない！

提供：妙法院

本堂・三十三間堂

仏様がひしめく長――いお堂

「柱間が33ある本堂」から三十三間堂という通称が有名になった。33は、観音菩薩が33の姿に変身して人々を救ってくれるという、意味のある数字。仏像だけでなく、お堂も国宝に指定されている。

◆創建：長寛2(1164)年。平安時代後期の後白河上皇が院政を執った頃、院御所内に造営と伝わる ◆本尊：千手観音 ◆拝観所要時間：1時間 ◆新春の「楊枝のお加持（やなぎのおかじ）」や「大的大会（おおまとたいかい）」など、無料公開される行事日がある。いずれも大変賑わう

の四体を中尊の周りに、風神・雷神の場所を入れ替えるなど配置換え。三十三間堂は、何度も参拝したい寺院です。

注目KEYWORD

※1 **【後《ご》白《しら》河《かわ》法《ほう》皇《おう》】**
第七十七代天皇。上皇としても三十年以上権力を握った。頭痛もちだったことにもちなみ「楊枝のお加持」は頭痛封じで有名。

※2 **【国宝指定】**
平成三〇年、約四十五年がかりの修復が完了、調査も進み重要文化財から国宝に格上げされた。中尊は昭和二十六年に国宝。

※3 **【二《に》十《じゅう》八《はち》部《ぶ》衆《しゅう》】**
千手観音の使いの神々。等身大の二十八部衆は珍しく、おじいさんの姿や異形のものなど個性豊か。二十八体すべて国宝。

仏

Buddha statue

神《じん》護《ご》寺《じ》

まるで頑固オヤジ 目ヂカラ最強。

都から遠い山奥で出会う強烈インパクトな仏様

四百段の石段の先、錦雲峡[※1]を望む山中の大寺で出会える、威厳たっぷりの仏様。小鼻が張り顔立ちは異国的。高く盛り上がった螺髪《らほつ》も存在感があって、一瞬、後ずさりしてしまいそうな凄みがあります。見つめていると次第に仏様の内面の優しさに包まれていくような心地に。このミステリアスな仏像は、もとは和[※2]気清麻呂の私寺・神願寺の本尊で、清麻呂と因縁のあった怪僧・道鏡の怨霊をはね返すために作られたとも。これが迫力の表情のヒミツ!?

ココがすごい！ ☑ 国宝薬師如来《こくほうやくしにょらい》 ☑ 京都一早い紅葉

仏像図解

口をへの字に目を細め、堂々とした体つき。厳しさの中に、決して突き放すことのない愛情を感じる仏様。

頑固オヤジって雰囲気がたまらない

国宝 **木造薬師如来立像《もくぞうやくしにょらいりゅうぞう》**

平安時代初期 カヤ材 一木造り
唇、眉、瞳などの一部に彩色
金堂本尊

思わず謝りそう
[表情]
肉厚の輪郭とまぶたに威圧感があり、こちらの心まで見通すような目

への字に口紅
[口]
ぷっくりとした顎に、怒りをこらえているかのように結ばれた口。紅色の彩色が妙にリアル

飾りはないけど
[装束]
質素だけど豊かな表現。衣が脇から肘にかかっているのが珍しい。布が柔らかそうに見える

定番持ち物
[薬壺《やっこ》]
薬師如来を象徴する持ち物。右手で「薬を出すから大丈夫だよ」と伝えつつ、人々を救済

平行な衣のシワ
[翻波式衣文《ほんぱしきえもん》]
大小のひだが交互に繰り返される表現は、一木彫りならでは。奈良末期～平安初期の仏像に見られる

頼れる姿
[どっしりした体]
ふっくらどっしりとした体は、頼れる存在を表すかのよう。強くたくましい姿に安心感を抱く

見逃せない！

金堂《こんどう》

神護寺の中心的建物
本尊薬師三尊を祀る本堂。中央に国宝の薬師如来立像を安置し、両脇に日光・月光菩薩立像を祀る。

創建：824(天長元)年、和気清麻呂が建立した神願寺と高雄山寺を合併。空海が住持 ◆本尊：薬師如来 ◆拝観時間：2時間 ◆境内と錦雲峡は紅葉の名所と名高い

注目 KEYWORD

※1
【錦雲峡《きんうんきょう》】
神護寺から見渡せる清滝川の渓谷。境内から素焼きの皿を投げて願掛けをする「かわらけ投げ」の名所で、お皿が渓谷へと吸い込まれていくのはなかなか爽快。遠くへ飛ぶほどいいそう。

※2
【和気清麻呂《わけのきよまろ》】
奈良時代、弓削道鏡の皇位につくという野望を、宇佐八幡の神託を伝えることで打破。大隅国（鹿児島）へ流されるも、一年後に戻され、皇位を継いだ桓武天皇に平安京遷都をすすめた。

高雄

TEL 075-861-1769
京都市右京区梅ケ畑高雄町5／9:00～16:00／600円／西日本JRバス・市バス高雄から徒歩20分／無休／なし

仏

Buddha statue

清《せい》涼《りょう》寺《じ》

37歳のお釈迦様は…

インド生まれのイケ仏

はるばる海を越えてお釈迦様が訪日！

釈迦如来立像は、インドで生まれ中国、日本へと渡来した、三国伝来の仏様。胎内からは、絹製の五臓六腑[※1]が！お釈迦様の生前の姿を表現した「生身の釈迦」であるため、内臓を納めた作りなのだとか。この仏像が安置される清涼寺は平安貴族・源融[※2]の山荘跡にあった棲霞寺が前身で、九八七（永延元）年、奝然（ちょうねん）が宋から持ち帰った釈迦如来立像を、弟子の盛算が安置して開山。長旅を経て嵯峨野に来てくださった、仏様に会いに行きましょう。

ココがすごい！ ☑ 三国伝来の釈迦像 ☑ 五臓六腑

仏像図解

お釈迦様にソックリといわれ「生きているお釈迦様」とも呼ばれる。はるばるインドからやって来た、貴重な仏像。

お釈迦様の慈愛がわかる優しい表情

国宝 **木造釈迦如来立像《もくぞうしゃかにょらいりゅうぞう》**

中国・北宋時代　桜材
中央アジア（西域）の特徴を持つ
本堂（釈迦堂）

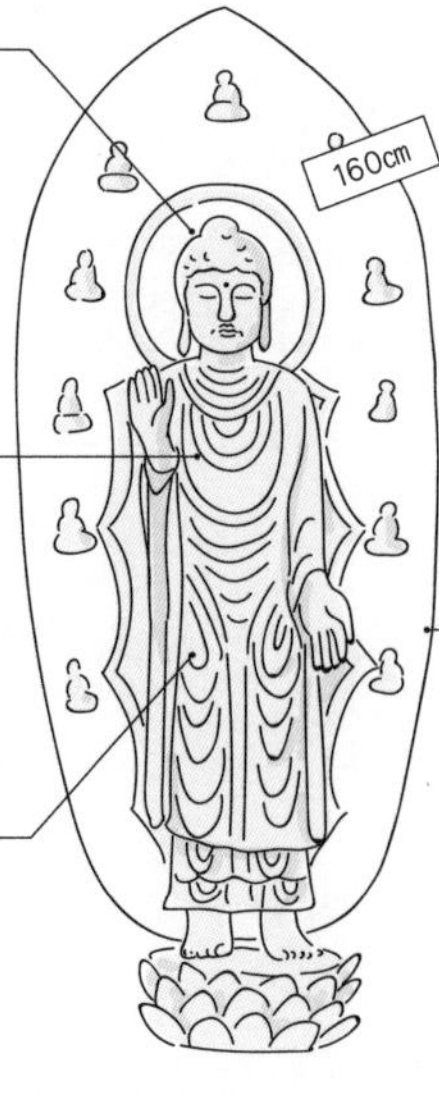

螺髪なの？
[縄目状の頭髪]
一般的な螺髪が一束ずつ右回りなのに対し、三つ編みをまとめて結い上げている珍しい形

中身いっぱい
[納入品]
絹製の五臓六腑、経典や念珠、奝然自らが写した経などを納入。脳には鏡も入るとか。すべて国宝

かなり具体的
[五臓六腑]
北宋時代に作られたとは思えないほどリアルな内臓模型。それぞれに梵字も入っている

見事な彫刻！
[背板]
光背は、日本で桜材を使用し彫られたもの。1954（昭和29）年に背板を外して調査が行われた

見逃せない！

本堂《ほんどう》（釈迦堂《しゃかどう》）

堂々たる風格の堂宇
徳川綱吉の生母・桂昌院が修復した本堂。釈迦如来立像は4、5、10、11月と、毎月8日に開帳される。

◆創建：987（永延元）年、中国・宋から釈迦如来像を持ち帰った奝然の弟子・盛算により開創 ◆本尊：釈迦如来 ◆拝観所要時間：1時間 ◆春と秋に霊宝館が特別公開される。平安初期作像の国宝・阿弥陀三尊坐像など、貴重な仏像が見られる

嵯峨野

TEL 075-861-0343
京都市右京区嵯峨釈迦堂藤ノ木町46／9:00～16:00／400円／市バス嵯峨釈迦堂前から徒歩3分／無休／50台

注目KEYWORD

※1 【五臓六腑《ごぞうろっぷ》】
清涼寺に伝わる釈迦如来立像は生きている時のお釈迦様を表現した仏像であるため、心臓、肺、胃、腸など、内臓を五色の絹で作って納めている。現在は複製品を拝観できる。

※2 【源《みなもとの》　融《とおる》】
嵯峨天皇の皇子として生まれた嵯峨源氏融流の初代で、紫式部が光源氏のモデルにしたともいわれる人物。清涼寺の霊宝館には、源融ゆかりの阿弥陀三尊像が安置されている。

御《み》寺《てら》 泉《せん》涌《にゅう》寺《じ》

匂いたつフェロモン…
楊貴妃モデルの超美仏

この美しさに怯まず五感で見たい観音様

観音堂に安置される聖観音像は、鎌倉前期に中国・南宋から渡った像ですが、江戸時代にこの像を見た民衆があまりの美しさから「楊貴妃観音[※1]」と呼ぶように。一九五六年より一般公開されるまでは秘仏だったため、当時はまだ白檀[※2]の香りが残っていたそう。この観音様に会える泉涌寺は、天皇家とゆかりが深いことから御寺といいます。もとは仙遊寺と称しましたが、鎌倉期の大伽藍造営の際、寺域から清水が湧き出たことにより泉涌寺と改められました。

ココがすごい！ ☑ 楊貴妃観音 ☑ 天皇の菩提寺

仏像図解

亡き妻・楊貴妃の冥福を祈り、皇帝が妻に似せて作らせたという観音様。伝説だが、信じたくなる美しさ。

百年に一度しか見られなかった秘仏！

重文

木造観音菩薩坐像《もくぞうかんのんぼさつざぞう》

通称：楊貴妃観音
中国・南宋時代　木造彩色
香木白檀材

顔より大きい
[宝冠《ほうかん》]
存在感抜群の宝冠は、とても繊細な宝相華唐草の透かし彫り。鮮やかに彩られた豪華で華やかな冠

牡丹に似てる
[宝相華《ほうそうげ》]
極楽浄土の花とされる、唐草に五弁の花模様。唐から伝わり、日本では奈良時代から使われている

外国生まれの仏
[顔立ち]
日本の仏像とは趣が異なり、エキゾチックな雰囲気。目が大きく鼻筋が通り、彫りが深い

良い香り
[白檀]
像の材質は白檀という香木で、木自体が香る。上品な香り

極上の装飾
[衣の截金《きりかね》]
薄い金箔を数枚貼り合わせ、細く切ったものを截金という

見逃せない！

御座所庭園《ござしょていえん》

さすがは御寺の庭

明治天皇より京都御所御里御殿を下賜された、御座所の東南にある。四季を通じて美しい景色を楽しめる。

◆創建：1226（嘉禄2）年、開山の月輪大師・俊芿が伽藍を整え泉涌寺と改めた。平安時代には同地に仙遊寺があった ◆本尊：釈迦如来、阿弥陀如来、弥勒如来 ◆拝観時間：2時間 ◆宝物館「心照殿」は毎月第4月曜休

京都駅周辺

TEL 075-561-1551
京都市東山区泉涌寺山内町27／9:00～16:30（12～2月は～16:00）／500円（特別拝観500円）／市バス泉涌寺道から徒歩10分／無休／30台

注目 KEYWORD

※1 【楊貴妃《ようきひ》】
中国は唐代の皇妃で、世界三大美女の一人として知られる。美人の代名詞ともいえる楊貴妃には、生まれつきいい香りがするなど美しさゆえの数々の伝説が残っている。

※2 【白檀《びゃくだん》】
インドや東南アジアに生育する、良い香りがする木。仏教などの儀式で焼香や線香にも使用される。少しでも香りが残っていたとすると、仏像の保存状態は相当よかったといえる。

永《えい》観《かん》堂《どう》 禅《ぜん》林《りん》寺《じ》

仏像図解

人々を救おうと立ち止まる仕草やお顔。
永観を思って振り返った優しさに胸キュン！

振り返る独特な姿は慈悲の表れ

重文 木造阿弥陀如来立像《もくぞうあみだにょらいりゅうぞう》

平安後期～鎌倉初期　寄木造り
阿弥陀堂（本堂）

珍しい動き
［左に向ける顔］
後ろを振り返る姿勢は、厳しくも思いやりがあり温かな阿弥陀様の心を感じられる

引き締まってる
［整った顔立ち］
全体はシャープでも、目や鼻、体のフォルムなど一つひとつのパーツは柔らかな雰囲気

難しいポーズ
［体と足の向き］
首は左に向けつつも体と足は前を向く阿弥陀様。特殊な姿勢をまとめた仏師の技が見事！

美しい流れ
［衣文］
程良く装飾的な衣文などから、鎌倉時代に京都の仏師が作ったものと考えられている

慈愛あふれる優美な姿！

紅葉の名所の永観堂
仏様だってすごい！

プイッと横を向いているようにも見える阿弥陀様。でも、決して怒っているわけではないのでご安心を。時は一〇八二（永保二）年のこと。当時の住職だった永観がお勤めをしていたところ、壇上から降りてきた阿弥陀様の姿が目の前に！　驚いて立ち尽くす永観に向かって阿弥陀様がこう言ったそう。「永観、おそし」。そういう伝説が残る「みかえり阿弥陀」。静から動への動きも鮮やかな立ち姿は、一度見たら忘れられないはず！

哲学の道　TEL 075-761-0007

京都市左京区永観堂町48／9:00～16:00／600円（寺宝展期間中は1000円）／市バス南禅寺／永観堂道から徒歩3分／無休／20台（寺宝展期間中は利用不可）

◆創建：853（仁寿3）年、空海の高弟・真紹僧都による開基 ◆本尊：阿弥陀如来 ◆拝観所要時間：1時間半～2時間 ◆紅葉のシーズンは大変混雑する。11月に開かれる寺宝展も人気がある

ココがすごい！ ☑「永観、おそし」のみかえり阿弥陀

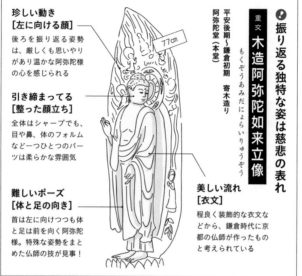

広《こう》隆《りゅう》寺《じ》

仏像図解

憂いながらも微笑んでいるような表情に、心動かされる人が続出！ 優しげなポージングにも癒される。

この表情、マネできません！

国宝

弥勒菩薩半跏思惟像《みろくぼさつはんかしいぞう》

飛鳥時代　木造漆箔　赤松材　一木造り
新霊宝殿

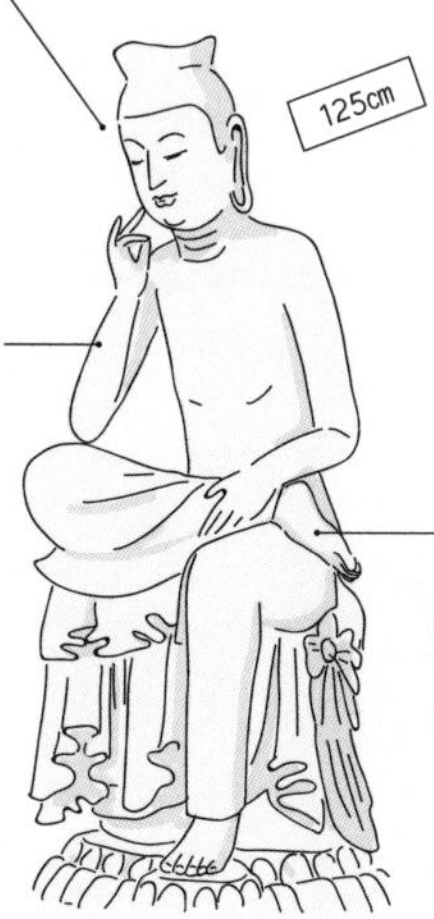

謎も魅力的
[異国風の顔]
切れ長の目や細い眉、やや面長の顔立ち

ありがたいね！
[このポーズの理由]
お釈迦様に代わり、この世の人々が抱えるすべての悩みや苦しみを救う方法を考えている

誰の仏像？
[もとの所有者]
聖徳太子の持仏を、広隆寺を建立した秦 河勝(はたのかわかつ)が受け継いだ

和様「考える仏」
[半《はん》跏《か》思《し》惟《い》像《ぞう》]
片足をもう片足のももの上に組んで座ることを「半跏」。「思惟」は心で深く考えることを意味する

この微笑に魅了される

仏像に恋する気持ち、このお像なら納得です

薄暗がりの堂内に佇む弥勒菩薩半跏思惟像。優しい笑みを浮かべた表情を教科書で見たことがある人も多いはず。弥勒菩薩は五十六億七千万年後の未来に現れ、人々の悩みや苦しみを救う慈悲の仏。スラッとした指を頬に沿わせて「どうすれば人々を救えるかしら」と考える姿は、思わずうっとりするほどの美しさ。堂内には、通称「泣き弥勒」と呼ばれるもう一つの弥勒菩薩半跏像なども安置。厳かな雰囲気に背筋が伸びます。

太秦　TEL 075-861-1461

京都市右京区太秦蜂岡町32／9:00～17:00（季節により変動有）／800円／市バス太秦広隆寺前または京都バス太秦広隆寺前からすぐ／無休／50台

◆創建：603（推古天皇11）年（諸説あり）、聖徳太子の命を受けて秦 河勝が建立した京都最古の寺 ◆本尊：聖徳太子 ◆拝観所要時間：1時間 ◆弥勒菩薩像は新霊宝殿に安置。ガラスで仕切られていない空間で参拝

 ココがすごい！ ☑ 国宝第一号の弥勒菩薩半跏思惟像

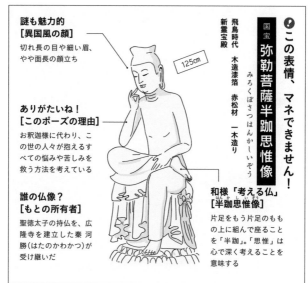

庭

Garden

高《こう》台《だい》寺《じ》

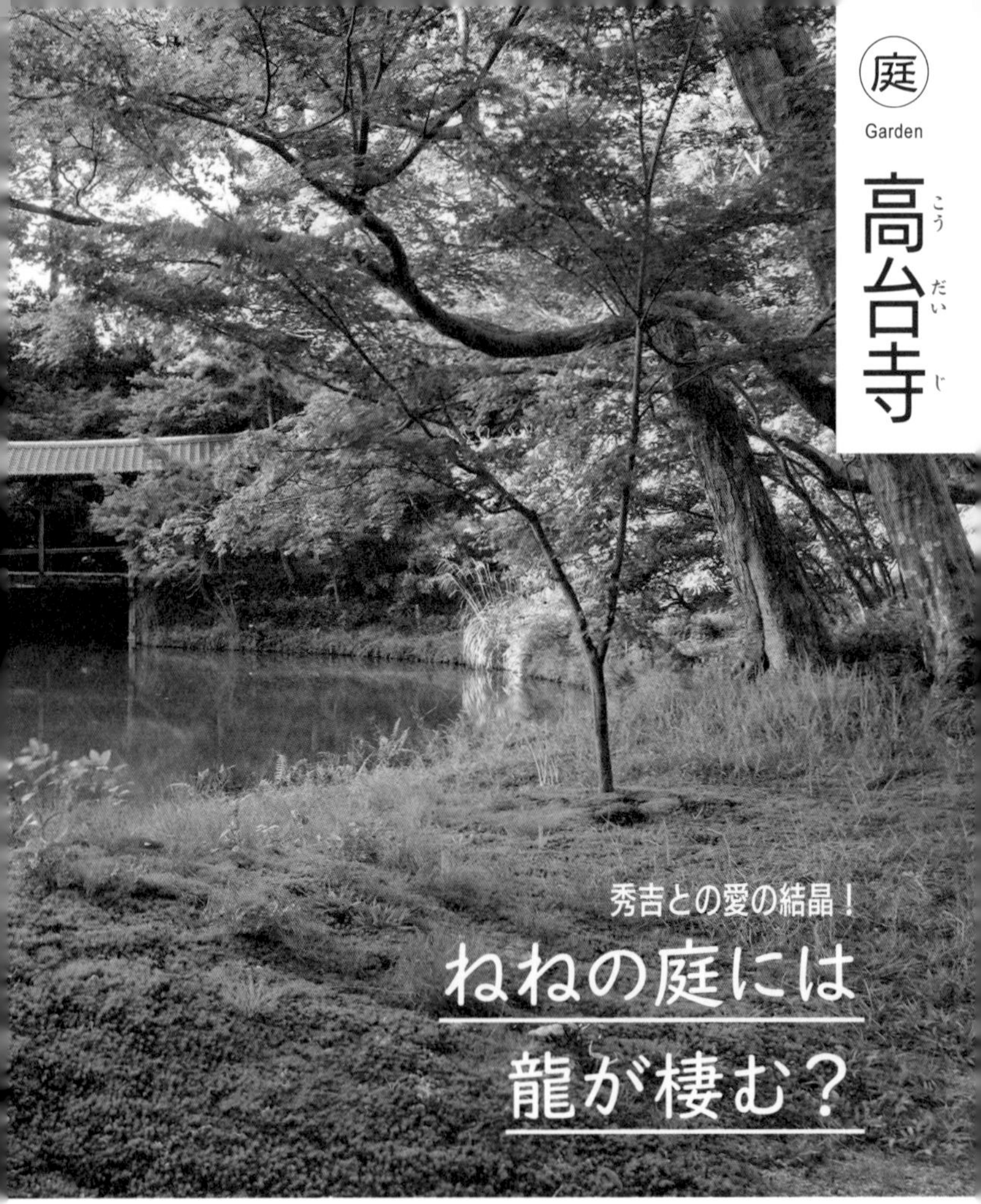

秀吉との愛の結晶！
ねねの庭には龍が棲む？

ねねの人柄と愛が生きる温かいお寺

高台寺は、優しくて大らかな空気が漂う寺院。それもそのはず、寺を創建したのはかの有名なあの女性。豊臣秀吉の正室・北政所ねねが秀吉を弔うために造り、文化人や武家の妻も多く集ったそう。恋愛結婚をした秀吉とねねは、公私ともに支えあっていました。境内には、仏法の番人である龍が随所に見られ、秀吉の時代に花開いた桃山文化を伝えるスポットが多く残ります。ねねが生涯大切にした夫への愛情や思いやりを、現代人に物語るようです。

ココがすごい！ ☑ 秀吉を弔うために建てた寺

郵便はがき

104-8011

おそれいりますが
切手をお貼り
下さい

東京都中央区築地
5-3-2

株式会社
朝日新聞出版
生活・文化編集部 行

ご住所 〒 電話 （　　　）		
ふりがな お名前		
Eメールアドレス		
ご職業	年齢 歳	性別

このたびは本書をご購読いただきありがとうございます。
今後の企画の参考にさせていただきますので、ご記入のうえ、ご返送下さい。
お送りいただいた方の中から抽選で毎月10名様に図書カードを差し上げます。
当選の発表は、発送をもってかえさせていただきます。

愛読者カード

本のタイトル

お買い求めになった動機は何ですか？（複数回答可）

1. タイトルにひかれて　2. デザインが気に入ったから
3. 内容が良さそうだから　4. 人にすすめられて
5. 新聞・雑誌の広告で（掲載紙誌名　）
6. その他（　）

表紙	1. 良い	2. ふつう	3. 良くない
定価	1. 安い	2. ふつう	3. 高い

最近関心を持っていること、お読みになりたい本は？

本書に対するご意見・ご感想をお聞かせください

ご感想を広告等、書籍のPRに使わせていただいてもよろしいですか？

1. 実名で可　2. 匿名で可　3. 不可

ご協力ありがとうございました。
尚、ご提供いただきました情報は、個人情報を含まない統計的な資料の作成等に使用します。その他の利用について詳しくは、当社ホームページ
https://publications.asahi.com/company/privacy/をご覧下さい。

◆創建：1606（慶長11）年、開基・高台院（ねね）、中興開山・三江紹益 ◆本尊：釈迦如来 ◆拝観所要時間：1時間 ◆季節によってライトアップやお茶会、一般参加可能な行事やイベントも開催

清水寺周辺　TEL 075-561-9966

京都市東山区高台寺下河原町526／9:00～17:00／600円／市バス東山安井から徒歩7分／無休／100台

境内にある霊屋（おたまや）の厨子に秀吉とねねの木像があり、ねねは木像の下に埋葬されている

敵味方を超えて生まれた「ねねの寺」

豊臣秀吉[※1]の正室・北政所[※2]ねねが高台寺を建立したのは、一六〇六（慶長十一）年のこと。当時は江戸幕府を開いた徳川家康が日に日に力を強めていて、大坂城にいた豊臣秀頼と生母・淀の方の力は弱まっている時代でした。出家して高台院となっていたねねは両者の対立関係に加わりませんでしたが、家康に敵とみなされても不思議ではない立場。しかしねねは豊臣家、徳川家両方から人望を集めていたため、家康も高台寺創建において政治的協力を行いました。こうして誕生し、ねねを慕って集まる人々の交流の場にもなった高台寺は、争いのない平和な世の中への架け橋だったのかもしれません。創建時の姿をとどめる建物が点在する境内を歩いていると、当時の人間ドラマが嘘のようです。

1106（慶長11）年建立の開山堂にも龍が！

人ありき、愛ありきの文化に触れに行く

境内は、絢爛な桃山文化の遺構の宝庫。創建時の建物である開山堂や、小堀遠州作の庭園、伏見城から移築された茶室など、秀吉とねねの時代の最先端であった文化に今も触れられます。厨子や柱など霊屋全体に施された、豪華な高台寺蒔絵[※3]の意匠にも注目を。また高台寺は、夜間拝観が珍しかった頃にライトアップを始めたり、最近はアンドロイド観音を開発し安置したりと、時代を導く取り組みを続けています。それぞれの時代と人が育んできた文化を体感しに行きましょう。

華麗な高台寺蒔絵

注目KEYWORD

※1【豊臣秀吉《とよとみひでよし》】
尾張の農民から天下人へ上り詰めた武将。関白・太政大臣となって栄華を極めたのち、一五九八（慶長三）年に亡くなり阿弥陀ヶ峰に葬られた。

※2【北政所《きたのまんどころ》】
もともとは朝廷が授けた、摂政・関白の正室の称号を指す。ねねが称号を授かったのは一五八五（天正一三）年、秀吉が関白に任じられた時のこと。

※3【高台寺蒔絵《こうだいじまきえ》】
漆で絵や文様を描いた上に、金粉や銀粉を施して定着させる日本漆芸の技法。桃山文化特有の図案や技術を使った高台寺蒔絵は特に華やか。

高台寺 見どころ MAP

ねねの道から台所坂を上った山手に広がる境内。方丈や書院の拝観の後、広大な庭園を散策するルート。

霊屋《おたまや》

開山堂と同時期に造られたねねの墓所。高台寺蒔絵の階段や厨子、仏具が残る

利生堂《りしょうどう》

礼拝聴聞室。八角形の建物内部の壁面には、南北朝時代の八相涅槃図が、最先端技術で描かれている

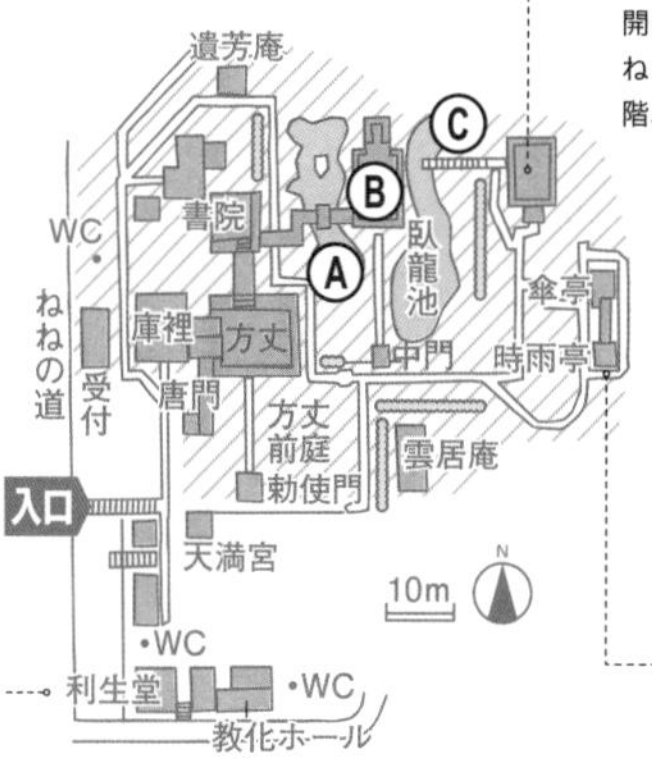

傘亭《かさてい》・時雨亭《しぐれてい》

天井が唐傘のように広がる傘亭と、2階建ての時雨亭は千利休ゆかりの茶室

教化《きょうか》ホール

アンドロイド観音マインダーを安置。開帳はホームページで確認

見逃せない！

Ⓐ 偃月池《えんげつち》

きっと観月台からの眺めも素晴らしいはず

境内の史跡名勝庭園には、二つの池がある。観月台を配した偃月池と、もう一つは臥龍廊を渡す臥龍池

Ⓑ 開山堂《かいざんどう》

最上級の格式を随所で見られる

創建時の住持・三江紹益禅師を祀る。天井の部材には、ねねの御所車と秀吉の御舟の天井板を使用している

Ⓒ 臥龍廊《がりょうろう》

池に映る景色は確かに龍かも

屋根が龍の背中のように見える、開山堂と霊屋をつなぐ屋根付き廊下。ねねが通いやすいようにとつけられた

アンドロイド観音「マインダー」

アンドロイドの姿で現れた現代の観音様

観音様は様々な姿に変身できる、慈悲の仏様。悩み多き現代人を救うため、観音様が変身した姿は機械だった。老いない体で語りかけ、永久に進化し続ける仏像として作られた観音様。

庭

Garden

東《とう》福《ふく》寺《じ》

市松模様がオシャレ！

斬新すぎる モダン枯山水

いつまでも見ていたい
斬新な四つの庭

「庭園っておもしろい！」。そう思うようになること間違いなしなのが、方丈を囲むよ

ココがすごい！ ☑ 本坊庭園 ☑ 紅葉の通天橋

うに配された東福寺本坊庭園。緑の苔と白い敷石で表現された市松模様が美しい北庭など、四つの庭が完成したのは一九三九（昭和十四）年のことで、作庭したのは重森三玲。鎌倉時代建立という、歴史的な空間に違和感なく溶け込んだモダンな庭は、いつまでも眺めていたいほど魅力的。

①市松模様が美しい北庭。苔が描く模様は、東に向けて次第に消えていく　②四つの庭園の中で一番広い南庭では、島々が浮かぶ大海原を岩と白砂で表す　③東庭では7本の円柱で北斗七星を表現　④西庭は刈り込んだサツキで、大きな市松模様を形作る

◆創建:1236（嘉禎2）年、開基・九条道家、開山・円爾 ◆本尊：釈迦如来 ◆拝観所要時間：2時間 ◆一般参加可能な行事がある。紅葉の名所としても名高く、シーズンは早朝から混雑する

京都駅周辺　**TEL 075-561-0087**

京都市東山区本町15丁目778／9:00～16:00（最終受付、4～10月末日）、8:30～16:00（受付終了、11～12月第1日曜）、9:00～15:30（受付終了、12月第1日曜～3月末日）／通天橋・開山堂600円（秋季1000円）、本坊庭園500円／JR・京阪東福寺駅から徒歩10分／無休／30台（秋季利用不可）

一部不可

東大寺と興福寺から二文字をもらって東福寺

一二五五（建長七）年、時の摂政関白の藤原道家によって十九年の歳月をかけて建てられた東福寺。その寺名は、奈良の大寺院「東大寺」と「興福寺」から二文字をもらったもので、都で最大の伽藍が造営されたと伝わります。広い境内には本坊庭園のほかに、室町時代に再建された国宝の山門や、境内の渓谷にかけられた通天橋などの三名橋、寺院のトイレである東司や、開山・聖一国師[※1]の住まいだった普門院など、数多くの建築物が残されています。中でも、南北朝時代に再建された禅堂は、中世から残る唯一の坐禅道場という貴重な建物。秋の紅葉[※2]の美しさも一度は見ておきたいけれど、禅宗寺院の歴史を肌で感じるなら、賑わう秋を外して訪れても。

通天橋は紅葉の名所。
青モミジも美しい

禅の精神が反映された重森三玲の傑作

東福寺の庭といえば、本坊庭園の市松模様の北庭がよく知られていますが、ほかの三つの庭もじっくり観賞を。その一つ、東庭には北斗七星が表現されていて、七つの星を表す石柱は、境内の東司で使われていた余材が再利用されています。これは、造園の際には本坊で使われていた古材などを利用してほしい、という依頼があったから。「一切の無駄をしない」という禅の教えに基づく制約から、星座という斬新な庭を生み出した重森三玲[※3]。その柔軟な発想には、驚くばかり！

仏殿（本堂）天井の蒼龍図は堂本印象が描いた

注目 KEYWORD

※1 **【聖一国師《しょういちこくし》】**
寺の開山である聖一国師は、宋から帰国する際に、水力で小麦粉などを製粉する器械の構造図も持ち帰り、製麺が普及するきっかけを作ったという。

※2 **【紅葉】**
秋には約二千本の紅葉が色づく東福寺は京都屈指の紅葉の名所。特に通天橋から見下ろす渓谷・洗玉澗が紅葉で真っ赤に染まる眺めは見事。

※3 **【重森《しげもり》三玲《みれい》】**
昭和期の作庭家、庭園史研究家で、東福寺の庭園は初期の傑作。京都では東福寺塔頭の龍吟庵や光明院、松尾大社の庭園なども手がけた。

東福寺 見どころ MAP

美庭園がある開山堂や、修行僧の生活が偲ばれる東司など、紅葉以外の季節だって見どころいっぱい！

月《げっ》下《か》門《もん》

亀山天皇により下賜されたもので、東福寺でも最古の建造物の一つといわれる

臥《が》雲《うん》橋《きょう》

渓谷・洗玉澗の下流にかかる橋。ここから見上げる通天橋の眺めも見事なもの

東《とう》司《す》

トイレのこと。禅僧にとっては用便も修行の一つで厳しい作法があったそう

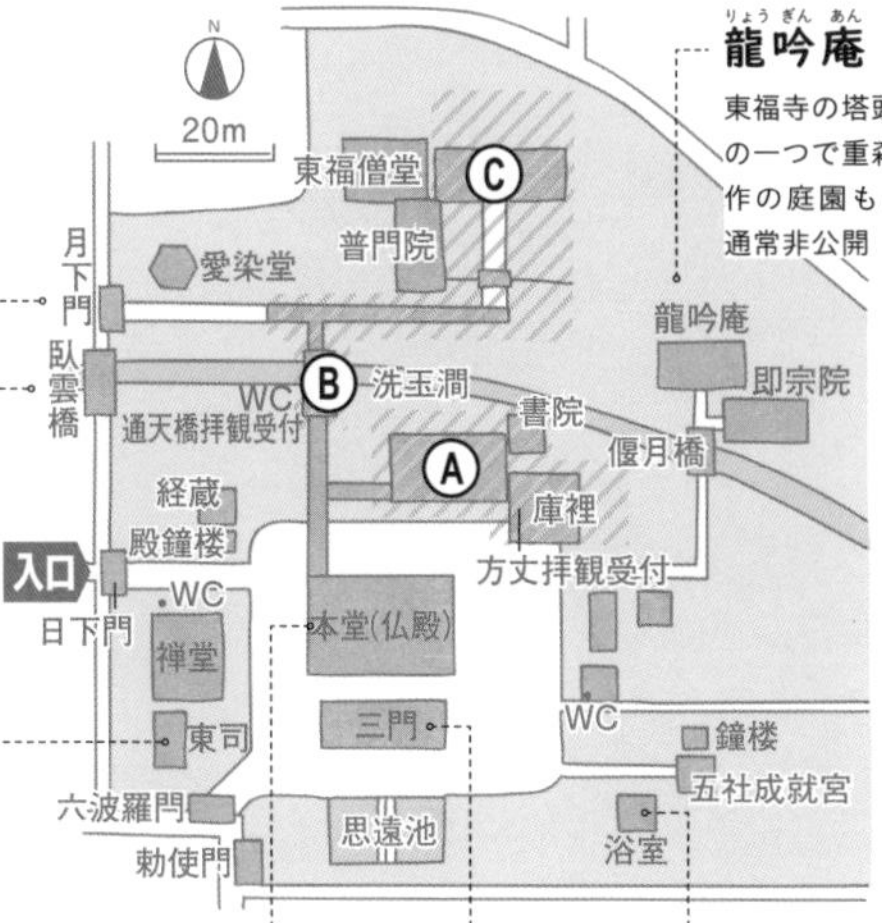

龍《りょう》吟《ぎん》庵《あん》

東福寺の塔頭寺院の一つで重森三玲作の庭園もある。通常非公開

本《ほん》堂《どう》（仏《ぶつ》殿《でん》）

1934（昭和9）年築の本堂では、毎年春に涅槃会が営まれる

三《さん》門《もん》

楼上の内部には仏様が並び、極彩画も描かれているという

浴《よく》室《しつ》

浴室は蒸し風呂形式。入浴にも厳しい作法が定められていた

見逃せない！

Ⓐ 方《ほう》丈《じょう》・本《ほん》坊《ぼう》庭《てい》園《えん》

伝統とモダンがコラボする本坊

僧侶の住居にあたるのが方丈で、1890（明治23）年に再建されたもの。枯山水という伝統様式の中に、市松模様などを取り入れた庭は海外にも紹介されている

Ⓑ 通《つう》天《てん》橋《きょう》

世界中に知られる絶景ポイント！

方丈と開山堂を結ぶ渓谷に架かる通天橋。境内に育つ「三つ葉楓（ミツバカエデ）」は、聖一国師が宋から伝えたものという

Ⓒ 開《かい》山《ざん》堂《どう》

美しい前庭も見に行こう

聖一国師を祀る開山堂は、上層に楼閣・伝衣閣がある。西隣の普門院は国師の旧居住地

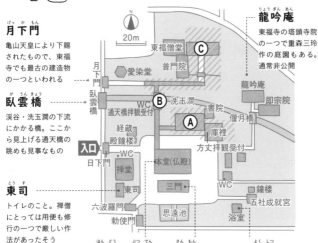

庭

Garden

智《ち》積《しゃく》院《いん》

とにかくダイナミック！

“東山第一”の絶景庭

別世界に来たみたい！名勝庭園のパノラマ

　大書院の前に広がる庭園は、思わず圧倒されるほど立体感たっぷり。中国の廬山をかたどった築山に、絶妙なバランスで積まれた石組み、縁の下まで入り込んでいる池。すべてがダイナミックな庭園を眺めていると、自分もその世界の一部になったような気持ちになれます。

　智積院は、豊臣秀吉が長子・鶴松[※1]を弔うために建てた祥雲禅寺が前身。徳川家康から現在の土地が与えられ、その際に祥雲禅寺の建物や庭、障壁画を受け継いで整備されまし

ココがすごい！　☑ 名勝庭園　☑ 長谷川等伯父子の障壁画

た。かつて客殿を飾り、今は宝物館にある長谷川等伯[※2]一門の障壁画は必見。二十五歳という若さで亡くなった等伯の子・久蔵が描いた「桜図」、秋の風雅を表した等伯筆の「楓図」などが並んでいます。何面にもわたって惜しみなく金箔を使い、大胆な構図ながらも繊細な筆遣いで桜や楓を描いた作品からは、天才絵師の魂を感じられます。

創建：1601（慶長6）年再興、中興第1世・玄宥 ♦本尊：金剛界大日如来 ♦拝観所要時間：1時間半 ♦宿坊・智積院会館に泊まると、朝の勤行に参加できる。夏の早朝に行われる暁天講座も人気

広い境内には散り紅葉を楽しめる場所も

見逃せない！

明《みょう》王《おう》殿《でん》（不《ふ》動《どう》堂《どう》）

四季折々の景色が望めるお堂

金堂や明王殿が立ち並ぶ境内には季節の見どころも多い。明王殿では四季の景色が愛でられる。

注目 KEYWORD

※1 【鶴松《つるまつ》】
豊臣秀吉の嫡男として側室の淀の方との間に誕生した子で、幼名は棄丸。三歳という幼さで亡くなり、秀吉は嘆き悲しんだ。

※2 【長谷川等伯《はせがわとうはく》】
安土桃山時代から江戸時代初期に活躍した、能登国七尾出身の絵師。狩野派と並ぶ画派・長谷川派の祖となった。

京都駅周辺

TEL 075-541-5361

京都市東山区東大路七条下ル東瓦町964／9:00～16:30／宝物館500円、名勝庭園300円／市バス東山七条から徒歩3分／12月29～31日、宝物館4・7・10・1月の末日／30台

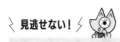

庭

Garden

詩《し》仙《せん》堂《どう》

ししおどし発祥の庭

耳をすませば
静寂に響く僧都の一興

江戸初期の文人で徳川家の家臣だった石川丈山[※1]の山荘跡。「詩仙堂」という名前は、狩野探幽筆による中国の詩家三十六人の肖像画を掲げた「詩仙の間」にちなんでいます。お堂が山手に立つので、庭園には僧都（そうず＝ししおどし、添水とも）があり、鹿や猪をおどす役割を担います。

注目KEYWORD

※1 【石川丈山《いしかわじょうざん》】

もとは武将。読書や詩を好む文人でもあり、庭園造りにも長けていた。詩仙堂は五十九歳で造営し、没するまでの三十余年、詩作などに興じた。

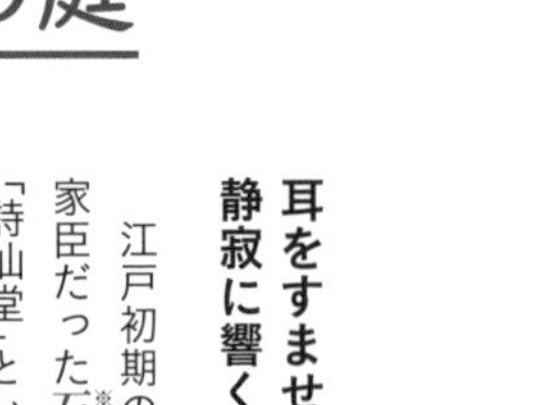

コン！という音が心地良い

◆創建：1641（寛永18）年、開基・石川丈山 ◆本尊：馬郎婦観音 ◆拝観所要時間：30分 ◆一年を通じて四季折々の景色が楽しめる。特に紅葉の季節は人気が高い

一乗寺周辺

TEL 075-781-2954

京都市左京区一乗寺門口町27／9:00～17:00／500円／市バス一乗寺下り松町から徒歩7分／無休／30台（近隣有料P）

ココがすごい！ ☑「詩仙の間」にちなんだ通称

曼《まん》殊《しゅ》院《いん》

舟遊びを再現する庭

水の流れが見える優雅な舟遊びの庭

天台宗の寺院で「小さな桂離宮[※1]」とも。大書院（本堂）の前には枯山水庭園[※2]があり、鶴島と亀島を配して舟遊びを表現。鶴島にある五葉松は、樹齢約四百年で鶴を表していています。境内には、貴賓などのために使われていた「上之台所」と呼ばれる特別な厨房も残っています。

注目 KEYWORD

※1 【桂離宮《かつらりきゅう》】
曼殊院を完成させた良尚法親王は、桂離宮を造営した八条宮智仁親王の第二皇子であり、当院の書院や意匠には桂離宮との共通点が見られるそう。

※2 【枯山水庭園《かれさんすいていえん》】
国の名勝に指定されている曼殊院書院庭園は、霧島ツツジをはじめ多くの花や樹木が植えられ、一年を通じて華やかに庭園を彩る。

◆創建：782～806（延暦）年中、開基・伝教大師最澄 ◆本尊：阿弥陀如来 ◆拝観所要時間：1時間半 ◆時期により特別公開を行うことがある

一乗寺周辺

TEL 075-781-5010

京都市左京区一乗寺竹ノ内町42／9:00～16:30／600円／市バス／京都バス一乗寺清水町から徒歩20分／無休／50台

ココがすごい！ ☑ 小さな桂離宮と呼ばれる寺

(庭)

Garden

南《なん》禅《ぜん》院《いん》

伝説から生まれた隠れ名庭

南禅寺発祥の地で待つ不思議な池泉回遊式庭園

南禅院は、亀山法皇[※1]の離宮・禅林寺殿が前身。離宮時代、妖怪騒ぎに悩んだ法皇が無関普門禅師を迎えて禅宗式の生活をしたところ、騒ぎが収まったという伝説があります。曹源池と呼ばれる池の周囲に樹木が茂る様子はどこか謎めいていて、離宮時代のエピソードを今に語りかけるよう。

注目 KEYWORD

※1【亀山《かめやま》法皇《ほうおう》】

第九十代、鎌倉時代の天皇。一二八九(正応二)年、離宮で出家し法皇となり、大明国師を迎えて南禅院を開いた。

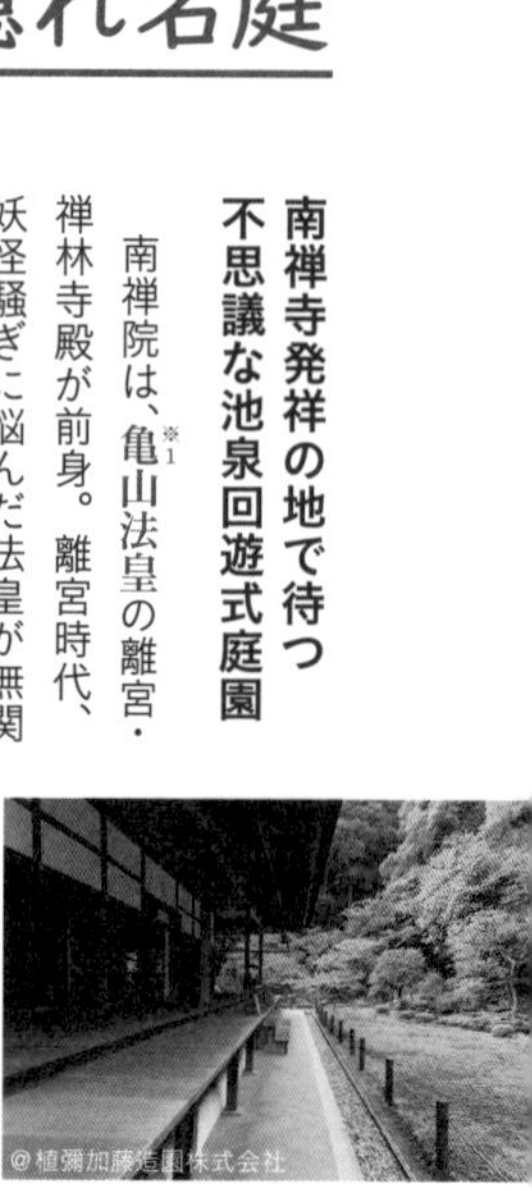

鎌倉時代の面影を残す庭園

◆創建：1287（弘安10）年、開基・亀山上皇 ◆拝観所要時間：1時間 ◆木造亀山法皇坐像（重文）は現存する最古の天皇肖像彫刻、庭園は史跡・名勝に指定

南禅寺

TEL 075-771-0365（南禅寺）

京都市左京区南禅寺福地町／8:40～17:00（12～2月は、～16:30）／400円／市バス東天王町または南禅寺・永観堂道から徒歩10分／無休／南禅寺の駐車場を利用12台（有料）

ココがすごい！ ☑ 南禅寺発祥の地

庭

Garden

東《ひがし》本《ほん》願《がん》寺《じ》・渉《しょう》成《せい》園《えん》

駅チカで13の美景めぐり

東本願寺から五分の地で愛されてきた美景の数々

　東本願寺の飛地境内地で、枳殻《きこく》を生垣として植えたことから「枳殻邸」とも呼ばれます。石川丈山作と伝わる渉成園は、寺にゆかりのある人や幕府の要人をもてなす場などとして発展。江戸時代に「渉成園十三景」※1と表現された絶景が、大切に伝えられています。

注目KEYWORD

※1 【渉成園十三景《しょうせいえんじゅうさんけい》】

江戸時代の文人・頼山陽の『渉成園記』に記載がある。滴翠軒、傍花閣、印月池、回棹廊など、渉成園の十三の美景を挙げて詳しく紹介している。

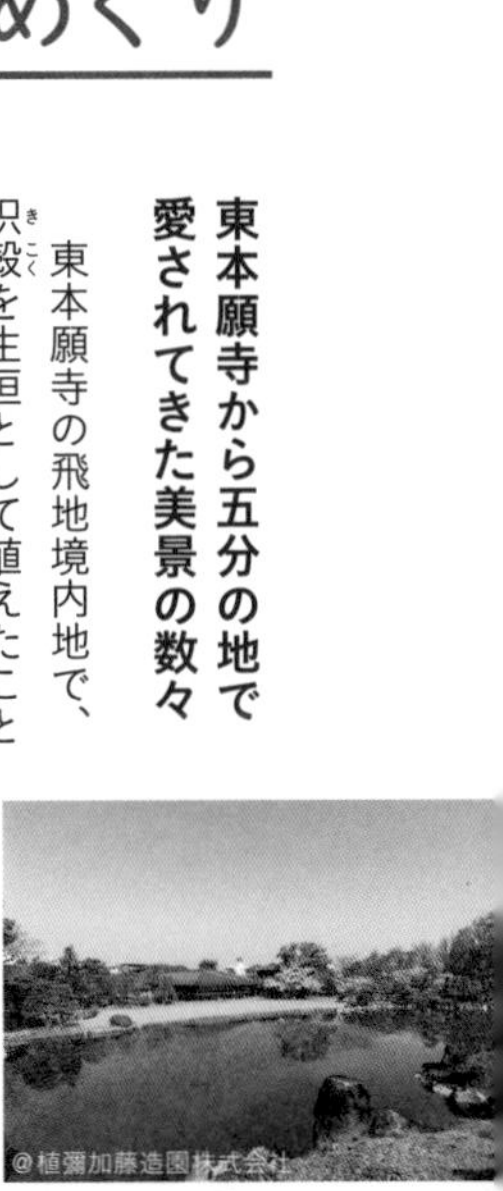

印月池《いんげつち》から望む閬風亭《ろうふうてい》

（参拝者立入不可）

◆別称：枳殻邸（きこくてい）◆創建：1653（承応2）年 ◆作庭：石川丈山 ◆拝観所要時間：30分 ◆四季折々の景観が見事。それぞれに趣が違う十三景が設けられている

京都駅周辺

TEL 075-371-9210

（東本願寺本廟部参拝接待所）

京都市下京区下珠数屋町通間之町東入東玉水町／9:00～16:30（受付終了、3～10月）、～15:30（受付終了、11～2月）／寄付金500円以上／市バス烏丸七条駅から徒歩5分または京都駅から徒歩10分／無休／駐車場なし

ココがすごい！

☑ 京都駅から近い東本願寺の庭園

京 都 社 寺

OMIYAGE CATALOGUE

御朱印

最近の御朱印は、スタンプが可愛かったり紙にこだわりがあったりと、
いただくのも楽しみの一つに。季節限定の御朱印もチェック！

宝蔵寺

伊藤若冲ドクロ朱印

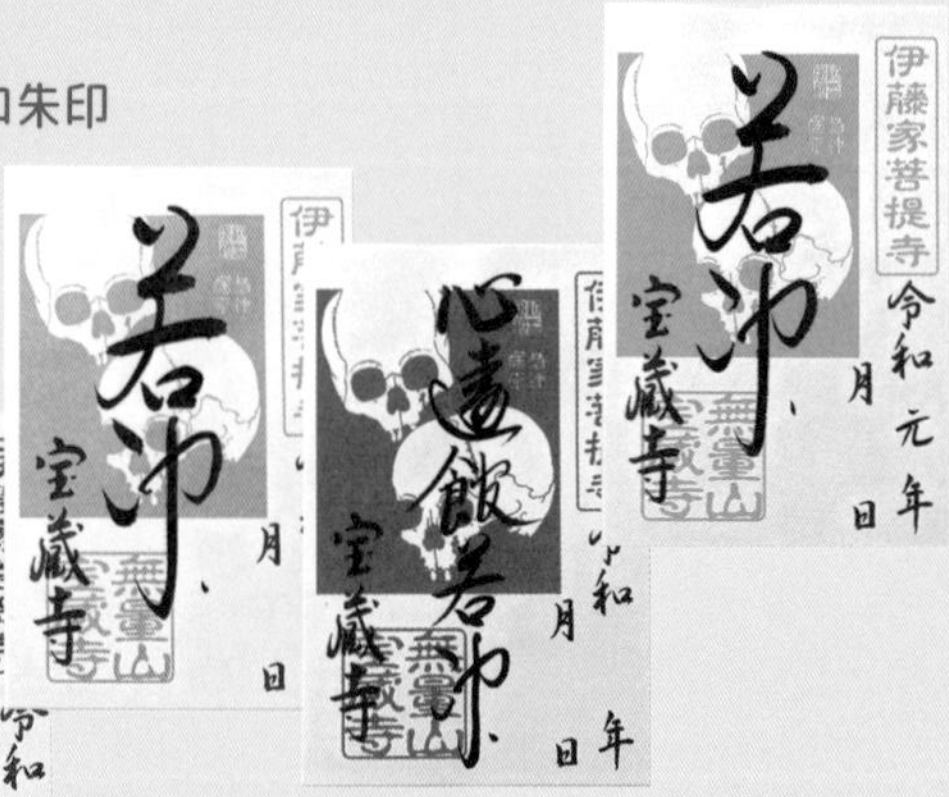

各300円。（黒のみ500円）伊藤若冲筆「髑髏図」がモチーフ。季節でスタンプの色が変わる　P.249

楊谷寺

龍スタンプ朱印／押し花朱印つくり

右／毎月17日限定体験。要予約振込2000円
左／龍手水がモチーフ。期間限定500円　P.173

今宮神社

花傘見開き御朱印

500円。見開きタイプの御朱印。やすらい祭の象徴である花傘が華やか　P.219

宇治上神社
茶加美朱印

500円。お茶色の和紙に、金字で「離宮大神 宇治上神社」と筆書き　P.86

御香宮神社
水模様の御朱印

600円。社名が堂々と入る。御香水をイメージした水の輪がきれい　P.248

廬山寺
夏桔梗特別御朱印

500円。源氏庭の桔梗の花が咲く期間限定で授与。全5色　P.242

高台寺天満宮
限定御朱印

300円。「夢」の文字が優しい。寧々ちゃんスタンプに思わず笑顔　P.110

萬福寺
魚梆スタンプの御朱印

300円。木魚のもとという魚梆（かいぱん）が押印。実物も見て！　P.238

聖護院門跡
不動明王御朱印

300円。御本尊・不動明王の梵字と修験道らしさあふれるほら貝　P.136

ここは美術館？・博物館？

アート尽くしの

美

Art

建《けん》仁《にん》寺《じ》

①

あのスター級作品をこんなに近くで!?

超有名な国宝「風神雷神図屏風」は、祇園の中心に立つ建仁寺が所有します。風や雷の音まで聞こえてきそうな躍動感たっぷりの絵は、二〇二〇年東京オリンピック記念硬貨のデザインにも選定！

建仁寺は芸術作品を多数所蔵し、惜しみなく通常公開している大寺院。法堂の天井にダイナミックに描かれた双龍図や方丈障壁画の雲龍図、ユーモラスな唐子遊戯図など、お寺好きにもアート好きにもたまらないラインアップです。

ココがすごい！　☑ 風神雷神図屏風《ふうじんらいじんずびょうぶ》　☑ 双龍図《そうりゅうず》

②

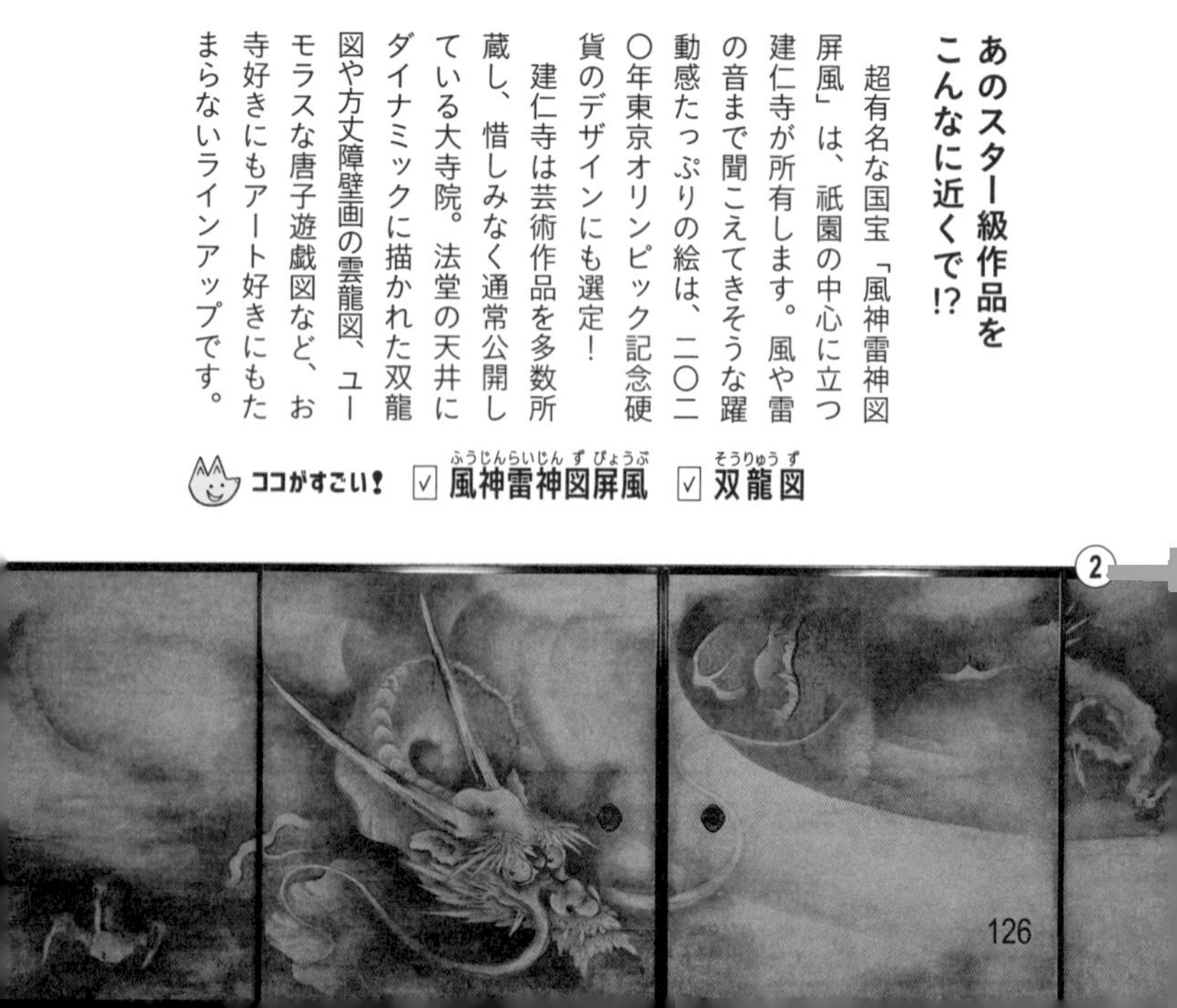

アート

建仁寺

大寺院！

◆創建：1202（建仁2）年、開基・源 頼家、開山・千光祖師明庵栄西 ◆本尊：釈迦如来 ◆拝観所要時間：2時間 ◆祇園に近く参拝しやすい。夏の暁天講座や一般参加可能なイベントも不定期で開催

祇園

TEL 075-561-0190

京都市東山区大和大路通四条下ル小松町／10:00～16:30（最終受付）／境内自由（本坊拝観600円）／京阪祇園四条駅から徒歩7分／4月19日・20日、6月4日・5日 他／40台（有料）

①安土桃山時代～江戸時代初期の絵師・俵屋宗達筆の「風神雷神図屏風」。展示は複製。墨をにじませた、たらし込みの技法や大胆な構図など、琳派特有の作風 ②海北友松が方丈の障壁画として描いた「雲龍図」。展示は複製品で、現物は掛軸として京都国立博物館に寄託 ③法堂天井の「双龍図」。108畳分のスペースに小泉淳作が描いた ④明治時代の画家・田村月樵筆の「唐子遊戯図」

④

③

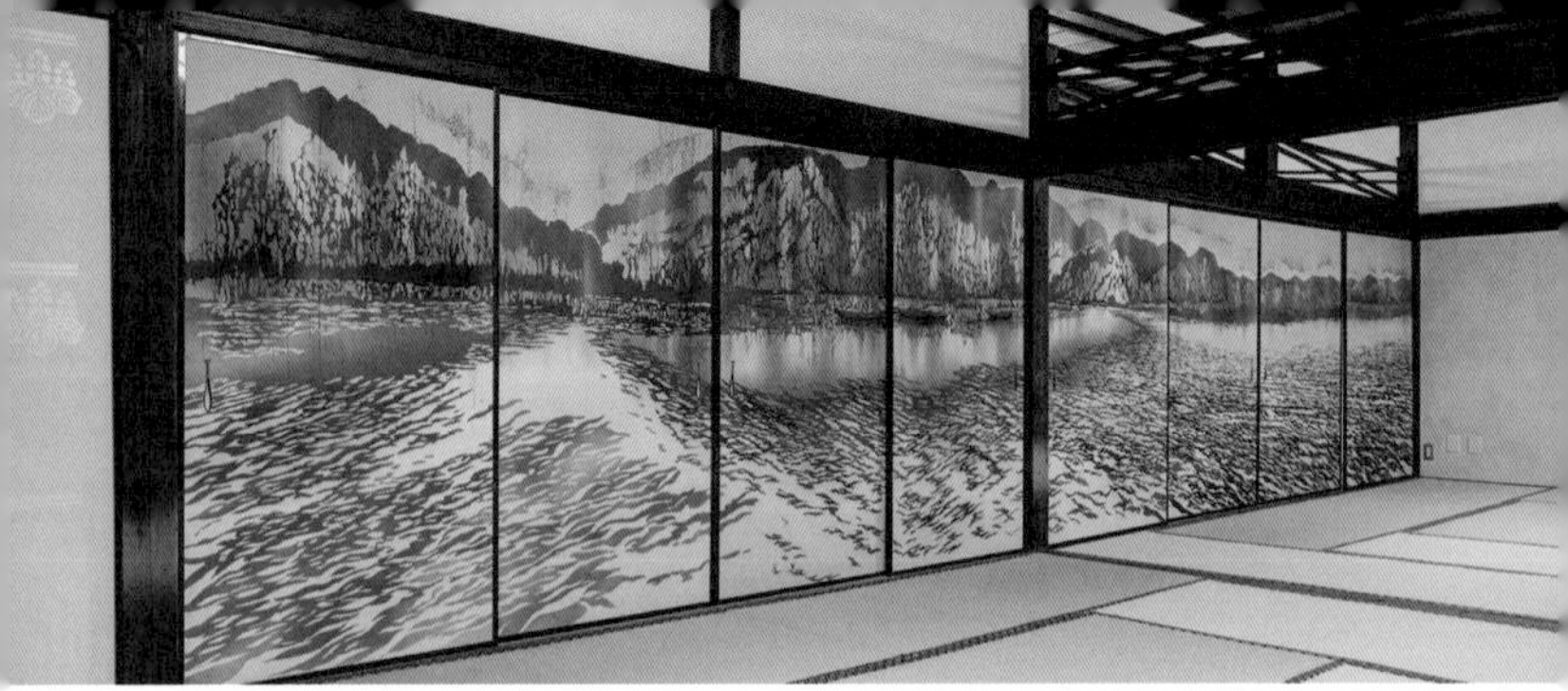

染色画家の鳥羽美花による襖絵。型染めでベトナムの水辺を表現（現在非公開）

栄西禅師への
リスペクトが光る境内

祇園にある京都最古の禅寺・建仁寺は、立地だけでなく歴史も華やか。一二〇二（建仁二）年、臨済宗の開祖の栄西禅師※1（千光祖師明庵栄西）が源頼家の帰依を受けて開き、室町時代には京都五山の第三位として賑わいます。のちに戦乱に巻き込まれて荒れてしまいますが、一五九九（慶長四）年に安国寺恵瓊※2が復興を開始。その後徳川幕府のもとで境内が整備され、明治時代までは今の祇園の南側の町のほとんどが建仁寺の敷地として栄えました。現在の建仁寺本坊の周囲にも、両足院、正伝永源院、禅居庵など、個性豊かで魅力ある塔頭が点在。境内を散策していると、茶祖※3とも呼ばれる栄西禅師にちなんだ茶苑や茶の木の生垣まであることにオドロキ！

国宝・重文級の作品に
誰でも親しめる

境内は「風神雷神図屏風」「双龍図」など、日本が世界に誇る芸術作品の宝庫。貴重な現物のほか、文化財保護の研究に基づいて緻密に再現された複製品を、触れそうな距離で拝観できます。屏風や障壁画のほか、テーマ性に富んだ庭園も見応えアリ。

注目 KEYWORD

※1 【千光祖師明庵栄西《せんこうそしみんなんようさい》】
一一四一（永治元）年に備中に生まれた臨済宗の祖。天台密教を学んだのち二度宋に渡り、鎌倉幕府の将軍の帰依を受けながら日本に禅宗を広めた。

※2 【安国寺恵瓊《あんこくじえけい》】
臨済宗の僧で、毛利家の外交僧のまま豊臣秀吉の側近になり寺領を与えられた。建仁寺の方丈を移築するなど復興を進めた。

※3 【茶祖《ちゃそ》】
栄西禅師は宋から茶種を持ち帰って栽培を奨励し、茶祖と呼ばれる。茶の本『喫茶養生記』も執筆。

建仁寺本坊 見どころ MAP

方丈や庭園の拝観ののち、法堂へ向かうのが拝観ルート。屏風や障壁画、庭園と見どころたっぷり！

茶室《ちゃしつ》 東陽坊《とうようぼう》

千利休の門人・東陽坊が好んだという茶室。秀吉の北野大茶会の際に建てられた

清涼軒《せいりょうけん》

境内の北西に静かに立つ茶室。茶祖を偲び、現在も毎月茶会が開かれている

○△□《まるさんかくしかく》の庭

宇宙の根源的な形態を示すという3つの図形、○△□を木や石で表現

潮音庭《ちょうおんてい》

本坊中央の庭。三尊石を置き、四方どこからでも観賞できるように設計された

小書院《こじょいん》

北は潮音庭、南は○△□の庭に面する。風が通り抜け心地良く庭を眺められる

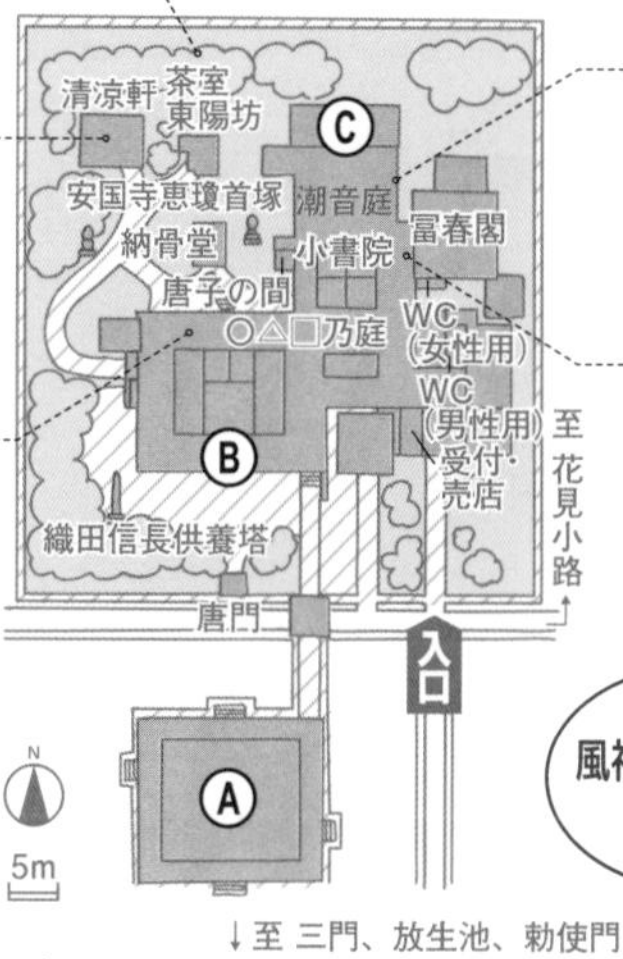

見逃せない！

Ⓐ 法堂《はっとう》

天井の龍が大迫力！

禅宗様仏殿建築。現在の建物は江戸時代のもので、釈迦如来像を祀る。天井には仏法を守護し、火災を鎮めるという龍が大胆に描かれている

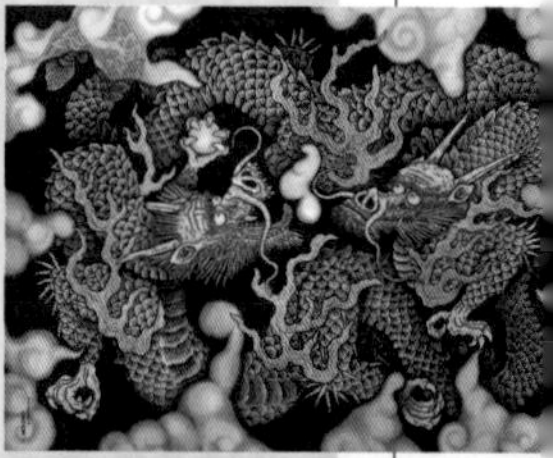

Ⓑ 大雄苑《だいおうえん》

まるで大海心鎮める名庭

方丈前に広がる、三代目植熊加藤熊吉作の枯山水庭園。庭越しに法堂の屋根が見える。雄大な海のような、行き届いた砂紋に禅の心を感じる

Ⓒ 大書院《おおじょいん》

潮音庭の深みと奥行きを感じられる

潮音庭中央の三尊石と○△□の庭中央の椿は、ここから見ると一直線に繋がるよう作庭された。周囲との繋がりを感じながら潮音庭を愛でよう

美

Art

青《しょう》蓮《れん》院《いん》門《もん》跡《ぜき》

色褪せない永遠の花 ポップな蓮に夢心地。

ココがすごい！ ☑ キーヤン奉納の襖絵 ☑ 青不動

客殿の襖絵や三十六歌仙の額絵、庭園も素晴らしい。春と秋の夜間拝観では宸殿前の庭園が青一色にライトアップされ、息を呑むほど幻想的に。国宝・青不動は飛地境内の青龍殿奥殿に安置される

ポップな襖絵が彩る皇室ゆかりの門跡寺院

天台宗の三門跡寺院の一つで、皇室との関わりが深い門跡寺院。江戸時代には一時的に仮御所となったため「[※1]粟田御所」とも。平安中期作の国宝「青不動明王二童子像」（通称・青不動）を所蔵します。[※2]青不動を取り巻く紅蓮の炎は、躍動的で迫力満点。華頂殿（かちょうでん）と呼ばれる客殿には、現代の壁画絵師・木村英輝氏による六十面もの蓮の襖絵があり、そのポップな色遣いや筆致と由緒正しい門跡寺院というコントラストがおもしろい。

注目 KEYWORD

※1 【粟田御所《あわたごしょ》】
江戸時代の大火の際、後桜町上皇が粟田口にあるこの寺院に避難し仮御所に。庭園内にある好文亭は、その時に学問所として使用されたもの。

※2 【青不動《あおふどう》】
不動明王は、五色に配される場合があり、青不動はその中の最上位という。日本三不動画の一つ。

平安神宮周辺

TEL 075-561-2345

京都市東山区粟田口三条坊町69-1／9:00～16:30(受付終了、季節により夜間拝観あり）／600円（青龍殿別途600円）／市バス神宮道から徒歩3分／無休／5台（夜間拝観時なし）

◆創建：1150（久安6）年、開基・伝教大師最澄、開山・行玄 ◆本尊：熾盛光如来（しじょうこうにょらい）◆拝観所要時間：30分 ◆春秋に夜の特別拝観とライトアップが恒例に。飛地境内の将軍塚青龍殿へも足をのばしてみよう

見逃せない！

相阿弥《そうあみ》の庭

室町＆江戸時代の名庭を見比べよう

龍心池を中心とした池泉回遊式の庭園は、室町時代の相阿弥によるもの。その北側には小堀遠州作の「霧島の庭」も。こちらは五月頃に咲く霧島ツツジが見もの。

美

Art

相《しょう》国《こく》寺《じ》

若冲も聞いた？

この龍、鳴くんですって。

シブい龍が守る禅と文化の一大拠点

京都御所の北に立つ、臨済宗相国寺派の本山・相国寺。室町幕府の三代将軍・足利義満が建立したことから幕府と縁が深く、宗教的・文化的に重要な拠点として繁栄しました。あの金閣寺と銀閣寺も、この相国寺の塔頭。寺の歴史を見守ってきたのが、法堂の天井に描かれた「蟠龍図[※1]」。江戸時代初期に活躍した絵師・狩野光信が描いた龍は、貫禄たっぷりで表情もかなりオトコマエ。通常非公開のプレミアム感もあって、会いたい気持ちがいっそう募りそう。

ココがすごい！ ☑ 蟠龍《ばんりゅう》図《ず》 ☑ 相国《しょうこく》寺《じ》承天《じょうてん》閣《かく》美《び》術館《じゅつかん》

松の木に囲まれて立つ法堂は江戸時代初期に再建

権力者とクリエーターの熱意を今に伝える寺

相国寺は室町幕府の最盛期に建てられた、幕府の権力の象徴ともいえる寺。もともとは「花の御所」※2と呼ばれた足利将軍家の邸宅のそばにあり、何度焼失しても復興を繰り返してきました。江戸時代中期には禅宗文化の拠点として花開き、あの天才絵師・伊藤若冲も相国寺に移り住み作画に励んだとか。誰もが知る名作の数々も、若冲が禅宗に深く帰依していたからこそ生まれたのかも。

眼福すぎる！名品を一挙保管の美術館

境内にある承天閣美術館は、相国寺、金閣寺、銀閣寺、その他塔頭寺院の美術品を収蔵・展示する施設。伊藤若冲の「鹿苑寺大書院障壁画 葡萄小禽図床貼付」、金閣寺の夕佳亭復元模型も常時展示。水墨画の基礎を作った如拙、周文、雪舟らの作品等、秘蔵品が見られる企画展もあります。

注目KEYWORD

※1【蟠龍図《ばんりゅうず》】
堂内で手を叩くと龍が鳴いているように響くことから「鳴き龍」とも呼ばれる。狩野永徳の長男・光信が描いたもので、今も彩色が残っている。

※2【花の御所】
足利義満が現在の上京区室町通今出川周辺に造営した邸宅で、「室町殿」と呼ばれた。

◆創建：1392（明徳3）年、開基・足利義満、開山・夢窓疎石 ◆本尊：釈迦如来 ◆特別拝観もあるので、ぜひ出かけてみよう ※法堂・方丈・浴室（春）・開山堂（秋）／特別拝観期間3月下旬～6月上旬（春）、令和5年は9/26～12/10（秋）（法要等により休止日あり）／10:00～16:00（最終受付）／800円

京都御所周辺

TEL 075-231-0301

京都市上京区相国寺門前町701／境内自由（特別拝観期間あり）／境内自由（特別拝観有料）／無休・通常堂宇非公開／地下鉄今出川駅から徒歩8分／なし

見逃せない！

相国《しょうこく》寺《じ》承天閣《じょうてんかく》美《び》術館《じゅつかん》

若冲ファン必訪

相国寺ゆかりの伊藤若冲の作品をはじめ、茶道関連の展示品も充実している。

TEL 075-241-0423

京都市上京区相国寺門前町701／10:00～16:30（最終受付）／800円（展示により異なる）／地下鉄今出川駅から徒歩10分／年末年始・展示替期間／なし

美

Art

大《だい》徳《とく》寺《じ》

胸に轟く龍の声

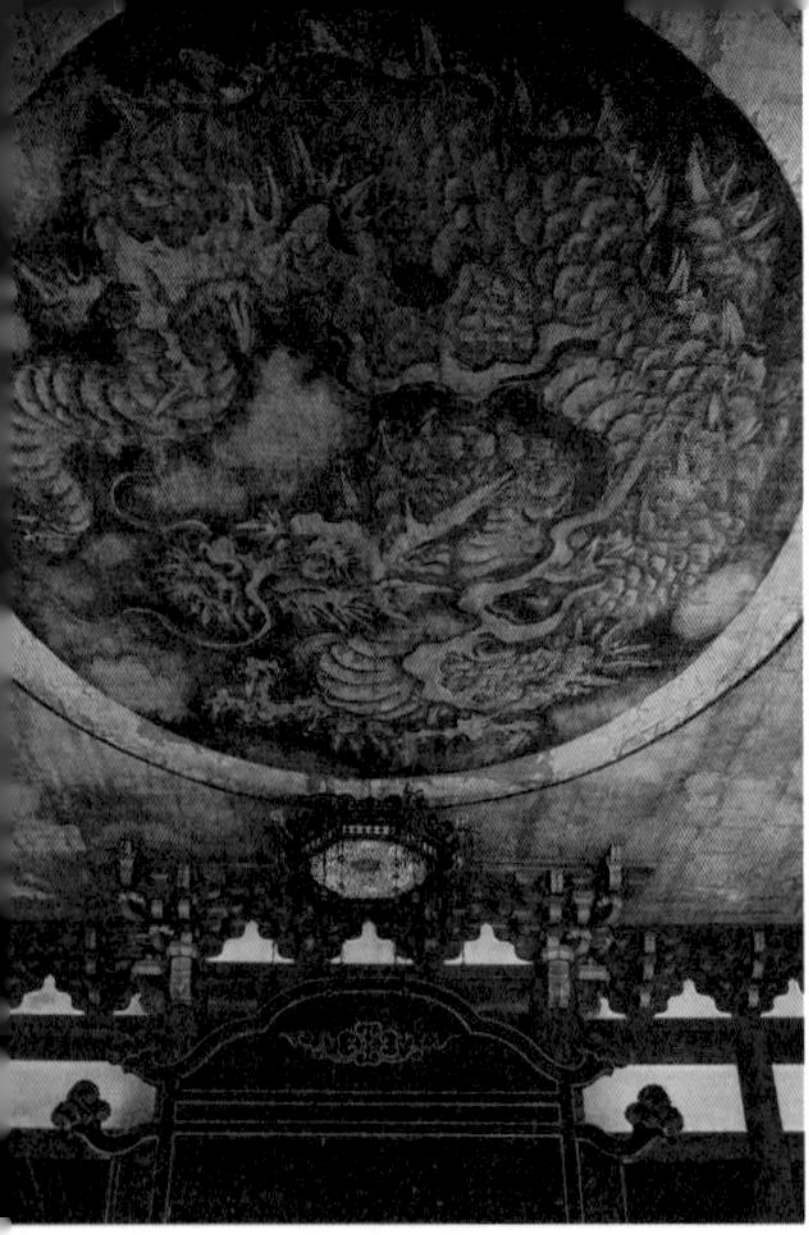

◆創建：1325（正中2）年、開基・宗峰妙超 ◆本坊を含め、各堂宇は通常非公開だが、法堂、仏殿、山門、勅使門は外観拝観が可能。特別公開は不定期開催

戦国武将も龍の鳴き声を聞いた？

大徳寺は境内に20もの塔頭をもち、豊臣秀吉をはじめ戦国武将がこぞって帰依した大寺院。法堂の天井を堂々と泳ぐ龍は狩野探幽が35歳の時に描いたもので、円の中にギリギリ収まるほどの巨体が特徴。真下で手を叩くとまるで龍の鳴き声のような反響が！ 特別公開時のみ参拝できます。

紫野

京都市北区紫野大徳寺町53／境内自由（通常堂宇非公開。特別公開時の堂宇参拝は有料）／市バス大徳寺前からすぐ／不定期／50台（有料）

美

Art

天《てん》龍《りゅう》寺《じ》

▶P.72

追いかけられてドキドキ…

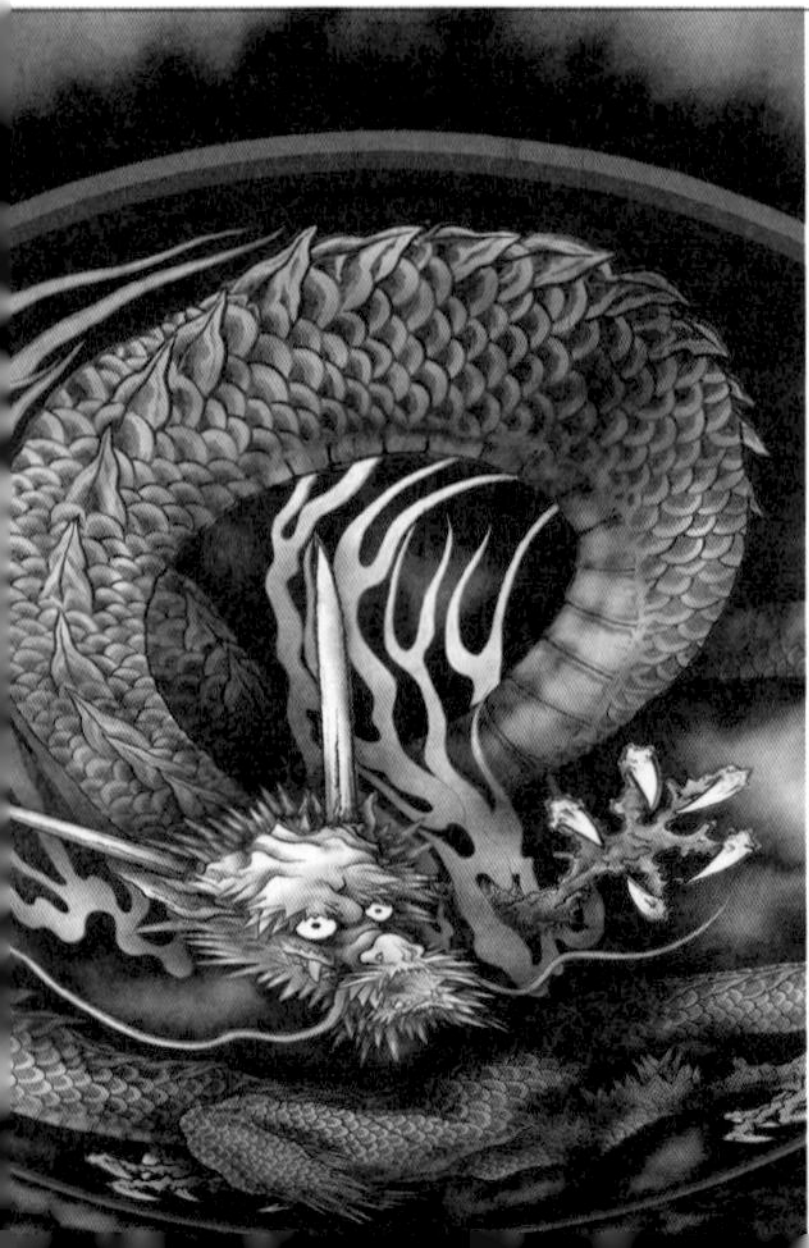

平成の天龍は、稲妻のような眼光

曹源池庭園をはじめダイナミックな見どころが多い天龍寺は、雲龍図も迫力満点。昭和〜平成の日本画家・加山又造が、直径9mの円の中に直接墨色で描きました。どの角度から見てもカッと睨まれているように見えることから「八方睨みの龍」とも。土日祝と特別公開時に参拝可能。

美

Art

妙《みょう》心《しん》寺《じ》

ずっと私を龍が見つめる

8年かけて描かれた龍を心ゆくまで自由に拝観

　花園法皇が開き、戦国武将も帰依した妙心寺。塔頭が46もある境内は、まるで一つの町のよう！ 高さ10mの法堂天井の円に直径12mの規模で描かれた雲龍図は、狩野探幽が55歳の時の作品。下を歩くと龍の目が動いて見えるかも!?

妙心寺 TEL 075-461-5226

京都市右京区花園妙心寺町1／境内自由（法堂・大庫裏は9:00～12:00、13:00～最終受付15:30、閉門16:00）／境内自由（法堂・大庫裏700円）／市バス妙心寺北門前または妙心寺前から徒歩10分／なし／80台

一部不可

◆創建：1337年、開基・花園法皇、開山・関山慧玄 ◆本尊：釈迦如来 ◆拝観所要時間：30分 ◆一般参加が可能な行事やイベントが不定期開催。通常拝観できる塔頭もある

アート

美

Art

南《なん》禅《ぜん》寺《じ》

▼P.150

なかなかのイケ龍♡

誰でも外から拝観OK 京都の画伯が生んだ龍

　室町時代に禅宗最高位を誇った南禅寺。明治再建の法堂の天井を外から見上げると、なだらかな線で描かれた美形の龍が！ 再建時に日本画家・今尾景年が描いたもので、法堂本尊の釈迦如来像らを守るように飛んでいます。オーラがあって迫力満点ですが、表情はどこか人間的。

美

Art

聖《しょう》護《ご》院《いん》門《もん》跡《ぜき》

えっ！狩野派がこんなに！

秘宝 百面の襖

国指定の史跡地である唯一の「旧仮皇居」

修験道[※1]って何？ そんな人でも楽しく学べるのがこちらの寺院、聖護院門跡。

役行者を開祖とする「修験道」である本山修験宗の総本山で、一〇九〇（寛治四）年に増誉大僧正が白河上皇から寺を賜ったのが始まり。全国の修験者をまとめる最古の修験組織となり、皇族・摂関家出身者が住持した門跡寺院としても栄えました。天明の大火で御所が焼けた際には、光格天皇が約三年間仮皇居として使用され、幕末にも孝明天皇や後の明治天皇が避難された由緒から、現在では日本で唯一の「旧仮皇居」として史跡に指定されています。

聖護院門跡の内部を拝観できるのは、秋の特別公開時。筆のタッチまでわかるほど近くで見られる狩野派の襖絵や、不動明王像をはじめとする修験道に関する仏像など、歴史

ココがすごい！ ☑ 100面以上の障壁画は狩野派筆

右／宸殿 上段之間は対面所だった場所。宸殿全体に100以上、寺全体で150面もの襖絵や障壁画が残る 上／狩野永納筆、孔雀之間の襖絵 下／宸殿内陣の鶴之間の襖絵

のある寺宝が目白押し！ 運が良ければ僧侶が直々に、わかりやすく説明をしてくれることもあります。二月の節分会※2では年男・福女による豆まき（左写真）や、屋外で護摩焚きが執り行われます。また不定期で、初心者向けのプチ修行体験も催されます。

注目KEYWORD

※1【修験道《しゅげんどう》】
自然を神仏とし、その中で修行をして人々を護る力を得る日本独自の山岳信仰。飛鳥時代に実在した役行者が基礎を築いた。

※2【節分会《せつぶんえ》】
山伏の法力や真言によって鬼が改心する追儺式が特徴。その後、採燈大護摩供を屋外で開催。

◆創建：1090（寛治4）年、宗祖・役行者、開基・増誉大僧正 ◆本尊：不動明王 ◆拝観所要時間：1時間※特別公開情報は要HP確認

平安神宮周辺

TEL 075-771-1880

京都市左京区聖護院中町15／通常非公開（公開時10:00～16:00）／800円／市バス熊野神社前から徒歩3分／無休／5台

美

Art

随《ずい》心《しん》院《いん》

若手アーティストが描く

まばゆい程の美女の一生

鮮やかにして繊細 優しさあふれる襖絵

かつて小野一族が住み栄えた山科区小野にある、小野小町[※1]ゆかりの寺。絶世の美女で歌も上手な小野小町はモテモテで、大勢の男性からラブレターが贈られたそう。その手紙を埋めたという文塚や小町が化粧したと伝わる井戸も残ります。

能の間にあるド派手な極彩色の襖絵は、新進気鋭の京都絵描きユニット「だるま商店」[※2]が手がけたもの。小町自身の生涯と平安時代の雅さが描かれており、息をのむほどの鮮やかさに、圧倒されます。

ココがすごい！ ☑ ショッキングピンクの障壁画

蛍光のような鮮やかな色で、宮中などを妖艶に表現。晩年は孤独だったという小野小町に「今も多くの人が訪れているから寂しくないよ」という思いも込めて描かれたそう

注目 KEYWORD

※1
【小野《おのの》小《こ》町《まち》】
平安時代の女流歌人で絶世の美女としても有名。出自などには諸説あるが、実際の人物像は謎に包まれている。

※2
【だるま商店】
京都の職人長屋・あじき路地出身の絵描きユニット。極彩色のCGと毛筆のアナログ感を組み合わせた独特な世界観が印象的。

見逃せない！

はねず踊《おど》り

春の訪れを告げる華やかな風物詩

梅の名所である小野梅園で、梅の見頃に合わせて3月最終日曜に開催。はねず色の衣装と菅笠を着けた少女たちが、小野小町を偲んで歌と舞を奉納する。

醍醐

TEL 075-571-0025

京都市山科区小野御霊町35／9:00～16:30／境内自由(院内拝観500円、梅園入園300円)／地下鉄小野駅から徒歩7分／不定休／50台

◆創建：991(正暦2)年、開基・仁海 ◆本尊：如意輪観音 ◆拝観所要時間：1時間 ◆秘仏の本尊・如意輪観音像の特別公開や、はねず踊り、梅園公開なども開催される ※本堂改修工事のため令和6年3月末まで本堂内立入禁止予定。要HP確認

美

Art

養《よう》源《げん》院《いん》

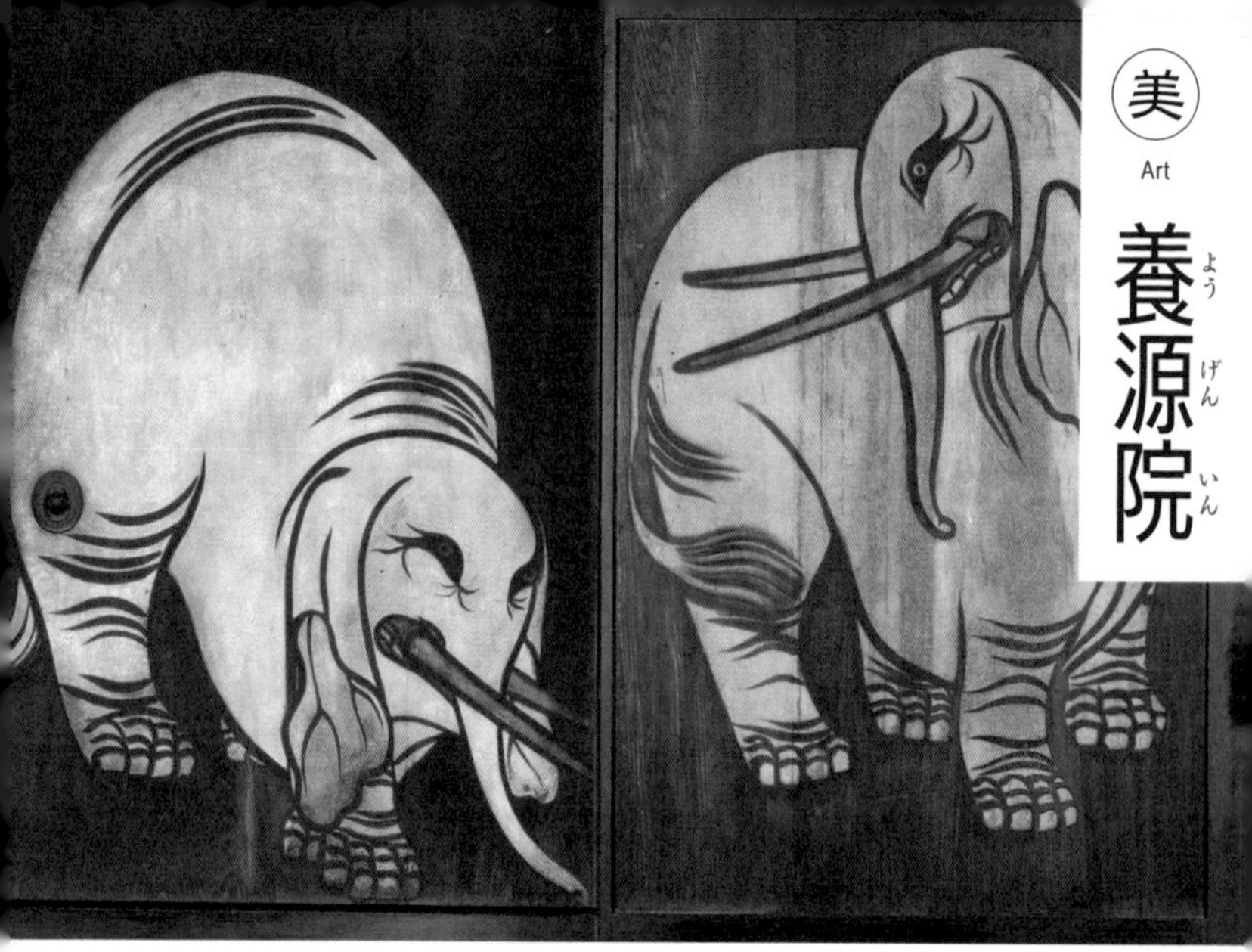

これぞ、俵屋宗達の白象。

徳川兵を慰める白象図 三つ並んだ貴重な御紋も

浅井三姉妹の長女・淀殿が父・浅井長政の追善のために創建し、後に妹の江が伏見城の遺構を用いて再建。俵屋宗達が血天井[※1]の霊を弔うため、新しく独創的な白象・唐獅子を杉戸に描きました。安置される徳川二代将軍・秀忠と江の位牌には、菊・葵・桐の紋が並びます。（通常非公開）

注目KEYWORD

※1【血《ち》天井《てんじょう》】

養源院の血天井は、伏見城の戦いで自刃した武将・鳥居元忠率いる、徳川方の兵の血が染みた伏見城の廊下の板を、天井に上げたとされる。

現代の3Dのような躍動感

京都駅周辺

TEL 075-561-3887

京都市東山区三十三間堂廻町656／10:00～15:00／600円／市バス博物館三十三間堂前または東山七条から徒歩3分／不定休／なし

◆創建：1594（文禄3）年、開基・淀殿、開山・成伯 ◆本尊：阿弥陀如来 ◆拝観所要時間：30分～1時間 ◆お寺の方による説明がある。（録音したものの場合もあり）

ココがすごい！ ☑ 俵《たわら》屋《や》宗達《そうたつ》筆の杉《すぎ》戸《と》絵《え》

美

Art

平《ひら》岡《おか》八《はち》幡《まん》宮《ぐう》

天井にお花畑を発見！

桜と椿！ 春の花の競演

艶やかな花の天井と椿が咲き誇る花の宮

梅ケ畑八幡宮※1とも呼ばれる、山城国最古の八幡宮。本殿内陣の天井には四十四面の極彩色の花の絵が描かれていて、春と秋に公開されます。宮司さんの解説と最後に振る舞われる大福茶も楽しみ。椿の名所としても有名で、春には境内で約二百種もの椿が見頃を迎えます。

注目KEYWORD

※1【梅《うめ》ケ《が》畑《はた》八《はち》幡《まん》宮《ぐう》】

高雄山神護寺の守護神として空海により創建された。右京区梅ケ畑一帯の産土神が鎮座する社なのでこう呼ばれる。

梅ケ畑

TEL 075-871-2084

京都市右京区梅ケ畑宮ノ口町23／10:00～15:30／境内自由（特別公開の時のみ、神殿・花の天井800円）／市バス・JRバス平岡八幡宮前からすぐ／無休／20台

◆創建：809（大同4）年、空海が宇佐八幡宮より勧請 ◆祭神：誉田別命（応神天皇）◆拝観所要時間：1時間 ◆春秋には毎年、本殿と花の天井を特別公開し、宮司による説明がある

ココがすごい！ ☑ 図鑑のような花の天井

建

Architecture

知《ち》恩《おん》院《いん》

知的好奇心をくすぐる日本最大級の三門

圧倒的な存在感に言葉を失いそうなほど巨大な門。高さ二十四メートル、横幅五十メートルもある大きさは、日本最大級を誇っています。釘を使わない組物や、建物を立派に見せる効果もある扉の藁座《わらざ》など、伝統技術を駆使していることにもぜひ注目を。

これほど門が立派なのは徳川家に関係あり、とも。また楼上には白木の棺という不思議なものが置かれているなど、種明かしに挑みたくなるエピソードも多彩。「知恩院七不思議」を探してみよう！

ココがすごい！ ☑ 国宝の三門 ☑ 七不思議

見上げてごらん♪

みんな驚く巨大門!!

桜、新緑、紅葉に彩られ、季節ごとに表情を変える三門。門前には、車の行き交う東大路通までゆるやかな坂道がのびる

◆創建：1234（文暦元）年◆本尊：法然上人（本堂）、阿弥陀如来（阿弥陀堂）◆拝観所要時間：2時間　※令和元年度末に御影堂大修理が完了

祇園　TEL 075-531-2111

京都市東山区林下町400／9:00～16:00／境内自由（方丈庭園、友禅苑の共通券は500円）／市バス知恩院前から徒歩5分／無休／なし

一部不可

上／大方丈 下／小方丈 どちらも重文の建物で、通常非公開

法然上人の草庵が起源 浄土宗はここから広まった

知恩院は、比叡山を下りた法然上人が、お念仏を唱えれば誰もが救われる道を広めるため、今の御影堂の近くに「吉水の草庵」を結んだことが始まり。上人は建永の法難で流罪となるも、帰京を果たし、荒れていた草庵から大谷の禅房、今の勢至堂[※1]に移って念仏を広めました。江戸幕府初代将軍の徳川家康が生母・於大の方の永代菩提寺としたことにより、京都における徳川家の菩提寺に定められました。三門と経蔵は二代将軍・秀忠の寄進によるもので、大伽藍や諸堂が現代に伝わっています。

どこにあるかな？ エンジョイ、不思議発見

白木の棺は、三門工事の予算が超過したことの責任を取って自刃したと伝わる工事奉行・五味金右衛門夫婦の木像を納めたもので、「知恩院七不思議」の一つ。残るは、御影堂から集会堂・大方丈・小方丈に至る鴬張りの廊下、方丈廊下の三方正面真向の猫、大方丈の大杓子と襖絵の抜け雀、御影堂軒裏の忘れ傘、境内の瓜生石。三門楼上や狩野派[※2]の襖絵に彩られる方丈は通常非公開（特別公開あり）なので、七不思議は展示ブースで確認を。不思議は他にもあるので探してみよう。

注目KEYWORD

※1【勢至堂《せいしどう》】
大谷の禅房の跡地。「知恩教院」の額は後奈良天皇の宸筆。

※2【狩野派《かのうは》】
足利幕府の御用絵師になった正信に始まり、江戸時代まで日本美術界に君臨。永徳や孫の探幽が特に有名。方丈の襖絵は探幽の弟・尚信らの筆。

見逃せない！

三《さん》方《ほう》正《しょう》面《めん》真《ま》向《むき》の猫

いつも見守る 親の愛を感じて

「知恩院七不思議」の一つで、狩野信政が描いた杉戸絵の猫。どこから見ても正面から目が合うのは、親猫が子猫を思う慈悲の心を表すそう。

三門図解

普通の住宅とはまったく違う建築法がいろいろあり、
その名前も工法も初めて聞くようなものばかり！

「空門（くうもん）」「無相門（むそうもん）」「無願門（むがんもん）」の三つで悟りの境地を表す三門。大きさばかりに気を取られがちだけど、建築技術のすごさにも注目。

特別公開を狙って！［上層《じょうそう》(楼上《ろうじょう》)内部《ないぶ》］

天女や飛龍が描かれた極彩色の仏堂。宝冠釈迦牟尼仏像、十六羅漢像が安置される

瓦がズラリ
［屋根《やね》］

屋根は、瓦7万枚と並はずれた数。瓦の美しさが際立つ入母屋造り

すっごく大きい！
［扁額《へんがく》］

「華頂山」と書かれた扁額は、畳二畳分の大きさがある。霊元上皇の宸筆

緻密なデザイン
［斗栱《ときょう》］

軒を支えるための組物。釘などは使わない。白の塗装も美しい

2階にも注目
［高欄《こうらん》］

手摺りのように見える所。親柱に逆蓮という装飾が施されている

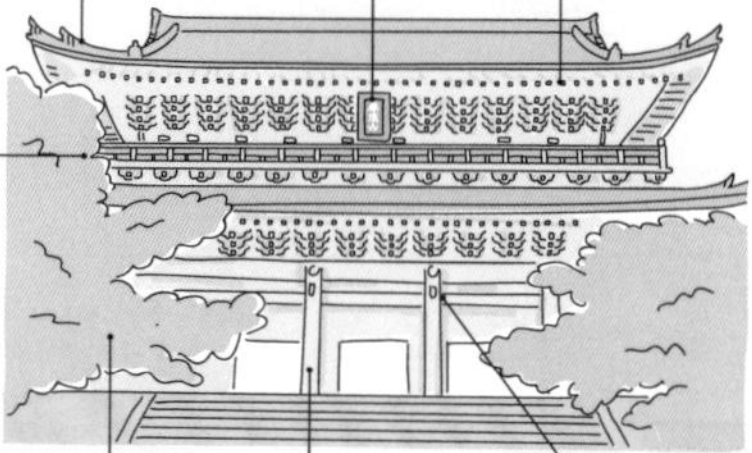

ここから2階へ
［山廊《さんろう》］

三門の左右にある平屋建ての建築物。楼上への階段が備わる

巨大門を支える
［柱《はしら》］

そろばんの珠のような礎盤に、上下が少しすぼまった円形の柱が立つ。禅宗様式

細部にも造形美
［藁座《わらざ》］

開き扉の軸を支える金物。この穴を利用して扉を吊り込む

建

Architecture

旧嵯峨御所《きゅうさがごしょ》 大本山《だいほんざん》 大覚寺《だいかくじ》

貴族の別荘の先駆け 回廊を巡れば気分は姫♡

景勝地・嵯峨野は、もとは平安貴族が行楽や狩りを楽しんだ所で、今で言う別荘地。大覚寺は平安時代の初め、嵯峨天皇が檀林皇后との結婚を機に営んだ離宮嵯峨院が発祥。天皇と親交の深かった弘法大師空海もたびたび訪れ、離宮は文化サロン的な役割も担っていたといいます。離宮が寺として再出発してからは門跡寺院となり、後水尾天皇より下賜された宸殿などの諸堂が風雅な趣を醸し出しています。鴬張りの廊下を歩くだけで、姫君にもなれそう!?

嵯峨野 TEL 075-871-0071

京都市右京区嵯峨大沢町4／9:00～16:30（最終受付）／お堂500円、大沢池300円／市バス・京都バス大覚寺からすぐ／無休／30台（有料）

◆創建：876（貞観18）年、開基・嵯峨天皇、開山・恒寂入道親王 ◆本尊：五大明王 ◆拝観所要時間：2時間 ◆中秋の名月時に行われる「観月の夕べ」は必見。四季を通じて行事があり、多種ある写経体験も人気

ココがすごい！ ☑ 旧嵯峨御所《きゅうさがごしょ》 ☑ 御所のような宸殿《しんでん》

建築

大覚寺

まるで御所のよう！

きわだつ雅、その理由は？

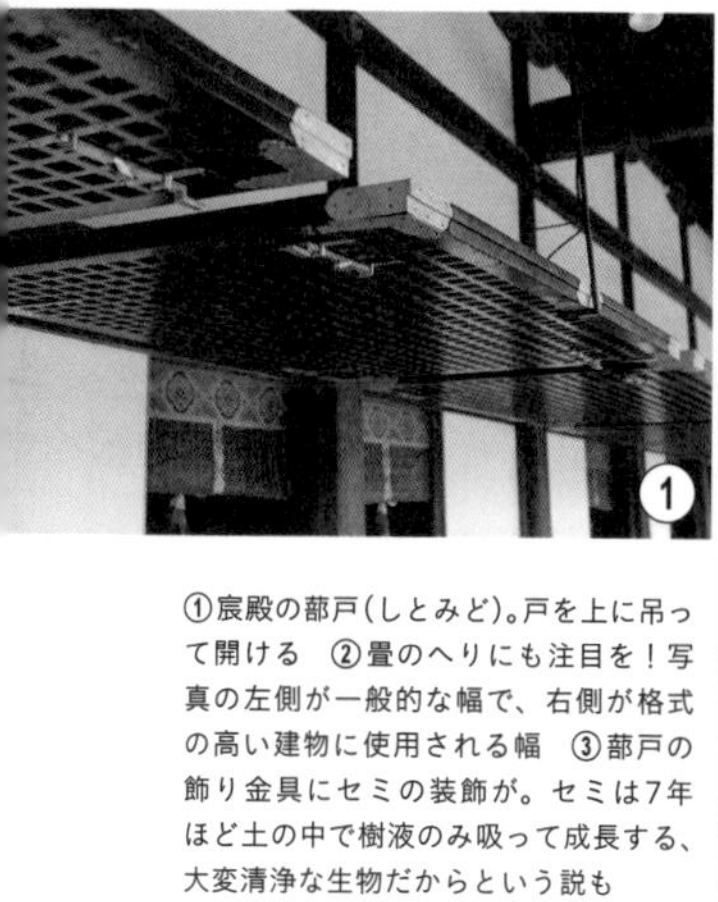

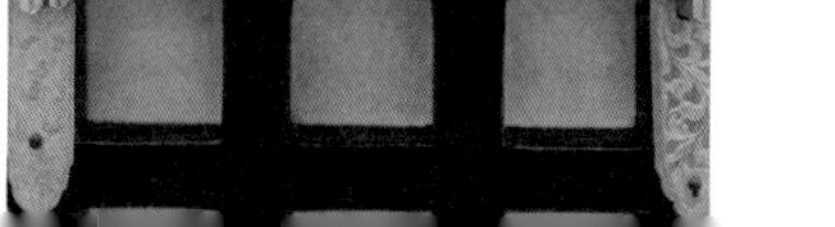

①宸殿の蔀戸(しとみど)。戸を上に吊って開ける　②畳のへりにも注目を！写真の左側が一般的な幅で、右側が格式の高い建物に使用される幅　③蔀戸の飾り金具にセミの装飾が。セミは7年ほど土の中で樹液のみ吸って成長する、大変清浄な生物だからという説も

門跡寺院の底力 離宮の面影は変わらず

離宮は、嵯峨上皇の長女で、淳和天皇の皇后であった正子内親王が第二皇子・恒寂入道親王を開山として寺に。焼失後には後宇多法皇、応仁の乱で衰退後は空性法親王がそれぞれ再興。明治時代まで法皇、親王らが住持したことで、各地から格式ある建物が移築されるなど、寺は離宮の名残を留めてきました。日本最古の人工の庭池・大沢池[※1]も昔のまま。この池の北側にある菊ケ島で嵯峨天皇[※2]が菊を手折り器に生けたことをルーツとするのが、大覚寺が家元を務める「いけばな嵯峨御流」です。

平安へタイムスリップ 舟でお月見はいかが

大沢池で中秋の名月を含めた三日間に行われるのが「観月の夕べ」。平安貴族の舟遊びを再現したもので、龍頭鷁首[※3]舟に揺られつつ空の月と水面に映る月を楽しむ風流な行事。建物の優美さだけではなく、一二〇〇年前の風雅な遊びを体験できるなんて、さすがは大覚寺。見ているだけでも平安時代に浸れるので、ぜひ足を運んでみよう。

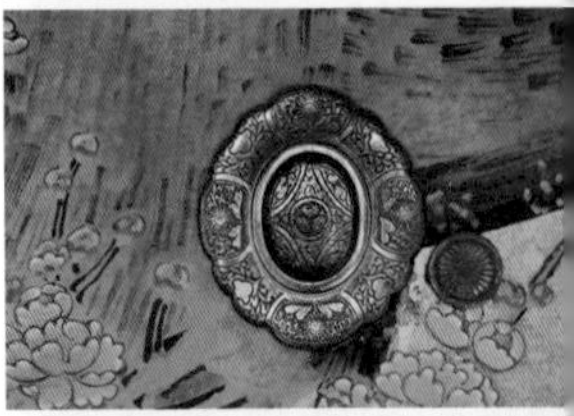

上／心経前殿の内陣には嵯峨天皇、弘法大師（秘鍵大師）らの尊像を安置　中／随所に菊の御紋の意匠が　下／一度は体験したい「観月の夕べ」

注目KEYWORD

※1【大沢池《おおさわのいけ》】
国指定名勝。天神島・菊ケ島と庭湖石の配置が美しい。池の北側には、百人一首に詠まれた名古曽の滝跡がある。桜と紅葉、時代劇ロケの名所。

※2【嵯峨天皇《さがてんのう》】
桓武天皇第二皇子。検非違使を置いて都を守護するなどリーダーシップを発揮。三筆の一人。空海を庇護し、高野山開創を許可、東寺を下賜した。

※3【龍頭鷁首《りゅうとうげきしゅ》舟】
龍や鷁の頭の彫り物を掲げ、高貴な人のみ乗ることを許された二艘一対の舟。鷁は中国の想像上の水鳥。龍とともに舟の守り神的意味がある。

大覚寺 見どころ MAP

御所にゆかりの建物が多く、内部は狩野派の襖絵や障壁画に彩られ華やいだ雰囲気。四季折々に美しい、大沢池もステキ。

正寝殿《しょうしんでん》（通常非公開）

障壁画にちなんだ名の付く12部屋がある。後宇多法皇が院政を執った上段の間の障壁画は狩野山楽・探幽ら

村雨《むらさめ》の廊《ろう》下《か》

諸堂を結ぶ回廊。縦の柱を雨、直角に折れ曲がる廊下を稲光にたとえた呼び名

霊宝館《れいほうかん》

春秋に名宝展を開催。平安時代の仏師・明円作「五大明王像」、狩野派の絵画など

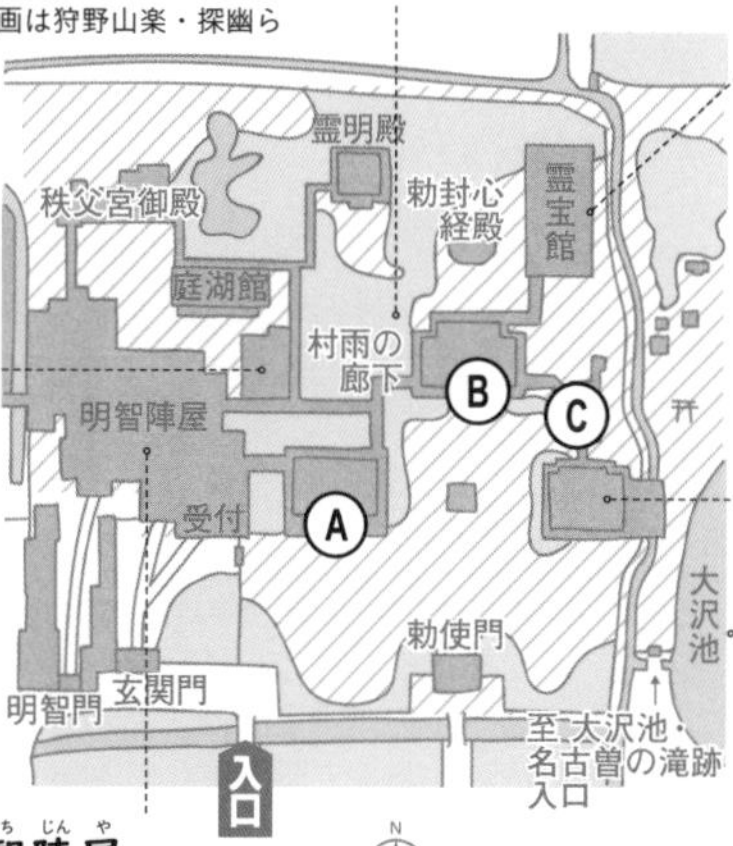

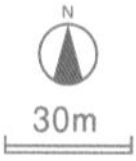

五《ご》大《だい》堂《どう》

大覚寺の本堂で、不動明王を中心に五大明王を安置。大沢池ほとりにあり、ぬれ縁からの池の眺望が見事

明《あけ》智《ち》陣《じん》屋《や》

明智光秀が居城としていた亀山城の一部を移築。明智門とともに時代劇のロケ地

大沢池《おおさわのいけ》

周囲約1km。離宮嵯峨院の造営にあたって、唐の洞庭湖を模して造られたという人工の池

Ⓐ 宸殿《しんでん》

まるで御所のよう雅な装飾の宝庫

後水尾天皇より下賜された寝殿造りの建物。破風板や天井などに装飾が施されており、廊下・広縁はすべて鶯張り

Ⓑ 心経前殿《しんぎょうぜんでん》

大正天皇ゆかりの別名「御影堂」

大正天皇の御即位に際し建てられた饗宴殿を移築。内陣左右に嵯峨天皇や後宇多法皇など、大覚寺ゆかりの尊像を安置する

Ⓒ 安《やす》井《い》堂《どう》

天井のアートを見上げよう

京都東山にあった安井門跡蓮華光院の御影堂を移築。天井画は必見！

建

Architecture

南《なん》禅《ぜん》寺《じ》

映える建物を探してみよう！

お寺×レンガのアーチ！撮りたくなる疏水橋

レトロで素敵な、お寺とレンガが生む風景。南禅寺の境内に立つ水路閣[※1]は、明治時代に田辺朔郎が設計したレンガと花崗岩造りの水路橋。現在も琵琶湖の水を京都へ運ぶ大切な役割を担う、現役の近代遺産です。三門は、石川五右衛門[※2]の名台詞「絶景かな」の舞台としても有名。

南禅寺

TEL 075-771-0365

京都市左京区南禅寺福地町86／8:40～16:40（受付終了、12～2月は～16:10）／境内自由（方丈庭園600円、三門600円）／市バス南禅寺・永観堂道から徒歩10分／無休／12台（有料）

一部不可

ココがすごい！ ☑ 水路閣 ☑「絶景かな」の三門

南禅寺の

映えSPOT

有名な三門や水路閣のほか、方丈にも絵になる庭園があるので、お見逃しなく。

水路閣《すいろかく》

南禅寺の無料拝観エリアにあり、水路上の散策路を歩けば蹴上のインクラインや琵琶湖疏水記念館方面へも抜けられる

小方丈庭園《こほうじょうていえん》

方丈の一部である小方丈の枯山水・如心庭。昭和期に造られ、石を「心」の字形に配置し、解脱した心を表現

方丈《ほうじょう》・方丈庭園《ほうじょうていえん》

国宝の方丈には、狩野探幽作の「群虎図」がある。方丈庭園は小堀遠州作で、「虎の子渡しの庭」とも呼ばれる

六道庭《ろくどうてい》

一面の杉苔の中に石が配置された庭園で、小方丈の奥にある。六道輪廻の世界観を表しているとされる

三門《さんもん》

高さ22m、天下竜門とも。現在の建物は1628(寛永5)年に藤堂高虎が大坂の陣の戦没者を弔うために再建したもの

注目KEYWORD

※1 【水路閣《すいろかく》】
明治時代に京都の近代化と活性化を目指して造られた琵琶湖疏水の一部。水路閣は全長約九十三メートル、幅約四メートルという大スケール。

※2 【石川五右衛門《いしかわごえもん》】
安土桃山時代の盗賊の頭で、最期は三条河原で処刑。歌舞伎『楼門五三桐』に南禅寺三門と名台詞「絶景かな」が登場する。

◆創建：1291（正応4）年、開基・亀山法皇、開山・無関普門 ◆本尊：釈迦如来 ◆拝観所要時間：1時間半 ◆法堂は通常非公開。毎月第2・第4日曜に、予約不要の暁天坐禅会あり（8月、12月第4、1月第2日曜は休み、時間などHP要参照）

1200年の時を超え

平安京の中心へワープ！

建

Architecture

平《へい》安《あん》神《じん》宮《ぐう》

京都の平安を守る明治創建の神社

大鳥居が印象的な平安神宮は、明治時代に平安遷都千百年を記念して創建。祭神は平安京を造った桓武天皇と、明治維新の基礎を築いた孝明天皇で、世の中の平和や京都の発展を守護してくれています。[※1]大極殿をはじめ、社殿の雅さは平安時代さながら！

\ 京都のシンボル /

神宮道をまたぐように堂々と立つ大鳥居は高さ24m、幅18mもの大スケール。鳥居周辺が岡崎公園となっている

注目KEYWORD

[※1]【大極殿《だいごくでん》】

平安京の大内裏の正庁である朝堂院の正殿を、八分の五スケールで再現した外拝殿。正面は端から端まで三十メートルという規模。

平安神宮 TEL 075-761-0221

京都市左京区岡崎西天王町97／6:00～18:00（神苑は8:30～17:30受付終了※季節により異なる）／境内自由（神苑600円）／市バス岡崎公園 美術館・平安神宮前から徒歩3分／無休／市営岡崎公園地下駐車場利用（有料）

◆創建：1895（明治28）年 ◆祭神：桓武天皇、孝明天皇 ◆拝観所要時間：1時間 ◆神苑が無料開放されるなど、一般参加可能な祭典がある。桜の名所と名高く、国の名勝に指定されている

ココがすごい！ ☑ 大内裏《だいだいり》を再現した建物

平安神宮 見どころ MAP

応天門や蒼龍楼、白虎楼、大極殿を拝観したら、広大な神苑の散策へ!

見逃せない!

Ⓐ 大極殿《だいごくでん》

今はこちらで神様と対面

応天門の北に鎮座。左右の長さは33.3mもあり、平安朝の栄華を偲ばせる。碧瓦屋根と朱塗りの柱の色の対比が鮮やか

Ⓑ 蒼龍楼《そうりゅうろう》・白虎楼《びゃっころう》

東西の守り神の名が由来

大極殿の手前、左右に立つ楼閣。二重五塔の入母屋造り、碧瓦本葺。都の四神(蒼龍・白虎・朱雀・玄武)にちなむ

右近《うこん》の橘《たちばな》 左近《さこん》の桜《さくら》

平安時代にならい、大極殿から見て右手に橘、左手に桜がある

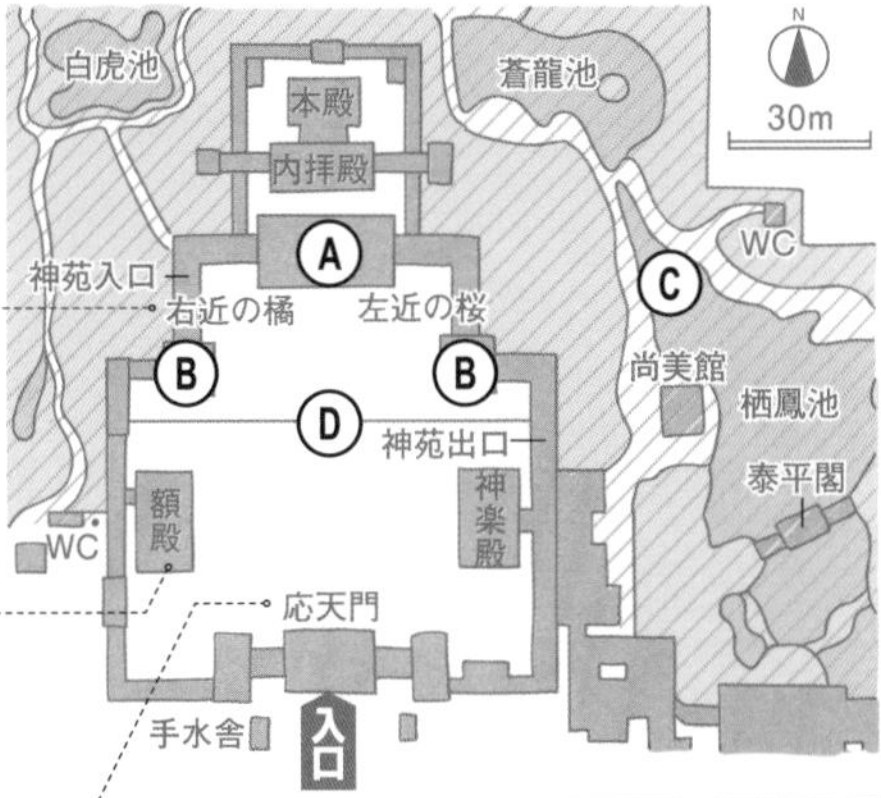

額殿《がくでん》

参拝者の休憩などで使用。反対側の神楽殿は神前結婚式の会場に

応天門《おうてんもん》

神宮道の大鳥居の先に立つ正門。平安京の応天門を模した2層の楼門

Ⓓ 龍尾壇《りゅうびだん》

格式ある大極殿に通じる道に境として設けられた壇を再現。壇と、各3段の石段が4カ所設置

Ⓒ 神苑《しんえん》

七代目小川治兵衛らが手がけた約3万㎡の池泉回遊式庭園。国の名勝で、四季折々の花が咲き誇る

お邪魔しまーす！
神様のお宅拝見♪

建
Architecture

松《まつの》尾《お》大《たい》社《しゃ》

"The 神社"に興味津々
建物をじっくり眺めよう

背後の松尾山にある巨岩に宿る神を崇めたことに始まる、京都最古と伝わる社の一つ。境内には、本殿をはじめ「これぞ神社！」という社殿が並びます。派手さはないものの、建物には時代ごとの特色があっておもしろい。ご利益スポットも忘れずに。

◆創建：不詳、古代から磐座信仰あり。神殿の造営は701（大宝元）年。◆祭神：大山咋神、市杵島姫命 ◆拝観時間：1時間半 ◆重森三玲が晩年に制作した松風苑は石使いが大胆で見応えがあり、神像も美しく必見（庭園・神像館共通500円）

松尾

TEL 075-871-5016

京都市西京区嵐山宮町3／5:00～18:00（受与所9:00～16:00）／境内自由／阪急松尾大社駅から徒歩3分／無休／100台

一部不可

上／古来、酒神としての信仰も
下／神像館に安置される男神像

ココがすごい！ ☑ 最古最優の神像 ☑ お酒の神様

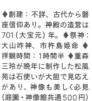

松尾大社 見どころ MAP

社殿はもちろん、日本最古とされる神像や、昭和を代表する庭園など見どころ多数。歴史に思いを馳せてみよう。

神泉・亀の井

社の神使・亀にちなむ。松尾山からの湧き水をたたえ、この水を酒に入れると腐らないとも

男神が悪運を絶ち
女神が幸運を授ける

滝御前社

霊亀の滝の前にある社。滝のそばには、天狗の顔に見える岩が！

神像館

所蔵のご神像21体を展示。平安時代作の男神坐像2体と女神坐像1体の3神像は日本最古

拝殿

江戸時代初期の檜皮葺き・入母屋造り。年末年始には大絵馬が掲げられる

楼門

高さ約11mと迫力あり。江戸時代初期に建てられ、装飾などはなくシンプルな造り

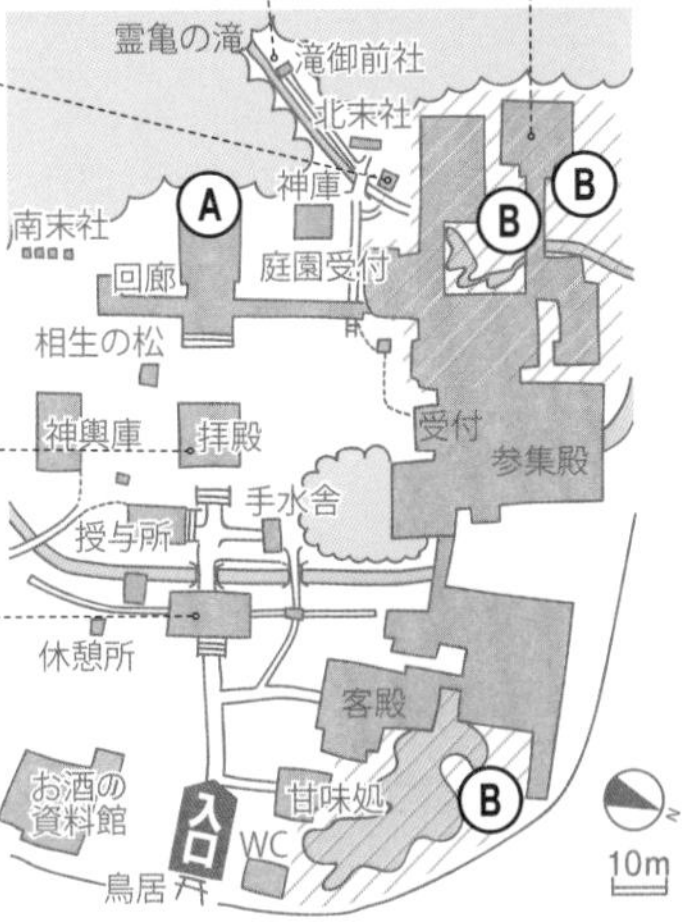

見逃せない！

Ⓐ 本殿

まずはこちらで神様にご挨拶を

室町時代初期の作で「松尾造」という珍しい様式の建物。屋根の形や彫刻などに室町時代の特徴があるので、参拝時に見てみよう

Ⓑ 松風苑

あの重森三玲の知られざる遺作

東福寺の枯山水などで高名な作庭家・重森三玲作。趣が異なる曲水の庭・上古の庭・蓬莱の庭の3庭で構成される

建

Architecture

豊《とよ》国《くに》神《じん》社《じゃ》

秀吉公らしい豪華絢爛な門

唐門の彫刻は必見！豊臣秀吉公を祀る社

秀吉公を祀っていましたが徳川家康により一時廃絶、その後一八八〇（明治十三）年に再建。ひと際目を引く壮麗な唐門は、桃山文化※1を代表する建築の一つで国宝。秀吉公の遺品を多数収める宝物館には、刀剣女子垂涎ものの名刀（重文）も所蔵します。

※1 注目KEYWORD

【桃山文化《ももやまぶんか》】

安土桃山時代の文化。特徴は豪華で壮大。姫路城に代表される城郭や社寺建築、芸能では千利休の茶の湯などがある。

＼ 立身出世祈願に ／

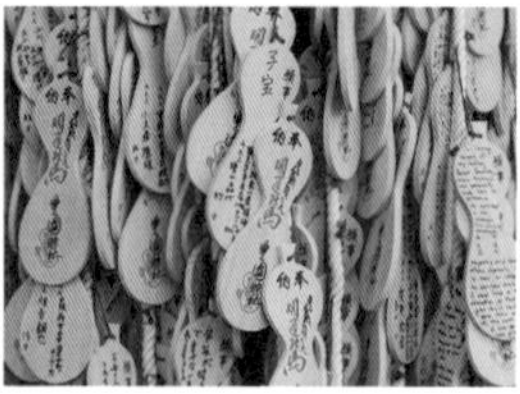

秀吉公の馬印だった千成瓢箪にちなんだ絵馬

京都駅周辺

TEL 075-561-3802

京都市東山区大和大路正面茶屋町530／境内自由（宝物館9:00～16:30）／境内自由（宝物館500円）／市バス博物館三十三間堂前から徒歩5分／無休／15台

◆創建：1599（慶長4）年 ◆祭神：豊臣秀吉公

◆拝観所要時間：1時間

◆骨喰藤四郎が伝わり、近年の刀剣ブームで若い人の参拝が増加中。毎月3回、境内でフリーマーケットが開催される

建

Architecture

蚕ノ社《かいこのやしろ》

木嶋坐天照御魂神社《このしまにますあまてるみたまじんじゃ》

建築

摩訶不思議な三角の鳥居

パワーがみなぎる 世にも不思議な三柱鳥居

創建は不詳ですが歴史は相当古く、境内の神泉「元糺《もとただす》の池」内にある三柱鳥居[※1]は日本最古とも。現在の鳥居は享保年間に修築されたもので、鳥居の中央には本殿御祭神・天之御中主神《あめのみなかぬしのかみ》の神座という組石があり、三方から拝めるように鳥居が建立されています。

＼「蚕ノ社」は通称／

「木嶋（このしま）神社」とも呼ばれる

[※1] 注目KEYWORD

【三《み》柱《はしら》鳥《とり》居《い》】

神座を中心として三本の柱を三角形に組んで三方どこからでも拝めるようにした珍しい鳥居。京都三鳥居の一つで、不思議なパワーがあるとも。

太秦

TEL 075-861-2074

京都市右京区太秦森ケ東町50／境内自由／境内自由／京福電車嵐山線蚕の社駅、地下鉄東西線太秦天神川駅、市バス蚕ノ社または京都バス太秦天神川駅前から徒歩5分／無休／2台

◆創建：不詳、701（大宝元）年以前の祭典の記録が伝承 ◆主祭神：天之御中主神、◆拝観所要時間：30分 ◆境内参拝は自由なので、早朝参拝がおすすめ

ココがすごい！ ☑ 珍しい三柱鳥居

京 都 社 寺

OMIYAGE CATALOGUE

御朱印帳

デザイン豊富な御朱印帳は、参拝の記念になるうえ実用性も高い！
各社寺の個性が光る御朱印帳を持って巡れば、気分もウキウキ♪

平等寺

オリジナル御朱印帳

各1200円。小鳥は水色とピンクの2色、猫は黄色のみ。それぞれの表情と色遣いがリアルでなんともキュート！　P.230

大将軍八神社

オリジナル御朱印帳

1500円。大将軍八神社所蔵の東洋星図にちなむ素敵なデザイン　P.230

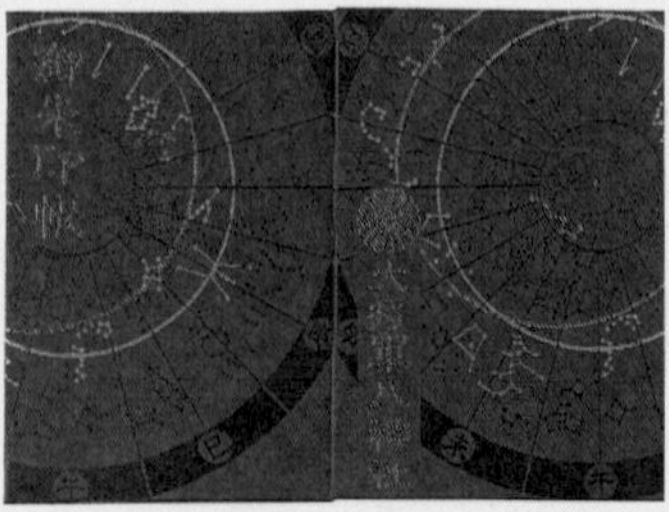

御香宮神社

オリジナル御朱印帳

1800円。神社と縁の深い水と本殿の模様がモチーフ。表裏で色が違う　P.248

宝蔵寺

オリジナル御朱印帳

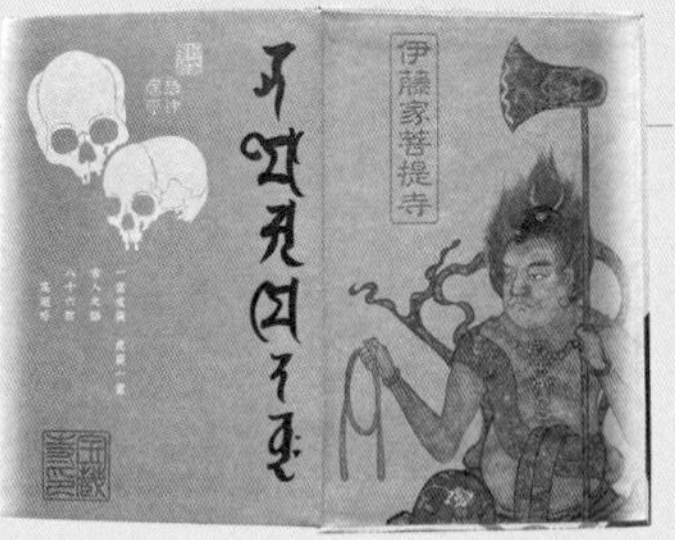

各3000～3600円。表紙は若啓筆「鯉図」、裏表紙は松本奉時筆「大黒天図」。伊藤白歳筆「牛頭天王」と若冲筆「髑髏図」の見開き御朱印が付く。全2種　P.249

大覚寺

御朱印帳 龍《りゅう》頭《とう》

1800円。「観月の夕べ」の龍頭が描かれる。御朱印料込み　P.146

南禅寺

群《ぐん》虎《こ》図《ず》朱印帳

1700円。南禅寺に伝わる狩野探幽筆の襖絵が手元に！躍動感あるタッチが特徴　P.150

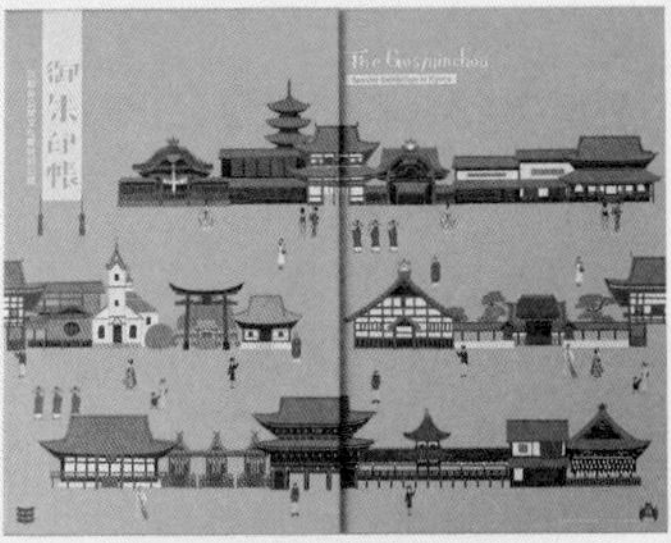

京都古文化保存協会

オリジナル御朱印帳

2000円。京都の文化財建築などをイメージした町並みが描かれる。トートバッグとセット販売のみ　P.7

平安神宮

オリジナル御朱印帳

1500円。社殿の周りに四神獣が描かれている　P.152

紋や天井にも注目を！

じっくり見れば、ここもあそこも興味深いのが社寺の魅力。
例えば♡形は、猪目というレッキとした紋。そして天井も要チェック。

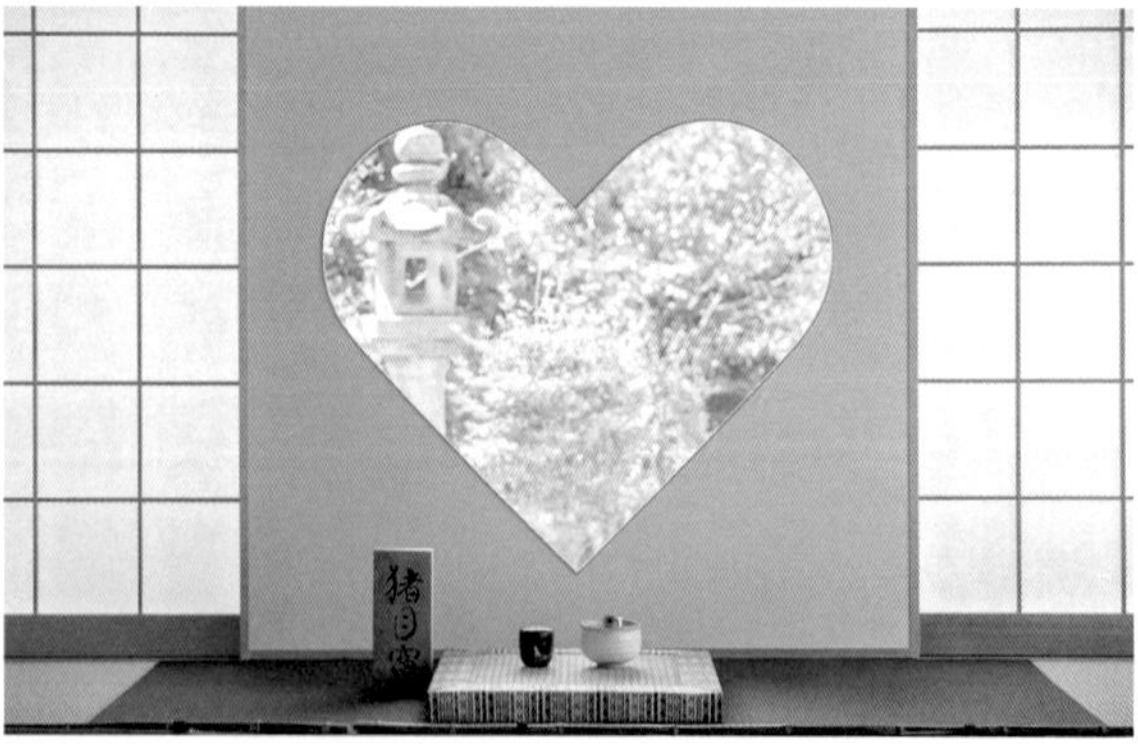

ときめきポイントは
ハート形の額縁窓

正寿院《しょうじゅいん》

五十年に一度開帳される、秘仏・十一面観音をご本尊として祀る正寿院。客殿の奥にあるフォトジェニックなハート形の窓は、SNSで「幸せを呼ぶ窓」と大人気！ハートマークは猪目（いのめ）という日本に昔からあった文様で、社寺などでは古くから使われていました。猪目には、魔除けなどの意味があるともいわれています。窓の向こうには庭園があり、春夏秋冬さまざまな風景で参拝者を和ませ、客殿の天井を見上げてみると、四季の花々などを描いた百六十枚もの天井画が。これは多くの日本画家によるもので、天井を埋め尽くす華やかな絵画に思わずウットリ。どちらも乙女心をわしづかみにされること間違いなし。

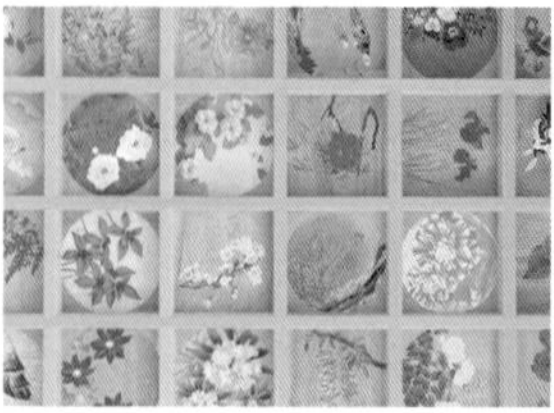
天井画には、舞妓さんを描いたものもある

宇治田原　℡ 0774-88-3601

京都府綴喜郡宇治田原町奥山田川上149／9:00～16:30(12～3月は10:00～16:00)／600円(菓子付)／京阪バス正寿院口から徒歩10分／行事により変動／60台

◆創建：約800年前 ◆本尊：十一面観音 ◆文化財：木造不動明王坐像（快慶作、重文）◆拝観所要時間：1時間 ◆毎年夏に開催される「風鈴まつり」では境内にたくさんのご当地風鈴が勢揃い。涼やかな音色が響き渡る夏の風物詩

日本人でよかった

4、京の四季

CHAPTER.4 SEASONS IN KYOTO

春
Spring

善《よし》峯《みね》寺《でら》

薄紅色に染まる山

まさに極楽、な春の絶景

ココがすごい！ ☑ 桜と紅葉の絶景地 ☑ 桂昌院《けいしょういん》復興の寺

樹齢300年を超える、桂昌院お手植えのしだれ桜は、ひときわ存在感を放つ

山の起伏が作り出す
咲き誇る桜と堂宇の絶景

平安時代中期、源算上人により開山。応仁の乱により五十二もあった僧坊の大半が焼失したが、徳川五代将軍綱吉の生みの母・桂昌院により復興。その桂昌院がお手植えされたというしだれ桜や、樹齢六百年以上で全長三十七メートルの「遊龍の松」が有名。三万坪と広大な境内にたくさんある堂宇も見もの。釈迦岳の山腹一帯にあるため、京都市街を一望でき、四季を通じて桜やアジサイ、紅葉などが楽しめます。特に春の絶景を求めて多くの人が訪れ、起伏に富んだ地形がほかとは違う、唯一無二の景色を作り出している古刹です。

春

大原野

TEL 075-331-0020

京都市西京区大原野小塩町1372／8:00～17:00、平日8:30～／500円／阪急バス善峯寺から徒歩7分／無休／150台(有料)

桜 DATA

種類：しだれ桜、山桜、彼岸桜、ぼたん桜など
本数：山全体と、境内にも100本以上の桜があり
時期：4月上旬～下旬
情報：見頃は種類によって若干前後するが、桂昌院のしだれ桜は例年4/7前後

※各建造物の修復工事により、現状とは異なる場合があります

平《ひら》野《の》神《じん》社《じゃ》

桜専門の植物園!?
一番好きな桜を探そう

上／早咲きの代表格、魁（さきがけ）桜。この桜が咲くと京都の花見シーズンが始まる
左／八重桜など様々な桜が咲き乱れる

京都人が愛する桜パラダイス

昔から京都人の間では、「桜」といえば平野神社が定番！神社はかつて平城京の宮中に祀られていたのが始まりで、平安遷都とともに現在地へ遷されたという歴史ある古社。境内に桜が増えたのは公家が子孫繁栄などの願いを込めて奉納したためといわれ、現在は約六十種、四百本にも及ぶ桜が咲き誇ります。ソメイヨシノはもちろん、三月中旬から咲く魁桜、淡い緑色の花を咲かせる御衣黄桜など、桜の種類と開花時期は多種多様。夜桜ライトアップも大人気。

北野天満宮 TEL 075-461-4450

京都市北区平野宮本町1／6:00～17:00／境内自由／市バス衣笠校前から徒歩2分／無休／20台

桜 DATA

種類：約60種
本数：約400本
時期：3月中旬～4月下旬
桜開花期間：6:00～21:00／無料（一部有料の場所あり、500円）

ココがすごい！ ☑ 夜桜も楽しめる桜の名所

春
Spring

退《たい》蔵《ぞう》院《いん》

昭和の名庭を彩る ピンクのしだれ桜

　妙心寺の公開塔頭で、水墨画の祖・如拙作の国宝「瓢鮎図」を所蔵する寺院。昭和に中根金作が手がけた庭園・余香苑に、平安神宮の名木の孫桜である紅しだれ桜が降り注ぐように咲き、白砂や苔との組み合わせがなんとも絵画的。

＼ 茶席もチェック ／

茶席では庭園を眺めながら抹茶を味わえる。500円。茶菓子付き

桜 DATA

種類：紅しだれ桜　本数：5本
庭園名：余香苑
時期：4月上旬

妙心寺　TEL 075-463-2855

京都市右京区花園妙心寺町35／9:00～17:00／600円／JR花園駅から徒歩7分／無休／30台（退蔵院受付で無料駐車券受取）

春

春
Spring

仁《にん》和《な》寺《じ》

▶P.24

江戸時代の人もホレボレ 御室桜の絶景！

　京都の桜シーズンの最後を飾るといわれているのが、仁和寺の「御室桜」。一般的な桜より背丈が低く、開花時期も比較的遅め。中門以北の西側に広がる桜の林は、江戸時代のガイドブック『京城勝覧』でも名所として紹介されています。

＼ ザ・都の春景色 ／

御室桜の林の樹高は3mほど。五重塔や宸殿との調和にうっとり

桜 DATA

種類：御室桜　本数：約200本
庭園名：名勝御室桜
時期：4月初旬～中旬頃
桜開花期間：8:30～17:00／500円

春
Spring

雲《うん》龍《りゅう》院《いん》

姿勢を正して見たい 静寂の夜桜

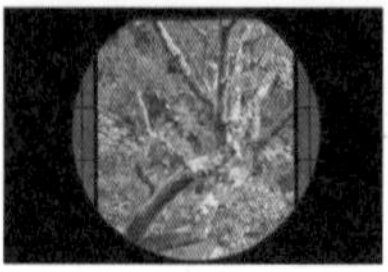

書院の「悟りの窓」は訪れるたびに、春の桜に夏の新緑、秋の紅葉、冬は雪景色と、その風景の変化を楽しむことができる

悟りの境地へ導く？静かなる桜

円形の悟りの窓や四つの障子窓それぞれから椿・灯籠・楓・松が見える蓮華の間など、皇族ゆかりの寺院らしい雅な見どころが多数あります。一三七二（応安五）年に後光厳上皇が創建し、現在は泉涌寺の別院として格式を誇る寺院です。春は早咲きの河津桜やしだれ桜など、様々な桜が境内を彩り、静かな落ち着いた雰囲気の中でライトアップも楽しめます。昼夜入替がないので、夕暮れから闇夜へと移り変わる光景をゆっくりと観賞してみよう。

京都駅周辺　TEL 075-541-3916

京都市東山区泉涌寺山内町36／9:00〜16:30／400円／市バス泉涌寺道から徒歩12分またはJR、京阪東福寺駅から徒歩17分／水曜（拝観・写経休止、11月除く）／5台

桜 DATA

種類：河津桜、しだれ桜、山桜など
時期：3月末頃〜4月頭頃
情報：桜ライトアップは4月（HP要確認）
［時間］日没〜20:30最終受付／［料金］400円

ココがすごい！ ☑ 皇族ゆかりの別格本山寺院

春
Spring

平《へい》安《あん》神《じん》宮《ぐう》

▶P.152

音と光が盛り上げる 紅しだれ桜の雅

国の名勝に指定される神苑は、八重紅しだれ桜の宝庫。中でも東神苑、貴賓館周辺の桜景色は見応えがあり、期間限定で夜間ライトアップや有名アーティストを迎えたコンサートが行われます。幻想的な世界をお楽しみに。

コンサートも必訪！

＼ 夜桜、最高！ ／

神苑の池を水鏡にして桜が映り込む光景は夢のよう！

桜 DATA

種類：紅しだれ桜　本数：約300本
庭園名：神苑　時期：4月上旬
情報：ライトアップは「平安神宮桜音夜（さくらおとよ）」時のみ
※詳細は、桜音夜事務局（京都新聞COM内）075-255-9757まで

ぜひ一度は
訪れたい！

春
Spring

高《こう》台《だい》寺《じ》

▶P.110

夜間拝観のパイオニア 光と桜、美の競演

京都のほかの社寺に先駆けて夜間拝観を始めた高台寺は、今も最先端の演出にチャレンジしています。波心庭と呼ばれる方丈前庭や勅使門を舞台にプロジェクションマッピングを行ったり、音楽を組み合わせたり、表現が斬新！

幻想的な夜桜の嵐

＼ とにかく見事 ／

方丈の前に広がる波心庭に幻想的な映像が現れる演出が人気

桜 DATA

種類：しだれ桜、八重桜、ソメイヨシノなど　本数：約50本
庭園名：方丈前庭
時期：3月上旬～5月初旬
情報：ライトアップは［時間］17:00～21:30（受付終了）／［料金］600円

先進的な
仕掛けに感服！

春

春
Spring

城《じょう》南《なん》宮《ぐう》

百花繚乱
春の神苑をお散歩♪

「春の山」には、しだれ梅や椿など春の訪れを告げる花が咲く。「室町の庭」では4月下旬に藤やツツジが、11月下旬に紅葉が楽しめる

時間を忘れて見ていたい 春を知らせる花々の競演

　平安京遷都に際して、国と都の守り神として創建されました。神苑には、「源氏物語」ゆかりの花が随所に植えられ、四季の花に包まれる神社。季節ごとに多くの花が咲き誇ります。趣の異なる五つのエリアがあり、特に華やかなのがしだれ梅が咲く二月下旬。辺り一帯がピンク色に染まり、思わず心が奪われる絶景に。四月には桜が満開に。ツツジと藤が水面に映ると、また違う風情を楽しめます。それぞれの庭を彩る花を愛でながら、ゆっくり散策を！

城南宮　TEL 075-623-0846

京都市伏見区中島鳥羽離宮町7／6:00～18:00、神苑9:00～16:00（受付終了）／神苑800円（7/1～8/31、2/18～3/22は北神苑のみ公開）／近鉄・地下鉄竹田駅から徒歩15分／無休／200台

一部不可

藤 DATA

種類：藤
庭園名：楽水苑「源氏物語 花の庭」
時期：4月下旬
開苑時間：9:00～16:00（受付終了）
料金：800円（2/18～3/22は1000円）

ココがすごい！　☑ 源氏物語ゆかりの花々に彩られた神苑

春
Spring

大《おお》田《た》神《じん》社《じゃ》

平安の昔から有名
歌に詠まれたカキツバタ

創建は不詳だが、上賀茂神社の境外摂社で、相当な古社とされます。国の天然記念物に指定されている大田の沢のカキツバタの群生地が有名で、平安の歌人・藤原俊成が歌に詠みました。凛とした紫と緑に心が洗われるようです。

＼ 上賀茂の古社 ／

鳥居前に「蛇の枕」と呼ばれる石があり、農具で叩くと雨乞いができるそう

カキツバタ DATA

花：カキツバタ
時期：5月上旬〜中旬頃、拝観自由
料金：300円（カキツバタ育成協力金として）

上賀茂神社 TEL 075-781-0907

京都市北区上賀茂本山340／9:30〜16:30／境内自由／市バス上賀茂神社前から徒歩10分／無休／上賀茂神社の駐車場を利用（有料）

春

春
Spring

松《まつの》尾《お》大《たい》社《しゃ》

▶P.154

可憐な黄色が境内随所に
貴重な山吹も探してみて

京都随一の山吹の名所。4月から5月にかけて境内の至るところで山吹が見頃を迎えます。多くは黄色い山吹ですが、庭園の「上古の庭」には貴重な白山吹が！ この時期に合わせて「山吹まつり」が開催されます。

＼ 元気になる黄色 ／

楼門の手前では、一重と八重の山吹が入り交じって咲き誇る

山吹 DATA

花：山吹　本数：約3000本
場所：境内各所　時期：4月末頃〜5月初旬
料金：境内自由だが、白山吹を見る場合は庭園拝観料500円

春
Spring

葵《あおい》祭《まつり》

上賀茂神社 ▶P.76
下鴨神社 ▶P.30

絵巻物から抜け出たような平安貴族にうっとり

優雅な千二百年前にタイムスリップ

正式には賀茂祭《かもさい》という葵祭の起源は、千四百年も前。平安初期には朝廷の行事となって、内親王が神に奉仕する斎王に選ばれました。この斎王の代わりが祭のヒロイン的存在の斎王代で、格式高い十二単をまとうのもそのため。五月十五日の路頭の儀では、この斎王代をはじめ総勢五百人以上、馬、牛、牛車に至るまで、桂の小枝に絡ませた葵の葉で飾ります。行列は、京都御所から賀茂川沿いを進み、下鴨神社、上賀茂神社へ粛々と向かいます。

＼ 行列も見たい！ ／

上／斎王代御禊の儀は5月4日。御手洗川にて。下鴨神社・上賀茂神社隔年で行われる 下／輿に乗る斎王代にうっとり！

祭 DATA

日程:5月1日の競馬足汰式（上賀茂神社）に始まり、さまざまな祭典が。葵祭のメインは毎年5月15日（雨天順延、早朝判断）。

ココがすごい！ ☑ 京都三大祭 ☑ 源氏物語に登場する祭

春
Spring

梅《ばい》花《か》祭《さい》

北野天満宮
▶P.204

梅×きれいどころ 華やかな梅見の宴

梅を愛した菅原道真公の祥月命日に開催。梅が盛りを迎える梅苑では、上七軒のきれいどころの接待でお茶がいただけます。梅の花と舞妓さん・芸妓さんの華やかな饗宴は、京に春を呼ぶ風物詩。

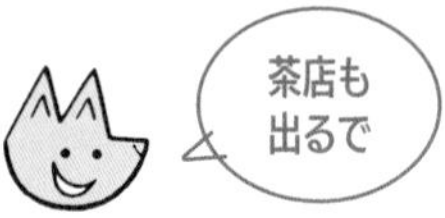

芸妓さん、舞妓さんと愛でる梅の花

祭 DATA

梅種類：約50種　本数：約1500本
庭園名：梅苑「花の庭」
時期：2月25日
時間：9:00～20:00（日没～20時頃ライトアップ）
野点大茶湯：10:00～15:00(2000円)

春

春
Spring

はねず踊《おど》り

随心院
▶P.138

小野小町に思いを馳せて 春爛漫を感じたい

梅の季節のフィナーレを飾るのが、随心院のはねず踊り。里の女の子たちがはねず色（薄紅色）の小袖を着て花笠をかぶり、小町のもとに通った深草少将の百夜通いを題材にしたわらべ歌を背景に踊ります。

はねず色に染まる平安時代の恋物語

祭 DATA

梅種類：はねず梅　本数：約230本
庭園名：小野梅園
時期：3月最終日曜
時間：9:00～16:30（踊りは11:00から3～4回あり）
料金：1000円

夏

Summer

三《み》室《むろ》戸《と》寺《じ》

雨の日も、夕暮れも 人気のアジサイを満喫

上／受付から山門、本堂手前まで、右手にあじさい園がずっと続く 下／夜の帳に包まれ幽玄な光景になるライトアップも大人気

プチ冒険気分で あじさい園の中へ

宇治の山手、黄檗にある三室戸寺は、「あじさい寺」とも呼ばれるアジサイの名所。境内に広がる庭園の広さは、なんと五千坪！住職が率先して管理・整備し続けているあじさい園には、約五十種一万株ものアジサイが咲き乱れます。七七〇（宝亀元）年に光仁天皇の勅願によって創建された古寺。色とりどりのアジサイに囲まれた順路は起伏に富んでいて、絶景スポットも多数。アジサイをモチーフにした可愛いお守りもチェックして♪

宇治 TEL 0774-21-2067

宇治市菟道滋賀谷21／8:30～16:00（4～10月）、～15:30（11～3月）／500円（2～7月、11月は1000円）／京阪三室戸駅から徒歩15分／12月29～31日／300台

アジサイ DATA

アジサイ：西洋アジサイ、額アジサイ、柏葉アジサイ、七段花など、約50種1万株
場所：あじさい園
開園データ：[日時] 6月～7月初旬、8:30～16:30（下山）[料金] 1000円
ライトアップ：[日時] 6月上旬～6月下旬の土・日曜、19:00～20:30／[料金] 1000円

ココがすごい！ ☑ あじさい園 ☑ ライトアップ

柳谷観音《やなぎだにかんのん》

楊《よう》谷《こく》寺《じ》

インスタ映え、バッチリ！
アジサイの新名所

上／アジサイをはじめ季節の花が登場する龍手水　下／広い境内の至る所にアジサイが咲く。奥の院にもお参りしよう

アジサイ咲く境内で眼の健康をお願い

季節の花を使った花手水や、五千株ものアジサイを愛でるあじさいまつりが近年注目を集めています。アジサイモチーフの押し花朱印はマストバイ！　その歴史は八〇六（大同元）年、清水寺開山で知られる延鎮上人が開いた寺院。本尊の十一面千手千眼観世音菩薩は眼病を癒やす仏様で、境内には弘法大師が法力によって眼病平癒の霊水とした「独《お》鈷水《こうずい》」も。眼病を治したいという人や、眼（がん）にかけてがん封じを祈願する人が全国から訪れます。

長岡京　TEL 075-956-0017

長岡京市浄土谷堂ノ谷2／9:00～17:00、御朱印は～16:30／500円／阪急西山天王山駅からタクシーで10分／無休／約100台　※あじさいウィーク期間中は公共交通機関利用

アジサイ DATA

アジサイ：日本、西洋の品種など、約30種5000株
場所：境内各所、特に本堂から奥の院へ向かう参道が美しい
あじさいウィーク：アジサイが咲き乱れる境内を拝観。上書院特別一般公開（別途800円）も実施［日時］6月初旬～7月初旬、9:00～17:00／［料金］700円

ココがすごい！　☑ 花手水　☑ 眼病平癒

この花を見ると「夏が来た」と思う

夏
Summer

両《りょう》足《そく》院《いん》

半夏生は水辺に生息し、60cmほどの高さに育つ。葉が半分化粧したように白くなるため、半化粧から転じたという説もある

初夏の庭園を彩るフシギな白い植物

建仁寺塔頭の両足院は、禅宗の基本的な修行を誰でも気軽に体験できることで有名。花街・祇園に近いとは思えない静けさの中での体験は、心洗われるよう。もう一つ有名なのは、初夏の半夏生《はんげしょう》です。通常非公開の境内が、半夏生が見頃になる時期に合わせて開かれ、お寺が所蔵する文化財も拝観できます。半夏生は、初夏に葉の一部が化粧したように白くなり、白い穂状の花を咲かせる珍しい植物。庭園の池周辺に育つ半夏生は、目にも涼しくて心地良い！

祇園 TEL 075-561-3216

京都市東山区大和大路四条下ル小松町591／通常非公開／京阪祇園四条駅から徒歩7分／無休（坐禅実施日は要HP確認）／近隣駐車場利用

半夏生 DATA

種類：半夏生
庭園名：名勝・書院前庭
時期：6月中旬～7月初旬
情報：初夏の庭園特別公開［日時］6月初旬～7月初旬、11:00～16:00／［料金］1000円

ココがすごい！ ☑ 半夏生《はんげしょう》

夏
Summer

地《じ》蔵《ぞう》院《いん》

竹林を揺らす
風の音が心地いい

夏

竹に囲まれて立つ山門から本堂への参道の竹林は特に美しい。苔と竹が広がる境内は、異空間にまぎれ込んだような気分に

竹に包まれて立つ
一休さんゆかりの寺

美しい苔、眩しい青モミジ、そして爽やかな竹！緑のグラデーションを楽しめる寺院。地蔵院は鎌倉時代の歌人・衣笠家良の山荘があった閑雅な地に立つ寺院で、南北朝時代に管領の細川頼之が夢窓国師を開山として建立しました。一休禅師が幼少期を過ごした寺としても知られます。「竹寺」と呼ばれる通り、山門周辺から本堂まで、寺の周囲は竹、竹、竹。京都市の文化財環境保全地区にもなっている緑あふれる境内で、心を整えてみてはいかが？

松尾　TEL 075-381-3417

京都市西京区山田北ノ町23／9:00〜16:00、7〜8月は〜13:00（受付終了）／500円／京都バス苔寺鈴虫寺から徒歩3分／1月の平日、7〜8月午後／5台

竹林 DATA

種類：竹
庭園名：十六羅漢の庭
時期：通年
情報：境内全域に育つ竹林が美しいことで知られ、「竹寺」といわれる

 ココがすごい！ ☑ 竹寺として有名

夏
Summer

法《ほう》金《こん》剛《ごう》院《いん》

90種類ものハスに極楽浄土を感じる

ハスは、泥の中に凛と咲く美しさが仏の心を表し、極楽浄土に咲く花といわれる。そのため仏教寺院で多く見られる。見頃は早朝

平安時代にトリップ！幻想的なハス景色

ここはもしや極楽浄土？そんな風に思ってしまうほど、美しいハスの景色が見られる法金剛院。平安時代初期の右大臣・清原夏野の山荘が起源の寺で、平安時代末期、鳥羽天皇の中宮・待賢門院が入り栄えました。待賢門院が極楽浄土をイメージして造ったという庭園には、桜やアジサイなど季節の花々が咲き、特に有名なのが夏のハス。世界中から集められたという色や大きさも様々なハスが、礼堂や大池周辺で極楽さながらに美しい花を咲かせます。

妙心寺 TEL 075-461-9428

京都市右京区花園扇野町49／毎月15日開門 9:30～16:00（最終受付）／500円／市バス花園扇野町から徒歩2分／不定休（特別公開あり）／20台 ※法金剛院HP要確認

一部不可

ハス DATA

種類：約90種（大賀ハス、即非蓮、王子蓮など）
時期：7月上旬～8月初旬
情報：観蓮会（かんれんえ）。ハスの花が見頃の3週間は7:30～12:00（最終受付）／［料金］500円
※期間等、要HP確認

ココがすごい！ ☑ 90種もあるハスの寺

夏
Summer

勧《か》修《じゅう》寺《じ》

ハスの花に仏様 心の目で探してみる？

池泉式庭園の氷池園は京都市の名勝。ハスは朝早く開き、午後も夕刻まで咲いている。境内は様々な植物が育ち、季節の花が出迎える

観音様のもとで咲く たくさんのハス

夏になったら、ひと足伸ばしても見に行きたい勧修寺のハス。勧修寺は平安時代の九〇〇（昌泰三）年に醍醐天皇が創建した寺で、現在は江戸時代の再興時に宮中から下賜された優美な建物が並び立ちます。人々を魅了するのは、庭園の氷室池に群生して咲く、紅重台《べにじゅうだい》というハス。紅色の八重の花をつける紅重台ひと色で、池を満たしています。池のほとりに立つ優美な観音堂と、夏の日差しに負けない美しいハスとのコラボに、目を奪われることでしょう。

醍醐 TEL 075-571-0048

京都市山科区勧修寺仁王堂町27-6／9:00～16:00（最終受付）／500円／地下鉄小野駅から徒歩6分／無休／30台

ハス DATA

種類：1種（紅重台）、300～400本ほど
庭園名：氷池園（ひょうちえん）
時期：7月中旬～9月初旬
情報：書院は通常非公開だが庭園は拝観可。カキツバタや花菖蒲、半夏生の名所でもある

夏

Summer

祇《ぎ》園《おん》祭《まつり》

コンコンチキチン♪
日本が誇る「京の夏」

ボルテージ最高潮！
豪華絢爛な山鉾巡行

貞観十一（八六九）年に始まった祇園祭は、都の平安を願い七月の一カ月間に様々な神事が行われます。そのハイライトが、十七日前祭・二十四日後祭の山鉾《やまぼこ》巡行《じゅんこう》。動く美術館といわれる華麗な山鉾が、八坂神社の氏子地域を巡ります。この巡行はお神輿のためのいわば露払い。山鉾の華やかさとお囃子の音色で厄を集め、清浄になった町を神輿が渡御します。巡行の日の夕方にある、主要行事といえる神輿渡御も必見です。巡行前の三日間の宵山《よいやま》は、各山

ココがすごい！ ☑日本三大祭 ☑動く美術館

神幸祭は17日18時から祭の主役である3基の神輿が、八坂神社から御旅所へ。石段下では差し上げや差し回しなどが行われる

祭 DATA

祇園祭スケジュール	
7/1〜	吉符入り
7/2〜	くじ取り式
7/10〜14	前祭山鉾建て
7/14〜16	前祭宵山
7/17	前祭山鉾巡行、神幸祭
7/18〜21	後祭山鉾建て
7/21〜23	後祭宵山
7/24	後祭山鉾巡行、花傘巡行、還幸祭
7/10・28	神輿洗神事
7/31	疫神社夏越祭

山鉾巡行 MAP

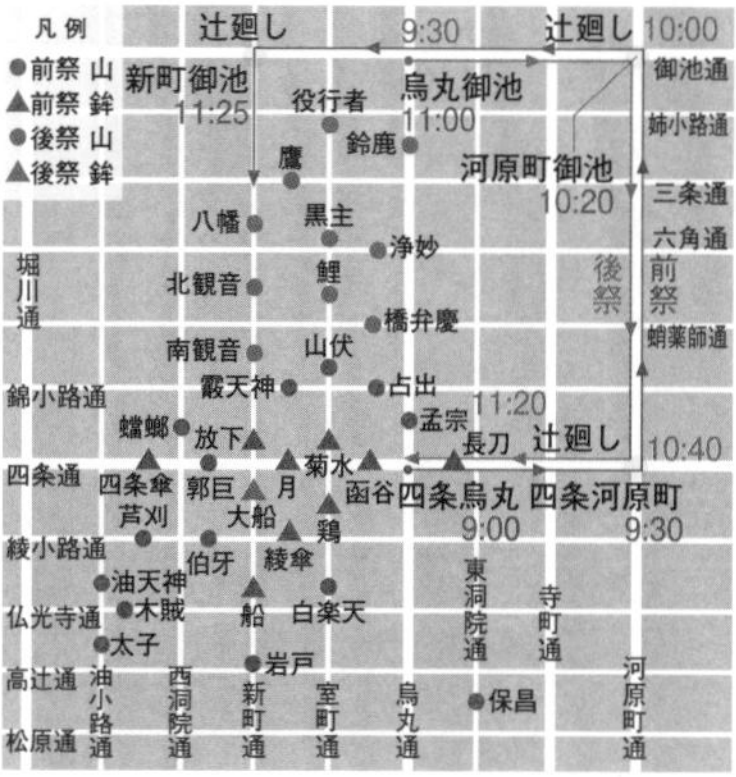

八坂神社 ▶P.208

鉾町の会所で山鉾の御神体や台座に掛かる懸《けん》装《そう》品《ひん》を間近に見られます。各山鉾には様々なご利益もあるので、厄除け粽や限定御朱印などを目当てに参拝して回るのも祇園祭の楽しみ方！

夏
Summer

御《み》手《たら》洗《し》祭《まつり》

下鴨神社
▶P.30

冷たい水に足を浸して無病息災を願おう

罪や穢れを祓うお祭りで、別名「足つけ神事」とも。御手洗社まで池の中を進み、ろうそくを献灯します。禊の名にふさわしい冷水は地下から湧き出るもの。足の先から体が清められていくようで神聖な気持ちになれます。

＼ 人気のお祭り ／

提灯がともり、下鴨神社の楼門や本殿も雰囲気たっぷり

夜の水遊び？実は穢れを祓うお祭り

御手洗祭 DATA

[場所] 下鴨神社 御手洗社・御手洗池
[日] 7月の土用の丑の日（前後10日間）
[時] 9:00〜20:00
[料金] 祈願料300円

夏
Summer

千《せん》日《にち》詣《まい》り

清水寺
▶P.64

いざ菩薩様との縁日へ！宵まいりもオツなもの

清水寺の本尊・千手観音菩薩との縁日である期間に開催され、名前の通り、1日のお参りで千日分のご利益を授かるとされています。毎年お盆の8月9〜16日に詣でる行事で、14〜16日の3日間は夜にも内々陣を参拝できます。

＼ 景色バツグン！ ／

清水寺は夕日の名所でもある。西門外から見る市街の景色も必見

提供　清水寺

1000日分のお参りと同じご利益が!?

千日詣り DATA

[場所] 清水寺 本堂（内々陣特別拝観）
[日] 8月9〜16日
[時] 9:00〜17:00（受付終了）
[料金] 400円
[夜の特別拝観] 8月14〜16日、18:30〜21:00(受付終了) [料金] 400円

夏
Summer

六《ろく》道《どう》まいり

六波羅蜜寺

▶P.244

鐘の音で精霊を迎える お盆の始まりの行事

京都のお盆は、迎え鐘をついて先祖の霊（精霊）を迎える「六道まいり」に始まります。六波羅蜜寺では、夜には同じく精霊を迎える「萬燈会」を行います。これは開山の空也上人から始まり、五山の送り火の原型となったそう。

ご先祖様、ようこそ お盆にお帰りなさい

\ これも風物詩 /

六波羅蜜寺は、あの世とこの世の境目といわれる「六道の辻」に位置する

六道まいり DATA

[場所] 六波羅蜜寺 本堂
[日] 毎年8月7～10日
[時] 6:00～21:00頃 (8月7日のみ8:00～17:00) [料金] 境内無料

夏
Summer

五《ご》山《ざん》の送《おく》り火《び》

精霊のお帰りを見届ける 少し物悲しい夏の終わり

京都の夏の風物詩として知られる五山の送り火には、お盆で迎えた精霊を再び送る意味が込められています。東山の大文字から、京都を取り囲む五山に順々と点火。ご先祖様を見送ると同時に、過ぎゆく夏を惜しむのもまた一興。

山を焦がす炎は 魂を見送る道しるべ

\ また来年～ /

大文字から妙法、船形、左大文字、鳥居形の順に点火される

五山の送り火 DATA

[場所] 京都市内各所
[日] 毎年8月16日
[時] 20:00～21:00 各送り火の点火時間約30分、気象条件により点火時刻の変更あり

秋
Autumn

瑠《る》璃《り》光《こう》院《いん》

映り込みが美しすぎる…

ワイドスクリーンいっぱいの紅葉！

自然と建築が演出する紅葉パノラマビュー

青モミジや紅葉の名所・八瀬に立つ瑠璃光院は、春と秋のみ公開される寺院。秋に出合える絶景といえば、数寄屋建築の書院から見える瑠璃の庭と紅葉のグラデーション！特に書院の二階では、建物の窓枠や手すり、調度品と紅葉が織り成す幻想的な光景を視界いっぱいに楽しめます。リフレクション・モミジともいえるこの光景、青モミジの時期も見られるのであわせて訪れよう。境内に残る三条実美ゆかりの茶室や八瀬のかま風呂もチェックを。

ココがすごい！ ☑ リフレクション・モミジ ☑ 春と秋の公開

瑠璃の庭は、瑠璃色に輝く浄土の世界を表現。数十種の苔が見事

紅葉 DATA

種類：カエデほか50種以上　本数：約200本
庭園名：瑠璃の庭
期間：2023年は10月1日～12月10日予定
※11月1日～31日は完全予約制
情報：春は4月中旬～6月下旬に公開

八瀬大原

TEL 075-781-4001（通常非公開）

京都市左京区上高野東山55／10:00～17:00（16:30受付終了）／2000円／叡山電鉄叡山本線八瀬比叡山口駅から徒歩5分／公開中は無休／なし

毘《び》沙《しゃ》門《もん》堂《どう》

山門へと続く紅葉のレッドカーペット

上／散り紅葉の光景で有名な勅使坂　左／江戸初期に造られた晩翠園。11月下旬から12月初旬にかけて境内のあちこちが紅葉スポットに

天然の赤で染まる秋のアプローチ

京都市街の東、山科にある毘沙門堂は、七〇三（大宝三）年に文武天皇の勅願で開かれた門跡寺院。本尊に伝教大師の作と伝わる毘沙門天を祀り、商売繁盛や家内安全を願う人が多く訪れるとか。山手にあり静かな雰囲気の境内は桜と紅葉の名所で、中でも勅使門周辺や勅使坂の秋景色は圧巻！ 境内の紅葉シーズンの終わり頃、坂道を埋め尽くす敷き紅葉が見られます。そのほか、弁天堂周辺では紅葉とドウダンツツジによる真っ赤な共演も楽しもう。

山科　TEL 075-581-0328

京都市山科区安朱稲荷山町18／8:30～最終受付16:30（12～2月は～最終受付16:00）／境内自由、拝観500円／JR山科駅から徒歩20分／無休（臨時休あり、HP要確認）／10台程

紅葉 DATA

種類：カエデ、モミジ
庭園名：晩翠園
時期：11月下旬～12月初旬
情報：11月下旬に祈願千燈会（11:00）、もみじ祭を開催予定

ココがすごい！ ✓ **勅《ちょく》使《し》坂《ざか》の敷き紅葉**

秋
Autumn

祇《ぎ》王《おう》寺《じ》

静寂の境内に降る紅葉のシャワー

『平家物語』に登場する美しき白拍子・祇王ゆかりの寺。平清盛の寵愛を失った祇王が隠棲した、癒やしの地といわれます。秋は苔に覆われた境内に赤や黄色の紅葉が降り注ぎ、夢のような光景に！

紅葉 DATA

種類：モミジ
時期：11月下旬～12月上旬
紅葉シーズンが深まるにつれ、苔庭が散り紅葉で覆われ真っ赤に染まる

祇王の心を癒やした降り注ぐ散り紅葉

嵯峨　TEL 075-861-3574

京都市右京区嵯峨鳥居本小坂町32／9:00～16:30（受付終了）／300円／市バス嵯峨釈迦堂前から徒歩15分／無休（1/1休）／なし

秋
Autumn

大《おお》原《はら》野《の》神《じん》社《じゃ》

鳥居から境内へ続く紅葉のトンネル

長岡京遷都の際に奈良の春日大社の分霊を祀ったのが始まり。紅葉の名所として古くから愛され、平安時代の歌人・藤原伊家も歌に詠みました。一の鳥居から約200m続く参道をはじめ絶景尽くし！

紅葉 DATA

種類：カエデ　本数：約300本
時期：11月中旬～下旬
情報：広大な神域には、紅葉が多く特に200mの参道を覆う紅葉が見事。鯉沢池のほとりの紅葉も美しい

平安人も愛した紅葉の絶景！

大原野　TEL 075-331-0014

京都市西京区大原野南春日町1152／境内自由／阪急電車桂駅で市バス臨西2番に乗り換え、南春日町から徒歩8分（山側へ向かって）／無休／90台（有料）

秋 Autumn

真《しん》如《にょ》堂《どう》

赤から黄色のグラデも美しい古刹の秋景色

本堂前の赤・黄・緑に染まるハナノキに始まり、三重塔を仰ぐ参道から本堂裏へ。紅葉が移ろい、長い期間、紅葉狩りが楽しめます。12月には裏庭一面が散り紅葉に！ その風情を求めて訪れる人も。

晩秋の風情もいいね

紅葉 DATA

種類：ハナノキ、イロハモミジなど
本数：多数
時期：11月下旬〜12月初旬

お堂を引き立てる
鮮やかな散り紅葉

哲学の道 TEL 075-771-0915

京都市左京区浄土寺真如町82／9:00〜15:45(受付終了)／通常500円・特別拝観1000円(3月、11月初旬〜12月上旬)／市バス真如堂前・錦林車庫前から徒歩8分／無休／紅葉の時期は駐車禁止

一部不可

秋 Autumn

実《じっ》相《そう》院《いん》門《もん》跡《ぜき》

ピンポイントなら晴れた日の午後

京都で「床もみじ」といえば、まずこちら。磨き抜かれた漆黒の床に紅葉した木々が映り込み、風に吹かれて動く様子は、夢幻的という言葉がぴったり。日差しのある時が、特に美しく映えるそう。

幻想的やなぁ〜

紅葉 DATA

種類：大モミジ、イロハモミジ、ヤマモミジ
本数：約200本
時期：11月中旬〜12月初旬
※注意事項：床もみじの撮影、三脚使用の撮影は禁止されています

元祖・床もみじ
揺らめく赤に感動

岩倉 TEL 075-781-5464

京都市左京区岩倉上蔵町121／9:00〜17:00／500円／京都バス岩倉実相院からすぐ／不定休／あり

秋
Autumn

東《とう》福《ふく》寺《じ》

▶P.114

見下ろせば海のよう 京都随一の紅葉

京都を代表する名所中の名所。通天橋から見下ろす渓谷・洗玉澗には2000本もの紅葉が群生し、湧き立つ赤い雲のよう。中には通天紅葉と言われる黄金に輝く三つ葉カエデもあるので、探してみよう。洗玉澗に下りて散策することもでき、渓谷の上からも下からも紅葉狩りを楽しめます。

赤雲海に浮かぶ
夢のかけ橋

紅葉 DATA

種類：イロハモミジ、カエデなど
本数：約2000本
時期：11月上旬～12月初旬
紅葉期間：11～12月第1日曜は8:30～16:00
情報：紅葉期間中は橋の上で立ち止まること、三脚を使っての撮影は禁止。また駐車場も使用不可

秋は開門が
早まるそう

秋
Autumn

北《き》野《の》天《てん》満《まん》宮《ぐう》

▶P.204

人まで染める 紅葉のアーチ

豊富秀吉公が洛中洛外の境界として築いた御土居《おどい》が、今では京都指折りの紅葉名所に。樹齢350年以上の古木もあり、紅葉の杜になります。苑内を流れる紙屋川に覆い尽くす紅葉や、水面を染める散り紅葉にもうっとり。鶯橋の上からは、折り重なる紅葉と川岸の絵のような光景を観賞できます。

紅葉が降る渓谷は、
“御土居”のもみじ苑

紅葉 DATA

種類：イロハカエデ、オオモミジなど
本数：約350本
時期：11月中旬～12月初旬が見頃
もみじ苑：2023年は10月28日～12月3日、9:00～16:00、1200円（茶菓子付）、ライトアップは11月11日～12月3日、日没～19:30（最終受付）

色彩あふれる
別世界！

東《とう》寺《じ》

▶P.18

秋の夜長は、紅葉×五重塔の豪華ライトアップで

月や水鏡も麗しい別次元の美しさ

東寺のライトアップは鳥肌ものの美しさ。きらめく紅葉から顔をのぞかせる五重塔は、光を浴びて黄金色に。瓢箪池には塔が水面に映り、見上げれば月。空気が澄む季節だからこそ、いろいろなバージョンでくっきりとした紅葉と塔とのコントラストが楽しめます。慶賀門を入ってすぐのお堀にも紅葉が映り込んでいるのでお見逃しなく。金堂・講堂の夜間拝観も行われます。ちなみに、回遊式なので、門前に行列が出来ていても意外にサクサク進みます。

＼ 京のシンボル！ ／

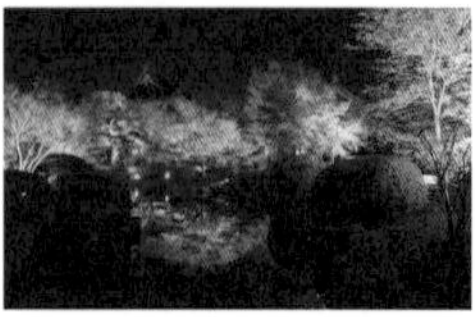

昼と夜ではまったく違う表情をみせる東寺の五重塔。紅葉はカエデのほか桜も多く、赤や黄色のグラデーションが鮮やか

紅葉 DATA

種類：イロハモミジなど
本数：約200本
時期：2023年は11月1日～12月10日
時間：18:00～21:00（最終受付）
料金：1000円（昼夜入替制）

ココがすごい！ ☑ 紅葉と五重塔のコラボ

秋
Autumn

永《えい》観《かん》堂《どう》 禅《ぜん》林《りん》寺《じ》

▶P.108

頭上も足元だって ファンタジック

　紅葉でダントツ人気の永観堂。夜は一番高い所にある多宝塔が闇夜に浮かび上がり、神々しいばかり。紅葉が群生する方丈池は、水面に紅葉と錦雲橋が映り込んで幻想的！ゆっくり歩いて観賞を。

水面がまるでキャンバス

紅葉 DATA

種類：イロハモミジなど
本数：約3000本
時期：例年11月上旬～12月上旬
時間：17:30～20:30
料金：600円（昼夜入替制）

厳かできらびやかな
「秋はもみじの永観堂」

秋
Autumn

圓《えん》徳《とく》院《いん》

巨岩と紅葉は まるで秀吉とねね

　ねねが晩年を過ごした寺。ライトアップのハイライトは、伏見城の遺構でもある北庭。桃山時代の庭園らしい豪壮な石組みと、巨岩に寄り添う紅葉とのコントラストは、秀吉とねねにたとえられることも。

高台寺との共通券あり

紅葉 DATA

種類：イロハモミジなど
本数：約100本
時期：2023年は10月21日～12月10日予定
時間：17:00～21:30
料金：500円

ゆっくり座って見たい
絵のような夜紅葉

清水寺　TEL 075-525-0101

京都市東山区下河原町530／10:00～17:00（受付終了）／500円／市バス東山安井から徒歩7分／無休／高台寺駐車場利用

秋
Autumn

時《じ》代《だい》祭《まつり》

平安神宮
▶P.152

まるで動く博物館

龍馬も、信長も、いるっ！

ファッションの時代考証ばっちり

京都三大祭の一つ。東京遷都で意気消沈する京都を盛り上げるために、平安遷都千百年記念の明治二十八年に始まりました。時代行列に参加するのは総勢二千人。山国隊が演奏する笛や太鼓の音色を先頭に、約二キロの道程を、明治維新時代から平安京の造営された延暦時代にさかのぼる形で進みます。すごいのは、髪形や衣装、祭具類などが、すべて時代考証を重ねた史実に基づくものであること。紫式部や淀君らのファッションチェックもお楽しみ。

時代祭 DATA

日程：例年 10月22日※雨天の場合は翌日に延期（当日早朝判断）
順路：京都御苑（正午頃）、御池通（12:50頃）、平安神宮道(14:20頃)
有料観覧席：京都観光Navi時代祭サイト要参照
問い合わせ：時代祭の実施、順延については京都観光Navi時代祭サイトにて当日7時（予定）から案内

ココがすごい！ ☑ 動く歴史風俗絵巻

秋
Autumn

萩《はぎ》まつり

境内一円萩の花
狂言や舞の奉納も

　清楚な萩が咲き競う名所と知られる梨木神社。祭り期間のうち、メインは日曜日。神饌とともに萩の花と鈴虫、献詠短冊を神前に供え、狂言、日舞、邦楽、弓術、居合など様々な芸能が奉納されます。

萩まつり DATA

場所：梨木神社 境内
日：9月第3または第4日曜前後
時：10:00～15:00
料金：無料（抹茶席は1000円）
神事や奉納行事は当日変更・中止になる場合あり。年によって奉納演目は変わる

萩の宮で行われる
風流な秋の祭典

京都御所周辺　TEL 075-211-0885

梨木神社（なしのきじんじゃ）／京都市上京区寺町通広小路上ル染殿町680／9:00～17:00頃／境内自由／市バス府立医大病院前から徒歩3分／無休／なし

秋

秋
Autumn

梵《ぼん》燈《とう》のあかりに親《した》しむ会《かい》

暗さを楽しむ
ライトアップ

　通常非公開の東林院で開催。メインとなる蓬萊の庭には、800本ものろうそくが揺らめきながら、禅語から抜粋する文字を描き出し、白砂や苔を照らします。禅寺らしい静寂の秋の宵を体感して。

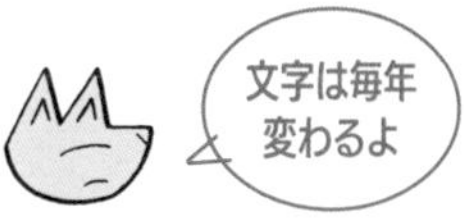

行事 DATA

場所：東林院 境内
日：2023年は10月13～22日
時：18:00～20:30
料金：700円
通常非公開の宿坊だが、6月の「沙羅の花を愛でる会」や、毎週火・金曜の「精進料理を体験する会」なども人気

たぶん、京都で一番
静かな夜間拝観

妙心寺　TEL 075-463-1334

東林院（とうりんいん）／京都市右京区花園妙心寺町59／通常非公開／催しにより異なる／JR花園駅から徒歩8分／10台

冬
Winter

貴《き》船《ふね》神《じん》社《じゃ》

▶P.213

雪が降ったら、あの人を誘いたくなる

非日常に誘う雪の灯り 貴船を見るなら冬がいい

古来、水の神様として親しまれている貴船神社がある貴船は、京の奥座敷と言われ、冬は積雪が多い土地。四季折々の景色は冬が特に美しく、降雪の日限定のライトアップでは表参道の春日灯籠や社殿に明かりがともされます。白銀と相まった幻想的な世界に浸りましょう。

雪の日ライトアップ DATA

名称：積雪日限定ライトアップ
開催日：開催する可能性がある日を、貴船神社HPにて発表
時間：夕暮れ～20:00
場所：本宮のみ
料金：無料

ココがすごい！ ☑ 雪の日だけのライトアップ

天《てん》龍《りゅう》寺《じ》

▶P.72

気がつけば、私も水墨画の一部でした。

しんと静かな水面に雪の白さが際立つ名庭園

天龍寺を訪れるならマストでチェックしたい曹源池庭園は、山が雪化粧する貴重なタイミングが狙い目。大方丈からは借景の亀山や嵐山を含む全景が望め、室内からは庭園が額で縁取られた絵画のように見えます。鏡のような池に、雪をまとった白い木々が映りいっそう美しく神秘的。

雪景色 DATA

雪が降りそうな日：1～2月
おすすめの時間：曹源池庭園の参拝時間は8:30～。雪が降った翌朝、開門早々の参拝がおすすめ

 ココがすごい！ ✓ モノトーンの史跡・特別名勝庭園

冬
Winter

除《じょ》夜《や》の鐘《かね》

知恩院
▶P.142

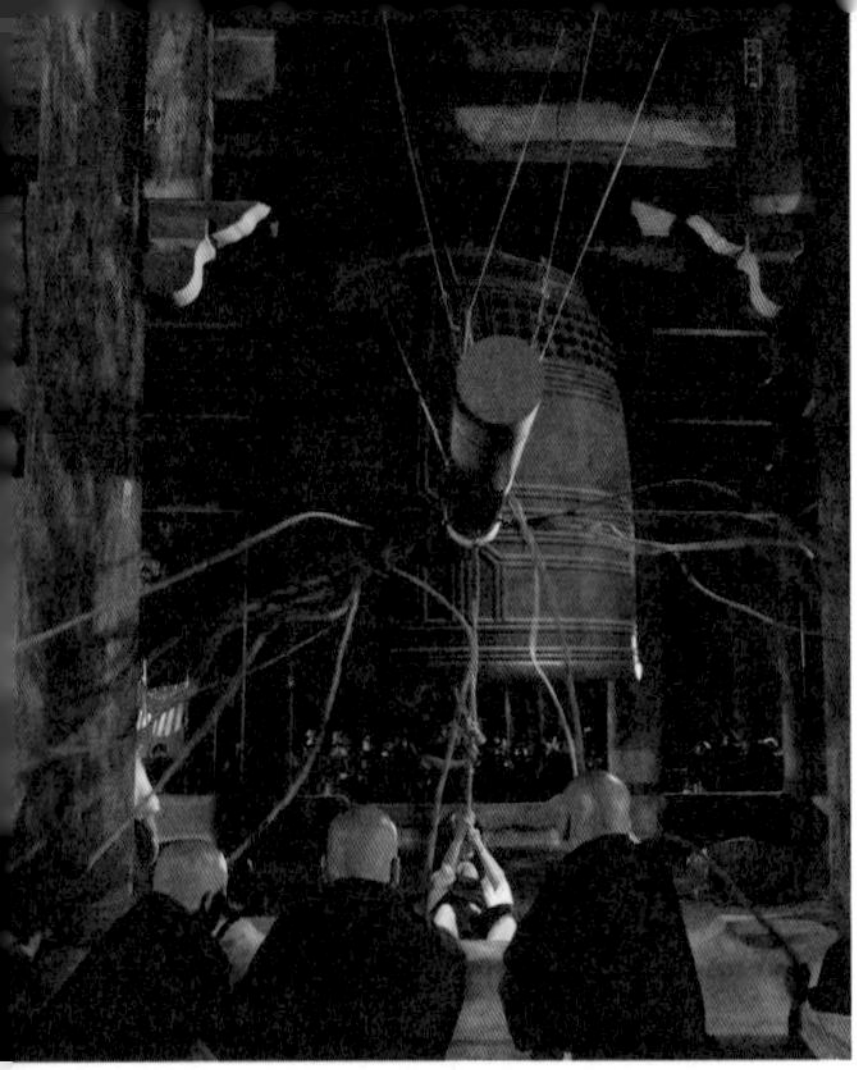

鐘の撞き方も強烈インパクト

日本三大梵鐘に数えられる大鐘を、17人がかりで撞くダイナミックな除夜の鐘。独特の掛け声とともに、親綱を持つ僧侶が仰向きに体を反らせ撞く様子は、ライブ感満載。迫力ある音色をぜひ現場で。

除夜の鐘 DATA

場所：知恩院 大鐘楼
日時：12月31日22:40〜翌0:20頃、参詣者は見学のみ。撮影での三脚、フラッシュの使用不可。※詳細はHP要確認

ライブで聞きたい！
えーいひとつ、そーれ

熱気ムンムンの
年越しだね

冬
Winter

をけら詣《まい》り

八坂神社
▶P.208

見ているだけでも京都を感じる

大晦日夜から焚かれる「をけら火」を吉兆縄に移し、消えないようにクルクル回して持ち帰る年末の風物詩。電車などには持ち込めませんが、途中で消しても大丈夫。燃え残った火縄は火伏せのお守りに。

をけら詣り DATA

場所：八坂神社
日時：12月31日19:30〜1月1日5:00
料金：境内自由、吉兆縄（有料）

一年の始まりは、
火縄クルクル

新年の
縁起物やね

鬼《おに》やらい

大暴れする3色の鬼を追い払う神事

上／泣く子もいるほどの迫力。大人でもちょっと怖い！ 左／859（貞観元）年創建の古社。2・3日は約800店の露店が並ぶ

平安時代から伝わる鬼は外～の起源

京都で数ある節分祭の神事のうち、欠かせないのが「鬼やらい」と呼ばれる吉田神社の追儺式（ついなしき）。平安初期から宮中で行われていた儀式で、古式に則り現在に伝承されています。本宮前に大声を発しながら現れた赤鬼、青鬼、黄鬼を、黄金四つ目の面を付け大きな矛を持った方相氏らが舞殿を回って追い詰め、弓矢で疫鬼を追い払います。鬼（悪神）を祓って厄を退ける鬼やらいは、平安京の鎮護神として崇敬される吉田神社の重要な祭礼の一つです。

百万遍　TEL 075-771-3788

吉田神社（よしだじんじゃ）／京都市左京区吉田神楽岡町30／社務所9:00～17:00／境内自由／市バス京大正門前から徒歩5分／無休／20台

一部不可

鬼やらい（追儺式）DATA

場所：吉田神社 境内
日時：2月2日18:00～（節分祭は2月2～4日）
料金：無料
節分祭中は駐車場利用不可

京都社寺

OMIYAGE CATALOGUE

おみくじ

じわじわと注目度アップのおみくじ。お告げをいただいたあとも、
置物として飾っておけるのが楽しい。ありがた〜いお言葉とともに、
社寺の“アイドル”をいただいて帰ろう！

神様のお使いが
＼ こんなに可愛く ／

大原野神社の神鹿みくじ700円。奈良・春日大社と同じくこちらも鹿が神の使い
P.185

上賀茂神社の馬みくじ 500円。木彫りの馬がお告げをくわえる。赤と青の2色　P.76

両足院の寅みくじ 700円。寅年・寅月・寅刻に現れた毘沙門天が両足院を守っている
P.174

城南宮の神馬（しんめ）のおみくじ 500円。神馬のフォルムがキュート！ 鞍に城南宮の神紋が　P.168

癒やし系だけど守りはシッカリ

東寺の招き猫みくじ 300円。猫の表情は一体ずつ微妙に違う！　P.18

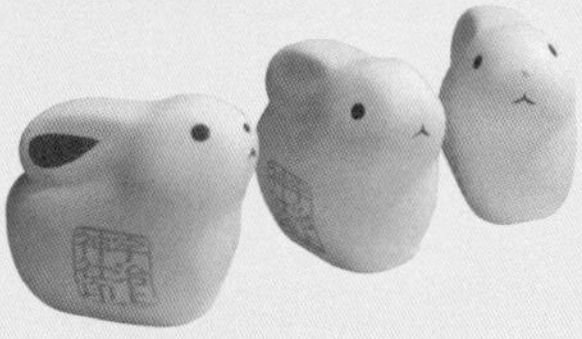

宇治上神社のうさぎのおみくじ各300円。うさぎは神の道案内役　P.86

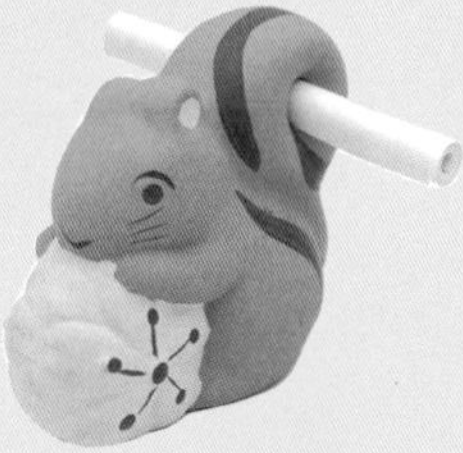

平野神社、りすのおつげ 800円。リスは祭神のお使いだそう　P.164

家に置けば運気アップ

萬福寺の布袋おみくじ500円。天王殿の布袋尊にソックリ！　P.238

聖護院門跡の法螺（ほら）みくじ 500円。ルックスとセンスに脱帽！　P.136

仕事のデスクに置くのも◎

市比賣神社の姫みくじ1000円。境内の天之真名井に納めて祈願を　P.224

上賀茂神社の八咫烏みくじ 500円。キリッとした顔と丸い体が特徴　P.76

京の三大狂言

京都では行事でも、四季を感じられる。昔から民衆が
親しんできた念仏狂言もその一つ。壬生狂言は節分・春・秋のお楽しみ。

右／人気の演目「土蜘蛛」。豪華な衣装と土蜘蛛が白い糸を撒くダイナミックなアクションは見もの　左上／毎年恒例の「節分」　左下／「炮烙割り」に思わず拍手！

笑って学べる
元祖・体験学習

壬生寺《みぶでら》

念仏狂言は、鎌倉時代、円覚上人が念仏の教えを大衆に広めるために始めたもの。楽しむ要素を取り入れて仮面喜劇になっています。壬生狂言は、勧善懲悪や因果応報の教えを、後ろの者にもよくわかるよう、声ではなく身振り手振りのパントマイムでユーモラスに演じて、江戸時代には娯楽としても人気に。「カンデンデン」の鉦と太鼓のBGMに合わせ、現在では演目三〇番のうち一日に五番ずつを上演。迫力満点なのが、春秋の毎日序盤に演じられる「炮《ほう》烙《らく》割《わ》り」。節分に奉納された素焼きの皿千枚を、厄除けを祈願して高さ三メートルの舞台から一気に落とすと大きな歓声が上がります。途中入場・退出もOKなので、郷土色あふれる狂言を楽しもう。

＼ここでも見られる！／

千本ゑんま堂大念仏狂言
千本ゑんま堂にて
わかりやすい有言仮面喜劇。五月一～五日の夜に上演

嵯峨大念仏狂言
清凉寺にて ▼P.104
重文の無言劇。春秋の定期公演、お松明式で上演

壬生　TEL 075-841-3381

京都市中京区坊城通仏光寺上ル／8:30～16:30／境内自由／市バス壬生寺道から徒歩3分／無休／なし

一部不可

◆壬生狂言は重要無形文化財に指定。公開4/29～5/5、10月連休3日間、節分前日・当日。時間13:00～17:30(5/5は夜の部あり)(節分は～20:00、演目は「節分」のみ8番を上演)、鑑賞料1000円(節分は無料)

お願い、叶えたい！

5、ご利益

CHAPTER.5 DIVINE FAVOR

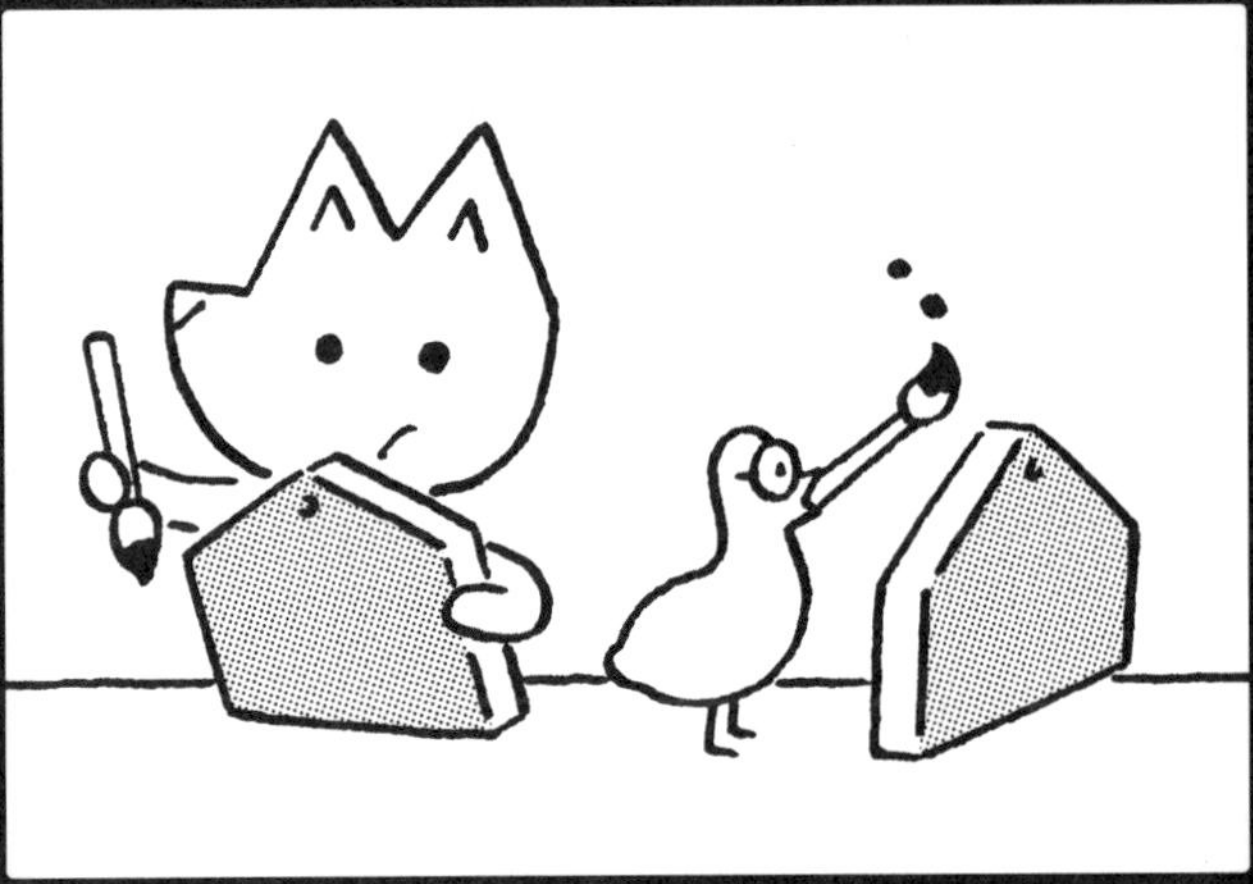

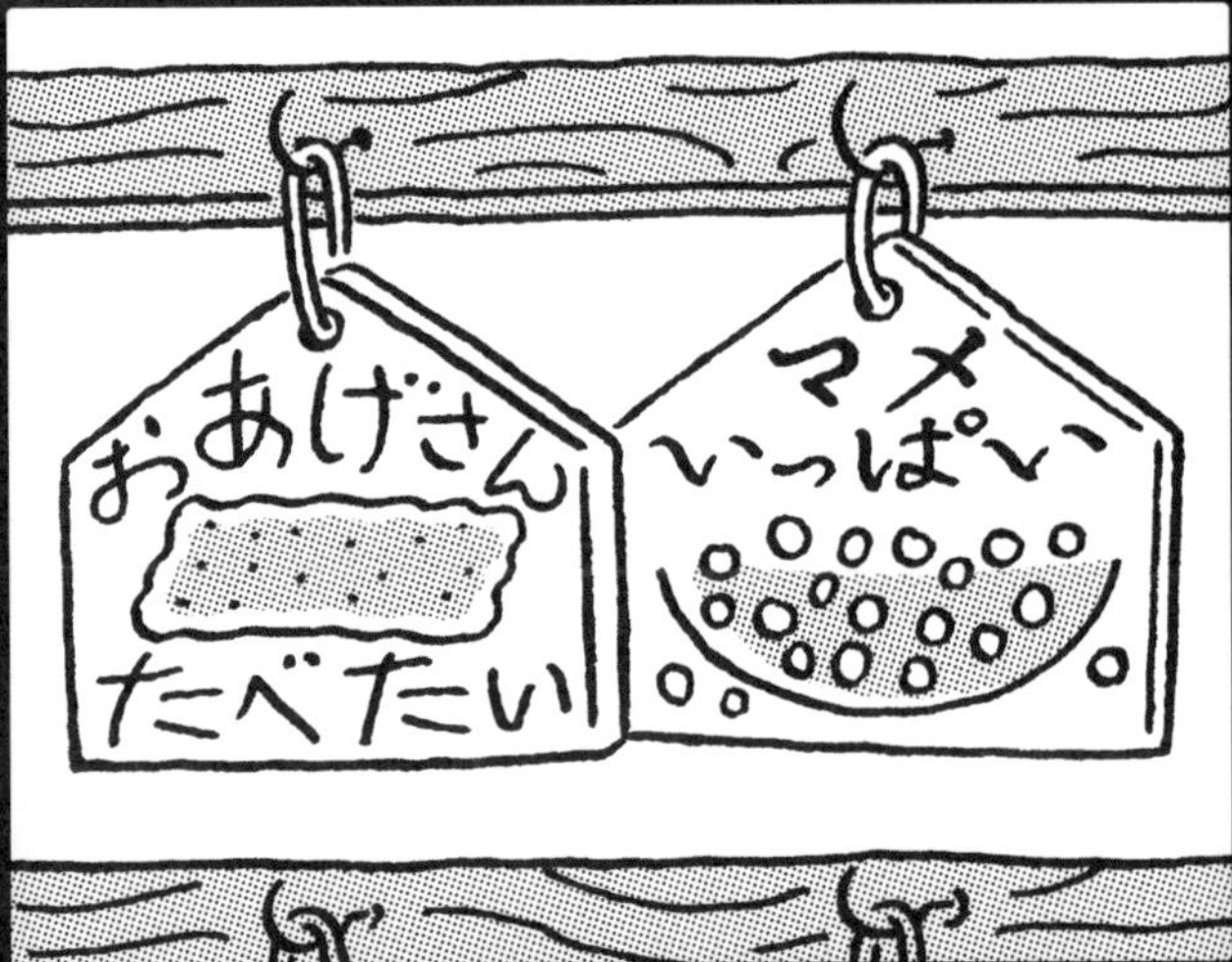

開運

伏《ふし》見《み》稲《いな》荷《り》大《たい》社《しゃ》

ココがすごい！　☑ 千本鳥居　☑ お山めぐり

お山めぐりは まるでお参りテーマパーク！

全国約3万社の稲荷神社の総本宮。鳥居、日本最大規模の楼門など、目にも鮮やかな建築物が並ぶ

フォトジェニック！ 千本鳥居からお山へ

初詣の人出は日本有数、旅行クチコミサイトでは「外国人が行きたい」ナンバー1スポットに選ばれる、いまや世界の「おいなりさん」。特に生命とパワーの象徴である朱色の鳥居が、ぎっしりとトンネルのように続く千本鳥居の光景は、神秘的で写真映え！ 千本鳥居を抜ければ稲荷山の中腹、そして山頂へ。伏見稲荷大社は、稲荷山が丸ごと神域なので、鎮座する神様も本当にたくさん。できれば早朝、人のまだ少ない時間に訪れて、厳かな空気を全身で感じ取ってみたい。

ご利益 DATA

◎ 商売繁昌、事業の繁昌
◎ 家内安全、家族の健康
◎ 交通・道中安全

商売繁昌・五穀豊穣の神様として有名だけど、様々な願いを聞き届けてくださる。

伏見

TEL 075-641-7331

京都市伏見区深草薮ノ内町68／境内自由（授与所8:00～18:00）／境内自由／JR稲荷駅からすぐ／無休／250台（普通車専用）

一部不可

上／まずは本殿に参拝
下／有名な千本鳥居

神様の使い・白狐をおもしろウォッチング

稲荷とは、もともと「いねがなる」という意味だったそうで、稲荷大神※1は五穀豊穣の神様として信仰されてきました。鎮座は七一一（和銅四）年。伝承によると、この頃全国的に五穀の実りの悪い年が続いたので、稲荷山に大神を祀ったとも。各産業が発展し活発になってくると、商売繁昌の一大聖地に。伏見稲荷名物の千本鳥居は、江戸時代以降、願いが「通った」感謝と、願いが「通りますように」と祈りを込めて崇敬者が奉納したもので、いかに信仰を集めてきたかの証しでもあります。あちこちで見かける狐の像は、稲荷大神様のお使い。様々な表情やポージングのきつねさんがいるので、見比べてみて。口にくわえているのは、宝珠、鍵、稲穂など。

歩きやすい靴で、いざご利益をいただきに！

ご利益は、商売繁昌だけにあらず。稲荷山には、テーマパークばりに様々なお社やご利益スポットが存在します。本殿参拝後、稲荷山に向かう熊鷹社※2のこだまが池は、手を叩いてこだまの音が聞こえた方向に人を含む探し物の手掛かりがあるという予言の池。お山の頂上、一ノ峰の上社を参拝したら下り道。喉の神様を祀るおせき社、無病息災の薬力社、眼の神様の眼力社などがあります。三ケ峰※3を巡って運気上昇&パワーアップ！

注目KEYWORD

※1【稲荷大神《いなりおおかみ》】宇迦之御魂之大神（うかのみたまのおおかみ）をはじめ五柱の神々の総称。商売繁昌、五穀豊穣、諸願成就のご利益があるとされる。

※2【熊鷹社《くまたかしゃ》】こだまが池のほとりにあり、熊鷹大神を祀る。金運と勝負運の信仰があり、伏見稲荷大社の中でも有数のパワースポットともいわれる。

※3【三ケ峰《みつがみね》】稲荷信仰の原点である稲荷山の三つの峰。上社・中社・下社といわれる。祭祀遺跡があり、神獣鏡や勾玉なども発見されている。

あらゆる願いを叶えるお山めぐり

伏見稲荷大社MAP

稲荷山は1周約4㎞。四ツ辻から時計回りが正式だが反時計回りが少しラク。

一《いち》ノ《の》峰《みね》

標高233mの山頂。上社には、「末広がり」で縁起のいい末広大神を祀る

眼《がん》力《りき》社《しゃ》

逆立ちきつねが目印。眼病治癒や視力回復、先見の明や眼力が授かるというご利益も

四《よ》ツ《つ》辻《つじ》

京都市南西部が一望できる絶景＆一休みスポット。夕日や夜景もきれいな穴場

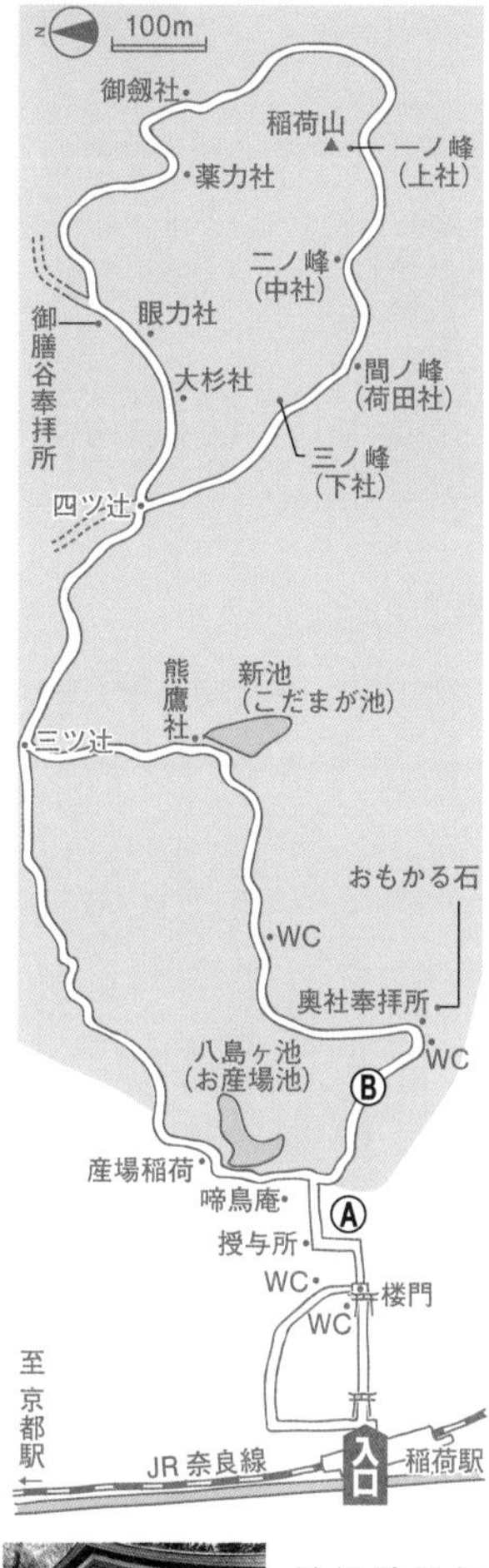

見逃せない！

Ⓐ 本《ほん》殿《でん》

豪華な社に神様が5柱

1499（明応8）年再建。主祭神ほか4柱を祀る。軒下彫刻が華麗な重文

Ⓑ 千《せん》本《ぼん》鳥《とり》居《い》

おいなりさんのシンボル

立ち並ぶ鳥居は、参詣者がお礼や祈りを込めて奉納したもの

奥《おく》社《しゃ》奉《ほう》拝《はい》所《じょ》

この社殿の奥にある稲荷山の三ケ峰を遥拝する所

伏見稲荷大社のおたのしみ

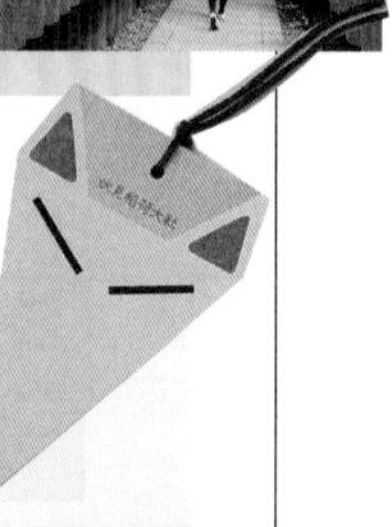

願いを込めて

おもかる石＆きつね絵馬

おもかる石が軽いか重いかで、願いが叶いやすいかどうかを占う。きつねの絵馬には顔と願いを書いて奉納。

開運

北《きた》野《の》天《てん》満《まん》宮《ぐう》

有名なのは学問だけど

万能の道真公にあやかりたい

学問、芸術、スポーツ なんでもござれの御祭神

菅原道真公※1を祀る、全国天満宮、天神社の総本社。道真公が幼い頃から学問に優れていたためそのご利益が有名ですが、芸能、武術、厄除けなどの神様としても信仰されます。道真公が無実の罪を着せられて左遷され、のちにその疑いが晴れたことから、冤罪を晴らすご利益もあるそう。

\ 牛の像がたくさん /

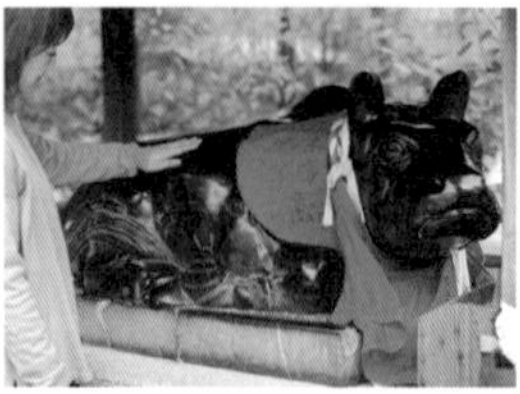

神様のお使いである牛の像があちこちに鎮座

※1 注目KEYWORD

【菅原道真公《すがわらのみちざねこう》】

学問、詩文、武芸など多方面で才能を発揮。学者出身の政治家として活躍して右大臣になったが、策謀により大宰府に左遷。

北野天満宮

TEL 075-461-0005

京都市上京区馬喰町／7:00～17:00、授与所9:00～16:30／境内自由／市バス北野天満宮前からすぐ／無休／300台(毎月25日は利用不可)

ご利益DATA

- ◎ 学業成就、合格祈願
- ◎ 文芸・芸能・諸道上達
- ◎ 冤罪を晴らす

罪を着せられた道真公がのちに名誉を回復したことから、冤罪を晴らす神とも。

ココがすごい! ☑ 菅原道真公が祭神

見逃せない！

Ⓐ 御《ご》本《ほん》殿《でん》

桃山文化の華やかな建築

御本殿、拝殿、石の間、楽の間がつながった建物で、国宝。現在の建物は1607（慶長12）年に豊臣秀吉公の遺志を継いだ秀頼公が造営

Ⓑ 三《さん》光《こう》門《もん》

探してみる？日、月、星の彫刻

桃山時代の建築。三光を意味する日、月、星の彫刻があるが、星の彫刻だけ見えないという七不思議も

いろんな牛を探したい！

北野天満宮MAP

もみじ苑や宝物殿も拝観すると1時間半ほど。意外な所で見つかる牛もチェック。

牛《うし》社《しゃ》

「一願成就のお牛さん」と親しまれる。境内の牛の中で最も古い牛像だとか

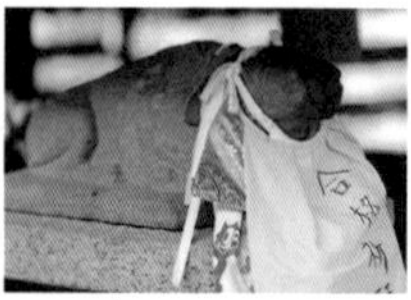

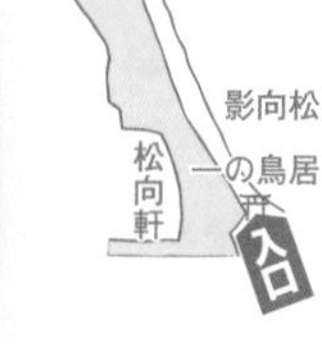

太《たい》閤《こう》井《い》戸《ど》

秀吉公が北野大茶湯を催した際に、お水を汲んだと伝わる井戸

北野天満宮のおたのしみ

季節限定開苑

梅＆紅葉

梅苑「花の庭」は2月初旬から3月下旬、史跡 御土居のもみじ苑は新緑期と紅葉期に公開される。

開運

晴《せい》明《めい》神《じん》社《じゃ》

憧れの陰陽師・晴明様。
魔除け、お願いします！

悩みも苦しみも安倍晴明公が解決

いつの時代も、ちょっとミステリアスな男性は魅力的。晴明神社に祀られている安倍晴明公は、平安時代の京都で活躍し、天皇からの信頼も厚かった陰陽師※1。天文暦学に通じていて、式神を操ることもできたそう。現在も神社には魔除けや厄除けを願う人がたくさん訪れています。

御神木の楠に触れてみて

注目KEYWORD

※1【陰陽師《おんみょうじ》】

陰陽寮にあった官職の一つで天文暦学をもとに吉凶を言い当てた。安倍晴明公は唐で学んだのち、日本独自の陰陽道を確立。

堀川今出川

TEL 075-441-6460

京都市上京区堀川通一条上ル晴明町806／9:00～17:00（授与所～16:30）／境内自由／市バス一条戻橋・晴明神社前からすぐ／無休／なし

ご利益DATA

◎ 厄除け、魔除け
◎ 交通安全
◎ 運気向上

平安時代に災厄を祓った晴明公。あらゆる魔を退けて、開運・運気向上を！

ココがすごい！ ☑ 陰陽師《おんみょうじ》・安倍《あべの》晴明公《せいめいこう》の社

陰陽師パワーに浸る！

晴明神社MAP

神社は晴明公の屋敷跡に立つと伝わる。ご利益スポットが盛りだくさん！

見逃せない！

Ⓐ本《ほん》殿《でん》

安倍晴明公にご挨拶

境内の最奥に立つ本殿。現在の建物は明治時代に再建されたもの

Ⓑ厄《やく》除《よけ》桃《もも》

桃を撫でて「魔」を退散

陰陽道で魔除け、厄除けの果物といわれる桃の像。撫でれば自身の厄や、まがまがしいものが消えるとか

晴《せい》明《めい》桔《き》梗《きょう》紋《もん》

境内のあちこちに見られるマーク「五芒星」は陰陽道を象徴するもの。晴明桔梗紋とも

一《いち》の鳥《とり》居《い》

堀川通に面して立つ。神社名ではなく、社紋の「晴明桔梗紋」が掲げられているのが特徴

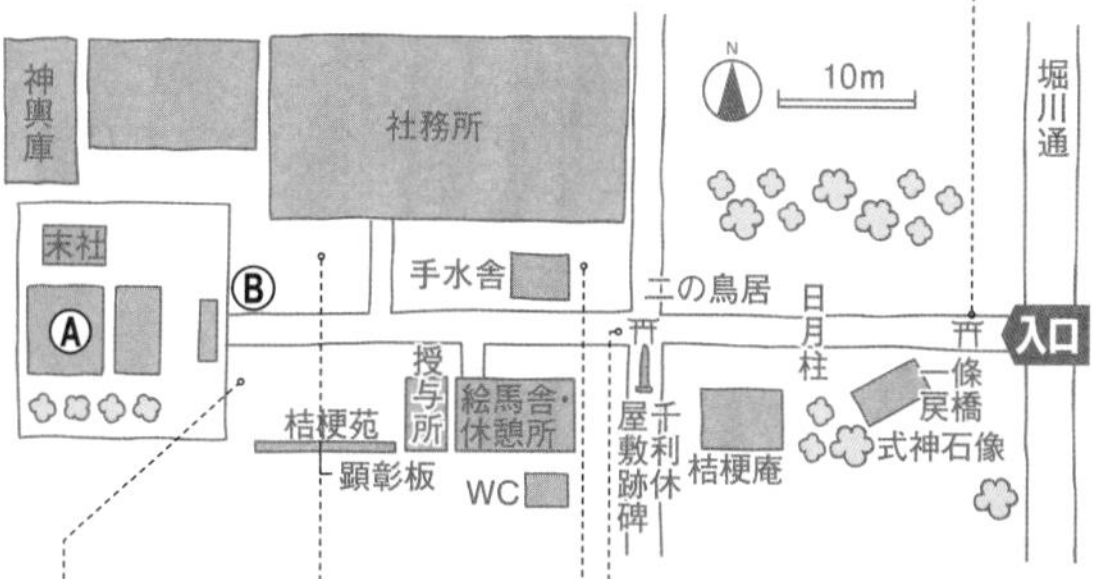

安《あ》倍《べの》晴《せい》明《めい》公《こう》像《ぞう》

神社に伝わる晴明公の肖像画を元に造られた像。衣の下で印を結んで天体観測する様子

御《ご》神《しん》木《ぼく》

樹齢推定300年という大きな楠。静かに手を当てて、御神木がもつパワーを感じ取ってみよう

四《し》神《しん》門《もん》

二の鳥居の奥にある自動の扉。晴明公の屋敷の門が自動で開閉したという伝説にちなんで作られた

晴《せい》明《めい》井《い》

晴明公の念力で湧いた井戸で、病気平癒のご利益が。水の湧き出る部分はその年の恵方を向く

開運

八坂神社《やさかじんじゃ》

うちも祇園さん、ごひいきどすぅ by 舞妓

龍穴の上に立つという本殿（東の柱の下で西を向き、強く手を打つと大きく反響するが、他では反響しないそう）

強力パワーの源は御祭神一家&龍神

祇園という土地柄、舞妓さんもよく訪れる神社。主祭神の素戔嗚尊はヤマタノオロチを退治した英雄で、特に厄除け、開運、勝負運のご利益まで。本殿には一家が祀られていることから、家内安全のご利益も。本殿は底知れぬ井戸の上に立ち、そこは[※1]龍穴になっていて八坂神社には龍神パワーがみなぎっているという伝承が！ 境内に立ち並ぶ、縁結びや縁切り、商売繁昌などいろいろなご利益がある摂社や末社も、きっと龍神パワーで威力抜群です。

注目 KEYWORD

※1【龍穴《りゅうけつ》】

都の東にある八坂神社は、東方を守護する青龍が棲むとされる。陰陽道や風水では、「気」が満ち繁栄する場所を指すそう。

祇園

TEL 075-561-6155

京都市東山区祇園町北側625／24時間参拝可／市バス祇園からすぐ／無休／なし

ご利益DATA

◎ 厄除け、災難除け
◎ 疫病退散、病気平癒
◎ 良縁成就、家内安全

すべての災厄を祓い、運を開けば何事もうまくいく。祇園祭も八坂神社の祭礼。

ココがすごい！ ☑ 祇園の総氏神

舞妓さんを見習って♪

八坂神社MAP

意外と知らないことの多い八坂神社。
花街の神社ならではの雰囲気も魅力。

見逃せない!

Ⓐ 本殿《ほんでん》（国宝）

「祇園造り」という独特な造りの社殿

素戔嗚尊・櫛稲田姫命・八柱御子神を祀る。大屋根は、本殿と拝殿をひとつ屋根で覆う珍しい様式

忠盛燈籠《ただもりとうろう》

平忠盛が、付近で見かけた鬼を、この燈籠に灯りをともす僧と見破ったという逸話あり

舞殿《まいでん》（重文）

お茶屋などからの奉納提灯が華やか。結婚式や舞の奉納が行われる

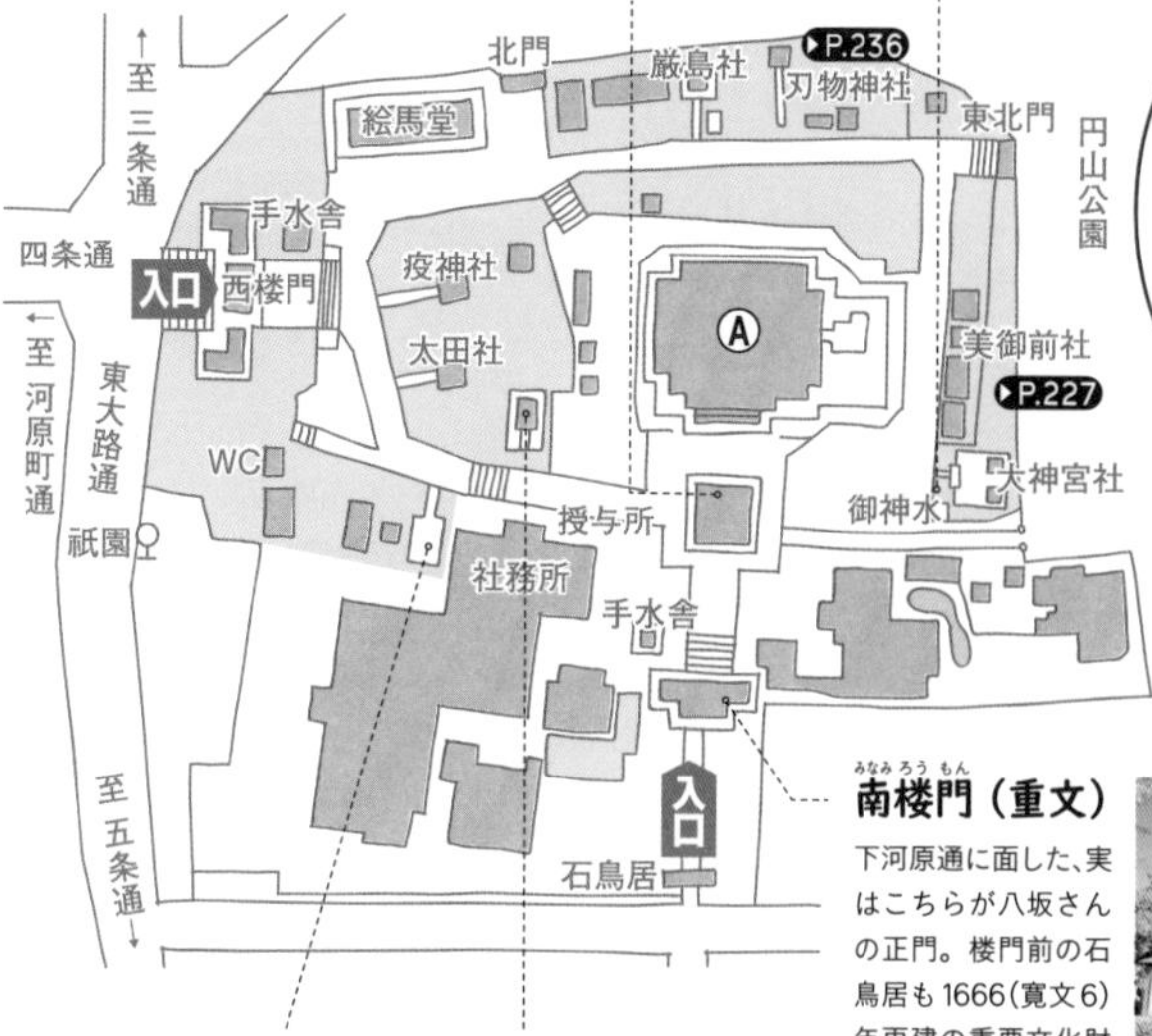

南楼門《みなみろうもん》（重文）

下河原通に面した、実はこちらが八坂さんの正門。楼門前の石鳥居も1666（寛文6）年再建の重要文化財

蛭子社《えびすしゃ》（重文）

ご存じ、商売繁昌の神様。社殿を北向きに構えているのが珍しく、北向蛭子ともいわれる

大国主社《おおくにぬししゃ》（重文）

因幡の白兎像が目印の縁結びの神。大国主神、少彦名命、事代主命を祀る

八坂神社のおたのしみ

いただいて帰ろう

御神水

力水とも呼ばれる湧き水。近くの料亭でも使われるそうだが、直接飲むのはNG。

開運

松《まつ》尾《お》大《たい》社《しゃ》

▶P.154

日本最古の御神像に会いに行く!

本殿奥深くに安置されていてもおかしくない御神像が、間近で見られる

御祭神を表す三神像 神々しいお姿を参拝

境内の神像館では、21体の御神像を展示。写真の三神像は平安初期のもので、日本最古にして一番美しい神像として重文に指定。3体は社の御祭神を表し、男神像は老年と壮年、女神像は美人で知られる市杵島姫命を表すそう。

ご利益DATA

- ◎ 諸願成就
- ◎ 厄除け、災難除け
- ◎ 酒造業者の守護、お酒関係

開運

月《つき》読《よみ》神《じん》社《じゃ》

天照大神の弟神 月の神を祀る社

古代より天文・暦数・卜占・航海の神と信仰された社で、松尾大社の境外摂社。安産・子授けの神とされる安産信仰発祥の「月延石」や、良縁を結んでくれるという3本の木が寄り添う「むすびの木」など、ご利益満載!

緑あふれる古社 縁結びに安産も

松尾　TEL 075-394-6263

京都市西京区松室山添町15/6:00〜17:00/境内自由/阪急電鉄嵐山線松尾大社駅から徒歩7分/無休/なし

ご利益DATA

- ◎ 子授け、安産
- ◎ 海上安全
- ◎ 学問

開運

鈴《すず》虫《むし》寺《でら》

華《け》厳《ごん》寺《じ》

鈴虫の美しい音色と幸せを運ぶお地蔵様

正式名は華厳寺。鈴虫説法と呼ばれる説法の時間があり、鈴虫の音色をバックに僧侶のありがたいお話が聞けます。山門脇の幸福地蔵菩薩は、みんなの願いを叶えるため日本で唯一わらじを履いているという珍しいお地蔵様。

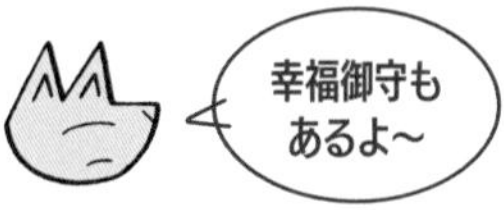

ご利益DATA

◎ どんなお願い事でも
◎ 一願成就
◎ お地蔵様の御守護

説法＆お地蔵様 ダブルで諸願成就

松尾　TEL 075-381-3830

京都市西京区松室地家町31／9:00～16:30（最終受付）／500円（茶菓子付き）／京都バス苔寺・すず虫寺から徒歩2分／無休／約60台（有料）

幸運チャージの町歩き

松尾MAP

ご利益いっぱいの社寺が徒歩圏内に点在する。これもご利益の一種!?

鈴虫寺

住宅地を抜ける道は迷いやすいので、西芳寺川沿いを歩こう

月読神社

松尾大社から300m。松尾山の麓の境外摂社もしっかり参拝

松尾大社

広い境内は見どころ満載。じっくり散策してみよう♪

開運

鞍《くら》馬《ま》寺《でら》

宇宙パワー尊天様とつながる山

北から京都を見守る尊天信仰の寺院

鞍馬山全域が境内で、牛若丸と天狗の伝説や「木の根道」など、不思議な話や歴史が多く伝わります。奈良時代の七七〇（宝亀元）年に毘沙門天を本尊として開かれ、平安京の北方鎮護の寺としても栄えました。「尊天[※1]」を祀る金堂前の金剛床に立つと、宇宙のパワーが得られるとか！

注目 KEYWORD

※1 【尊天《そんてん》】
千手観世音菩薩、毘沙門天王、護法魔王尊が三身一体になった本尊。宇宙の真理をあらわしている。

＼ フシギな力が！ ／

金堂前の金剛床は鞍馬山一のパワースポット!?

鞍馬

TEL 075-741-2003

京都市左京区鞍馬本町1074／9:00～16:15／愛山費500円／叡電鞍馬駅から徒歩5分／無休／なし

ご利益 DATA

◎ 元気をチャージ
◎ 愛と光と力
◎ 共に生かされている命

あるがままの自然の山を歩くことで、いろいろな気づきがあるという。聖なる山で元気になれそう！

ココがすごい！ ☑ 生命力が見える木の根道

縁結び

貴《き》船《ふね》神《じん》社《じゃ》

ご利益

古来、水とともにある神秘の社

縁結びから雨乞いまで パワーあふれる古社

赤い灯籠が並ぶ参道を上った先の本宮に、京都の水源[※1]を司る神を祀る貴船神社。中宮は縁結びの神・磐長姫命を祀ることから結社と呼ばれ、平安時代には和泉式部も夫との復縁祈願に訪れて歌を詠みました。水占みくじや水まもり、ルアー守など、水に関係する授与品も要チェック！

＼ 水がきれい！ ／

境内全域に清らかな水の気配が満ちている

注目 KEYWORD

【水源を司る神】※1

鴨川の水源地にあり、水の神・高龗神（たかおかみのかみ）、闇龗神（くらおかみのかみ）を祀る。雨乞い、雨止みも祈った。

ご利益 DATA

◎ 運氣隆昌
◎ 縁結び
◎ 諸願成就

古来きふねは「氣生根」と書かれ、氣は万物のエネルギー。御神氣で元氣が甦る。

貴船

TEL 075-741-2016

京都市左京区鞍馬貴船町180／9:00～17:00（季節により変動あり）／境内自由／京都バス貴船から徒歩5分／無休／本宮10台・奥宮15台（ともに有料）

ココがすごい！ ☑ 燈籠が並ぶ階段参道

パワー充電＆恋愛運UP散策

鞍馬寺〜木の根道〜貴船神社 ルートMAP

鞍馬寺から貴船神社へは、山道を通って移動することができる。自然あふれる山道の中でも、背比べ石の向かい側にある石段上に広がった「木の根道」は、ビジュアル的にも歴史的にも見逃せない！ 山中移動は徒歩九十分ほどかかるので、飲み物持参、歩きやすいスニーカーで訪れよう。

不《ふ》動《どう》堂《どう》

最澄が一刀三礼の熱意で手彫りしたと伝わる不動明王像を祀る

義《よし》経《つね》堂《どう》

牛若丸と天狗が修行したという僧正ガ谷に立つ。遮那王尊を祀る

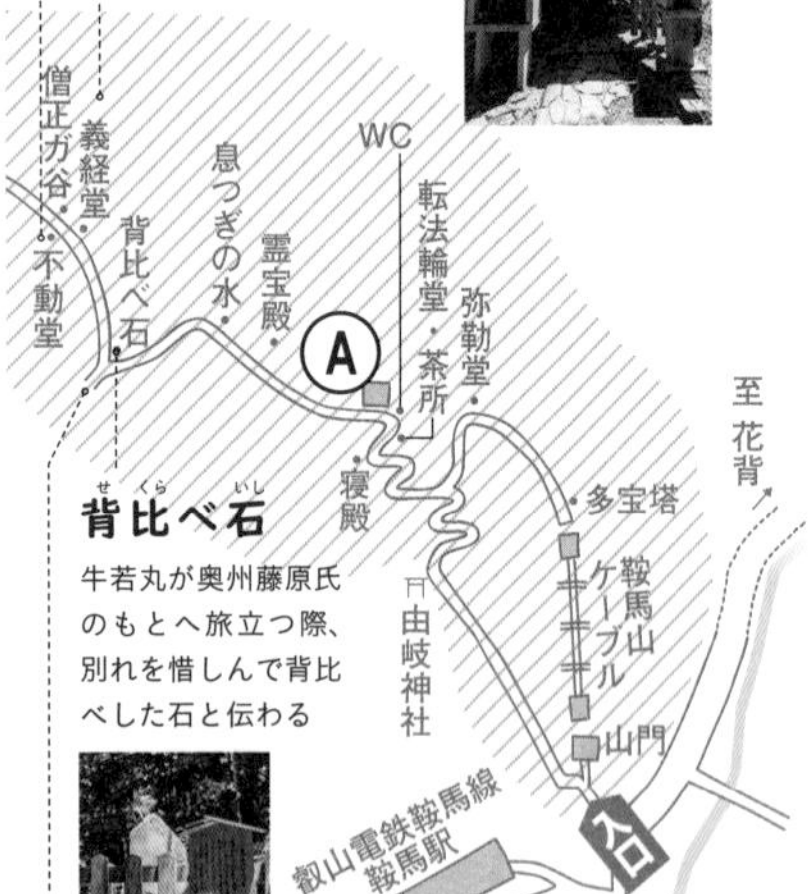

背《せ》比《くら》べ石《いし》

牛若丸が奥州藤原氏のもとへ旅立つ際、別れを惜しんで背比べした石と伝わる

見逃せない！

Ⓐ 金《こん》堂《どう》

宇宙の力と交信できるかも？

本尊である「尊天」を祀る鞍馬寺の本堂。本尊は60年に一度のみ、丙寅の年に公開される

金《こん》剛《ごう》床《しょう》

尊天、つまり宇宙のエネルギーを感じられる修行の場として有名

阿《あ》吽《うん》の虎《とら》

虎が毘沙門天の使いの神獣であることが由来。阿吽の形で立つ

鞍馬寺のおたのしみ

天狗気分で歩こう！

木《き》の根《ね》道《みち》

木の根が岩盤にさえぎられ、地上に露出した珍しい風景。でこぼこの道の中で、牛若丸が天狗に兵法を習ったという伝説が残る。

見逃せない！

Ⓑ 本《ほん》宮《ぐう》

紅葉と灯籠が並ぶ参道から神域へ

二の鳥居を抜けた先の参道には、87段の石段が。両脇の春日灯籠には、毎日夕方〜20:00に灯りがともる

本宮には水を司る神である高龗神を祀る。まずはここへお参りを

奥《おく》宮《みや》

神社創建の地で、高龗神のほか、一説には闇龗神、玉依姫命を祀るともいわれる

船《ふな》形《がた》石《いし》

玉依姫命が使ったと伝わる船。人目に触れぬよう石で包んだという

結社《ゆいのやしろ》

縁結びの神を祀る。和泉式部が夫との復縁を願い成就してからは、恋の宮とも呼ばれる

御《ご》神《しん》水《すい》

本宮の社殿前の石垣から湧く。自由に飲むこともできる天然水

魔《ま》王《おう》殿《でん》

太古に護法魔王尊が降臨したと伝わる地。鞍馬山随一の聖地といわれる

結《むす》び文《ふみ》

細長い緑色の紙に縁結びの願いを書いて結ぶ。昔は葉を使ったとか

貴船神社のおたのしみ

水の神様にお願い！

おみくじ&お守り

おみくじやお守りも水の神様らしいのが特徴。本宮前のご神水に浸けると文字が浮かび上がる水占みくじは200円。

むすび守 文型
1000円

縁結び

地《じ》主《しゅ》神《じん》社《じゃ》

恋の神様が、全面バックアップ！

ご利益のオンパレード 良縁の神様に願いを！

「京都で縁結びといえば」の引きもきらない人気の神社。創建は日本の建国以前と伝わり、現在の社殿は徳川家光によるもの。主祭神は、良縁の神様である大国主命※1。本殿にお参りしたあとは、祓戸社にある祓串で穢れを祓ってから、良縁スポット巡りを。
※社殿修復工事のため閉門

注目KEYWORD

※1【大国主命《おおくにぬしのみこと》】

地主神社に祀られているのは、主祭神の大国主命とその父母神、さらにその父母神。日本建国に尽力した三代の神様。

縄文時代の遺物だそう！

清水寺周辺

TEL 075-541-2097
京都市東山区清水1丁目317／9:00～17:00／境内自由／市バス五条坂または清水道から徒歩15分／無休／なし
※社殿修復工事のため、2026年秋頃まで閉門予定

ご利益DATA

◎ 良縁、縁結び
◎ 子授け安産
◎ 芸能、長寿など

恋占いの石は、友だちの助言でたどり着いたら、友だちの助けで成就するとか。

ココがすごい！ ☑ 恋占いの石にチャレンジ！

水かけ地蔵

境内奥にひっそり佇むお地蔵様。水をかけて祈願するとご利益があるそう

いのり杉

別名「のろい杉」。丑の刻参りに使われた、五寸釘の跡が今も無数に残る…ってホント!?

おかげ明神《みょうじん》

「おかげ」はご利益のこと。どんな願いでも一つだけ叶えてくれるという一願成就の神様

良縁は小づち!

恋の神様巡り

地主神社MAP

境内には多くの良縁スポットが。恋の神様にしっかりお願いしよう!

撫《な》で大《だい》国《こく》

撫でる箇所によって、良縁、開運、金運、子宝など、授かれるご利益は様々!

良《りょう》縁《えん》大《だい》国《こく》

大国様が満面の笑みで迎えてくれる。大国様に結びつける契り糸に願いを込めて

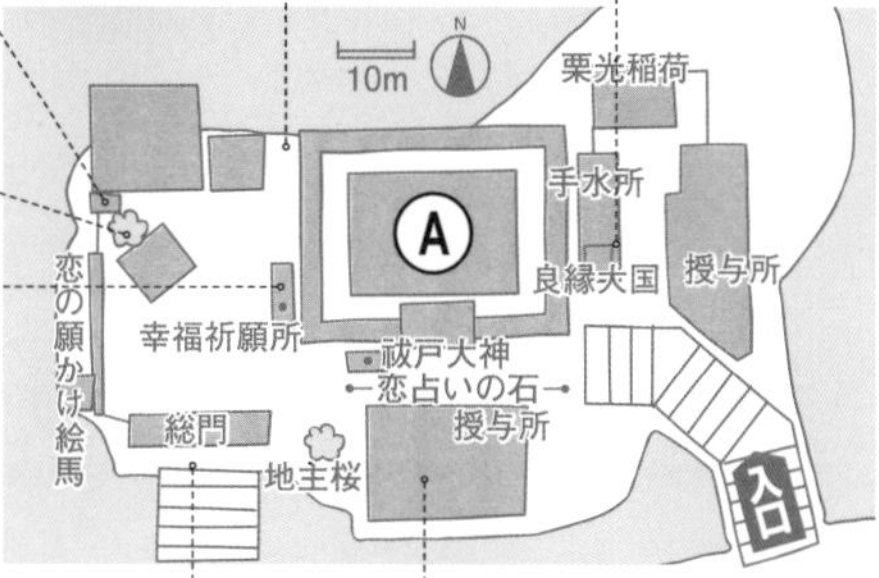

総門

通れないけれど、正面から見ると柱が鳥居の形! 重要文化財

拝殿

狩野元信筆の「八方にらみの竜」が天井に。外から見られる

ほとんど縁結び〜♪

地主神社のおたのしみ

この恋、うまくいく?

恋占いの石

石から石へ約10m、目を閉じてたどり着くことができれば、恋の願いが叶うそう。Let's try!

見逃せない!

Ⓐ 本殿

目が覚めるほど色彩豊かな本殿

極彩色や金箔が美しい本殿。柱に描かれた金蘭巻文様は一つひとつ違うので、じっくり眺めてみて。重要文化財

縁結び

野《のの》宮《みや》神《じん》社《じゃ》

源氏物語の宮で良縁祈願！

平安の風情を残す緑多い社で良縁を！

斎王が伊勢神宮へ向かう前に身を清められた神聖な場所。源氏物語『賢木の巻』の舞台として登場します。境内社の野宮大黒天は縁結びの神様。お参りのあと、すぐそばにある「お亀石」を撫でながら祈ると願い事が叶うといわれます。この二つはマスト！

まずは本殿にお参り。日頃の感謝を伝えてから境内社へ

ご利益DATA

◎ 良縁、縁結び
◎ 子宝、安産
◎ 学問、進学祈願

嵯峨野

TEL 075-871-1972

京都市右京区嵯峨野宮町1／9:00～17:00／境内自由／市バスまたは京都バス野々宮から徒歩3分／無休／なし

野宮神社のおたのしみ

願いよ届け！

亀石&お守り

みんなが撫でてツルツルになった亀石。願い事は1年以内に叶うそう。源氏物語がモチーフのお守りも素敵。

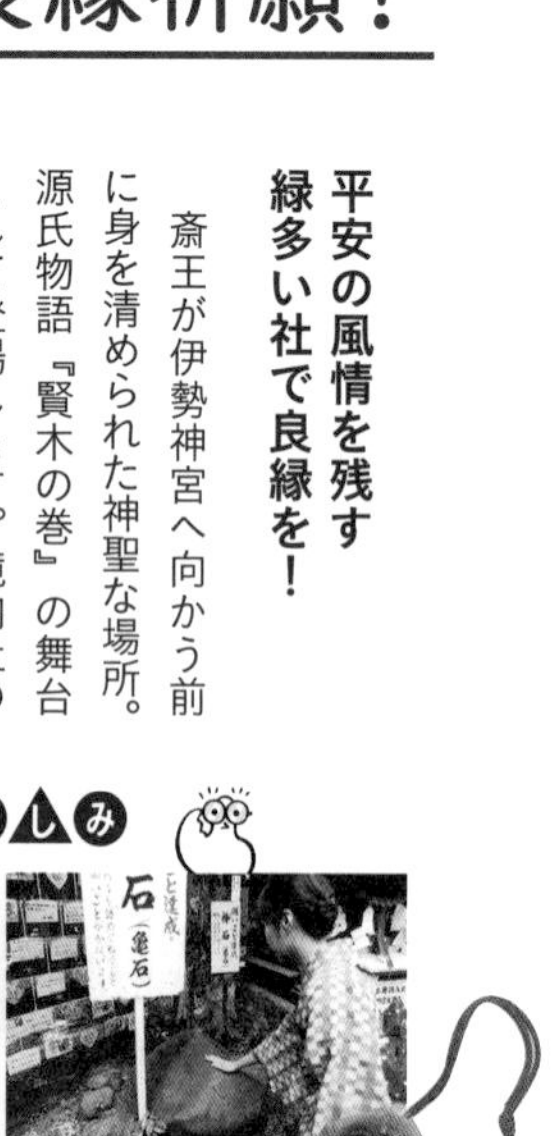

開運招福御守
1500円

ココがすごい！ ☑ 源氏物語に登場する社

縁結び

今《いま》宮《みや》神《じん》社《じゃ》

究極の縁結び 玉の輿！を狙う

玉の輿の語義となった桂昌院の強運にあやかる

徳川五代将軍綱吉の生母・桂昌院（お玉）は、町娘から女性の最高位にまで上り詰め、大出世したことから「玉の輿」の語義とされています。その桂昌院が故郷の今宮神社を再興したことから、玉の輿のご利益があるといわれ、多くの参拝者で賑わいます。

神占石の阿呆賢（あほかし）さんが据え置かれる

ご利益DATA

◎ 縁結び、玉の輿
◎ 健康、長寿
◎ 開運

紫野

TEL 075-491-0082

京都市北区紫野今宮町21／9:00～17:00／境内自由／市バス今宮神社前からすぐ／無休／なし

今宮神社のおたのしみ

重さでお告げ

阿呆賢さん＆玉の輿お守

願い事を念じたあと、この石を持ち上げて吉凶を占う。西陣で織られた玉の輿お守。

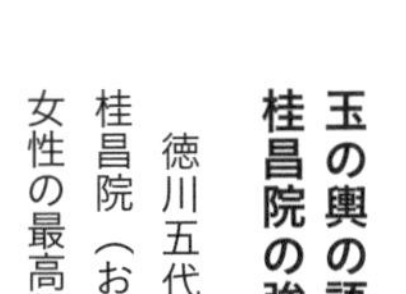

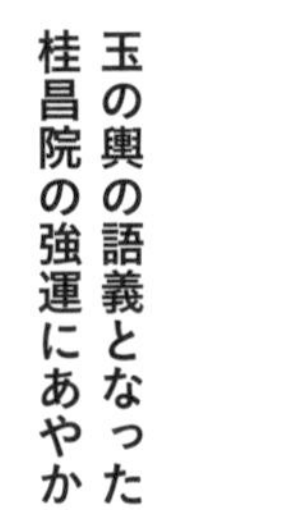

色とりどり
1体800円

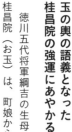

縁結び

安《やす》井《い》金《こん》比《ぴ》羅《ら》宮《ぐう》

悪縁切ったら、良縁カモン！

人々の願いがびっしり！碑をくぐって良縁祈願

願い事を書いた形代（身代わりのお札）を持って、「縁切り縁結び碑（いし）」を表から裏へ裏から表へとくぐると、悪縁を断って良縁を結ぶご利益が。碑は絵馬のような形をしているそうですが、形代ですっかり埋め尽くされてインパクト大の存在感に。

碑をくぐったら最後に形代を貼る。これで完璧！

ご利益DATA

- ◎ 悪縁、欲などと縁切り
- ◎ 良いご縁を結ぶ
- ◎ 病気平癒、厄除け

祇園

TEL 075-561-5127

京都市東山区東大路通松原上ル下弁天町70／境内自由（授与所9:00～17:30）／市バス東山安井から徒歩3分／無休／10台（有料）

安井金比羅宮のおたのしみ

行列に怯まず

石くぐり＆縁切り守り

長蛇の列もなんのその、本殿参拝のあとは石くぐり！ 縁切り、縁結びのお守りも様々ある。

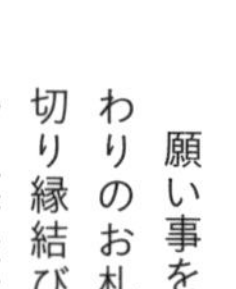

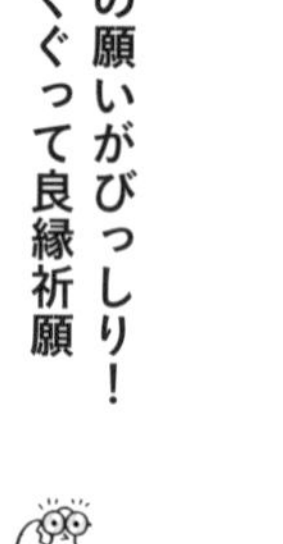

悪縁切守
各色500円

ココがすごい！ ☑ 縁切り縁結び碑（いし）

縁結び

六《ろっ》角《かく》堂《どう》

頂《ちょう》法《ほう》寺《じ》

ロマンチックな縁結び柳

しっかりあやかりたい 縁結び伝説のある柳

聖徳太子の創建と伝わり、いけばな発祥の地としても知られます。平安時代初期、嵯峨天皇と妃になる女性を、めぐり合わせたとされる六角柳。以降、「この柳に願いを込めると良縁に恵まれる」という噂が広まり、縁結びの柳として有名になりました。

柳の枝に、そっとおみくじを結んでお願いしよう

ご利益 DATA

- ◎ 病気平癒、長寿
- ◎ 子宝、安産、良縁
- ◎ 華道などの技芸上達

烏丸

TEL 075-221-2686

京都市中京区六角通東洞院西入堂之前町／6:00～17:00（納経は8:30～）／境内自由／地下鉄烏丸御池駅から徒歩3分／無休／なし

六角堂の おたのしみ

幸せ気分が続く♪

縁結び柳&鳩みくじ

縁結び柳は「地ずり柳」とも。愛らしい鳩みくじは、春と秋に限定カラーが登場するそう。

鳩みくじ
500円

縁結び

片《かた》岡《おか》社《しゃ》

片《かた》山《やま》御《み》子《こ》神《じん》社《じゃ》

▶P.78

平安才女も縁結び祈願

千年の時を超え ご神徳はお墨付き

かの紫式部も通ったという、上賀茂神社境内にある古社。新古今和歌集に、「ほととぎす声まつほどは片岡のもりのしずくに立ちやぬれまし」という歌があるのもその証し。御祭神・賀茂玉依姫命が賀茂別雷大神の母という伝承から、子授けの信仰も。

いつでも絵馬が鈴なりに。これもご神徳の高さゆえ

ご利益DATA

◎ 縁結び、恋愛成就
◎ 芸能上達
◎ 子宝、安産

上賀茂神社

▶P.76

片岡社のおたのしみ

形も可愛いね

ハートの絵馬

正式には上賀茂神社の神紋、二葉葵の葉をかたどった絵馬。後ろ姿の紫式部とホトトギスが描かれとても素敵！

縁結絵馬 500円

ココがすごい！ ☑ 紫式部もここで祈願

縁結び

相《あい》生《おい》社《のやしろ》

下《しも》鴨《がも》神《じん》社《じゃ》

▼P.35

相生の木が二人を結ぶ

特別の作法あり ばっちりクリアして

縁結びで絶大な人気の訳は、二本の木が途中で一本に結ばれる連理の賢木《さかき》。絵馬を書いたら、女性はお社を右回り、男性は左回りに二周して奉納、そしてさらに一周。最後に賢木の紅白の綱を引くのが作法。カップルで詣でると盛り上がること間違いなし。

御祭神は産霊神（むすひのかみ）。古代から、パワスポ？

ご利益DATA

◎ 恋愛や出会いの縁結び
◎ 良い仕事とのご縁
◎ 子どもとの縁＝子宝

下鴨神社
▶P.30

相生社のおたのしみ

恋のゆくえは？

縁結びみくじ

下鴨神社が源氏物語に登場することにちなみ、十二単がモチーフ。書かれているのは物語中の和歌一首と恋愛運。

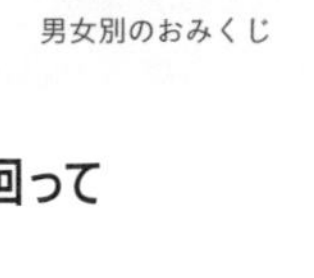

男女別のおみくじ

縁結び

市《いち》比《ひ》賣《め》神《じん》社《じゃ》

女神の力で女子力アップ!

良縁や安産もおまかせ 女性のための神社

マンションの一階にある町なかの神社。平安初期、官営市場守護のために創建され、すべてが女神様ということで女人厄除けでも崇敬者が絶えません。皇室の産湯に使われた天之真名井は、願いの込もった姫みくじで埋め尽くされ、信仰の篤さがうかがえます。

秀吉時代にここへ移転、御所がある北向きに鳥居を構える

ご利益DATA

- ◎ 女性の守り神
- ◎ 厄除け・良縁・安産
- ◎ 女性の願い事すべて

五条

TEL 075-361-2775

京都市下京区河原町五条下ル一筋目西入ル／9:00〜16:30（最終受付）／境内自由／市バス河原町正面から徒歩3分／無休／なし

一部不可

市比賣神社のおたのしみ

お人形みたい

姫みくじ

おみくじを取り出したら願いを書き、天之真名井の上に奉納する女性も多い。もちろん持ち帰ってもOK。

お守り代わりにしても

ココがすごい! ☑ 女人守護の三女神

美容

河合《かわい》神《じん》社《じゃ》

▼P.34

メイク道具を持ってお参り

べっぴん女神様にあやかれるかも

下鴨神社(P.30)の由緒ある第一摂社。神武天皇の母で美人として名高い女神を祀るだけあって、美しくなりたい女性の強い味方。手鏡の形をした鏡絵馬は、自分のメイク道具で化粧を施して奉納するというユニークなもの。裏には願い事をしたためよう。

自分をイメージしてメイクを。心の「きれい」も叶うそう

ご利益 DATA

- ◎ 美麗、美容、美しさ
- ◎ 心の美しさ
- ◎ 女性守護

下鴨神社

TEL 075-781-0010(下鴨神社)
京都市左京区下鴨泉川町59(下鴨神社境内)/6:00〜17:00/境内自由/市バス新葵橋から徒歩4分/無休/100台(有料)

河合神社のおたのしみ

美人祈願の仕上げに

美人水&レース守り

お参りのあとは下鴨神社で収穫されたカリンで作る、美人水をいただこう。レース守りもフェミニンでステキ。

乙女心をくすぐるお守り

美肌効果に期待! 430円

美容

御《み》髪《かみ》神《じん》社《じゃ》

ツヤ髪は美人の条件！

祭神は日本初の髪結い 美髪は幸せへの第一歩

日本で唯一の髪の神社。きれいな髪になりたい女性はもちろん、理・美容業界からも信仰を集めています。男性の参拝客も多く、絵馬に書かれている願いが、切実でありながらセンス抜群だと話題に。境内の髪塚に自分の髪を納めるとご利益があるそう。

小倉池のほとりに立つ社は、静かな風景に溶け込む

ご利益DATA

◎ 髪の健康、美容
◎ 理・美容職の守護
◎ 資格試験等の合格

嵯峨野

TEL 075-882-9771

京都市右京区嵯峨小倉山田渕山町10／境内自由／京福嵐山駅から徒歩15分／無休／なし

御髪神社のおたのしみ

髪よ、キレイに！

美髪のために

つげ櫛をかたどった可愛らしい「御櫛守」。ほかにハサミの形をした理・美容師のための「匠守」2000円なども。

御櫛守
800円

ココがすごい！ ☑ 日本唯一の髪の神社

美容

美《うつくし》御《ご》前《ぜん》社《しゃ》

八《や》坂《さか》神《じん》社《じゃ》

不思議な美容水で身も心もさらに美しく

八坂神社本殿に向かって東側にある末社。美人で知られる祭神の宗像三女神のうち市杵島比売命は七福神の弁財天様のこと。社殿前に湧く神水は美容水として親しまれ、肌につけると化粧水をつけたようにしっとりするのだとか。

美人三女神にあやかりたい

＼美容水はここよ～／

八坂神社へお参りするなら、こちらの三女神様にもご挨拶を！

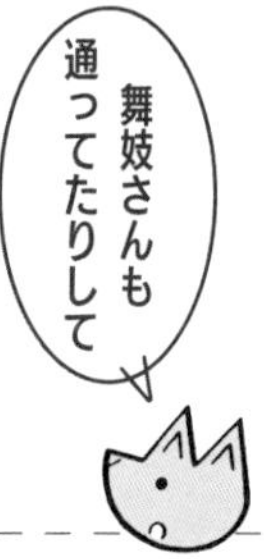

ご利益DATA

◎ 美徳成就
◎ 美肌、美人祈願
◎ 道の開運(理・美容関連)

八坂神社 ▶P.208

美容

御《み》寺《てら》 泉《せん》涌《にゅう》寺《じ》

▶P.106

美人といえばこの方！女性も見とれるお姿

観音堂に安置される楊貴妃観音。その美しさにあやかろうと多くの女性が参拝に訪れます。極彩色をまとった艶やかな姿は美人そのもの。美人祈願のほか、縁結び、安産などのご利益もあるという、まさに女性のための観音様。

目指せ！ 楊貴妃！

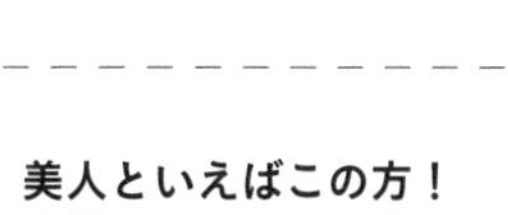
きれいすぎてホレてまぅ～

ご利益DATA

◎ 美人祈願
◎ 縁結び、良縁祈願
◎ 満願成就

健康

護《ご》王《おう》神《じん》社《じゃ》

足腰鍛えて美脚になれる？

神様と狛イノシシに健康祈願

足腰の健康を願う人やスポーツ選手、亥年生まれの人の信仰を集める神社。御祭神の和気清麻呂公が政敵に襲われて歩けなくなった際、三百頭ものイノシシに救われたという伝説が伝わっています。狛犬ではなく狛イノシシが立っているのもユニーク。

護王神社のおたのしみ

一目瞭然！

お守り

足腰の健康をサポートするお守りのほか、官職お守り、職難お守りなど、今の時代にピッタリなお守りもある。

足腰御守
1200円

願かけ猪に座立亥串（くらたていぐし）を立てて祈願

ご利益DATA

- ◎ 足腰の健康
- ◎ 足腰の病気怪我回復
- ◎ 亥年生まれの守護

京都御所周辺

TEL 075-441-5458

京都市上京区烏丸通下長者町下ル／9:00～17:00／境内自由／市バス烏丸下長者町からすぐ／無休／あり

ココがすごい！ ☑ えっ！ 狛イノシシ!?

健康

八《や》坂《さか》庚《こう》申《しん》堂《どう》

くくり猿で気分がアガる↑

可愛いけれどストイック くくり猿にお願い！

境内を彩るカラフルなものの正体は、くくり猿と呼ばれる庚申信仰に基づいたアイテム。手足をくくられて欲を我慢した状態の猿を表したもので、参拝者はそこに願いを書いて奉納します。参拝者も欲を我慢することで、願いを一つ叶えてくれるとか。

願いを書いたくくり猿は、奉納しても持ち帰ってもOK

ご利益DATA

- ◎ 諸願成就
- ◎ 病気平癒、健康
- ◎ 縁結び

清水寺周辺

075-541-2565

京都市東山区金園町390-1／9:00～17:00／境内自由／市バス東山安井から徒歩6分／無休／なし

八坂庚申堂のおたのしみ

お猿さんいろいろ

お守り

くくり猿をはじめ、猿をモチーフにしたご利益アイテムが揃う。手先が器用になるという指猿300円なども。

厄除け小鈴1体300円

健康

平《びょう》等《どう》寺《じ》

因《いな》幡《ば》薬《やく》師《し》

平安時代から人々の健康を守る

平安貴族の橘行平が、夢で薬師如来と出会ったことがきっかけで開いた寺院。病気平癒や無病息災、がん封じのご利益で有名です。可愛いインコの無病息災のお守りは、子どもでも持てるようにと、優しい思いで作られました。

がん封じのお薬師様

毎月8日は境内で手作り市

ご利益DATA

- ◎ 病気平癒
- ◎ 無病息災
- ◎ がん封じ

烏丸　TEL 075-351-7724

京都市下京区因幡堂町728／6:00～17:00／境内自由／地下鉄烏丸線五条駅から徒歩5分／無休／なし

厄除け

大《だい》将《しょう》軍《ぐん》八《はち》神《じん》社《じゃ》

ポイントは方位！災難知らずの神様

平安京遷都の際、陰陽道によって御所北西の天門に星神・大将軍を祀ったのが起源。方除け、厄除けの神で、旅立ちや引っ越しの前に参拝する人も多いそう。北斗七星十二支御守など授与品も個性的。

御所を守った厄除けの社

個性的なパワースポット

ご利益DATA

- ◎ 方除け、八方除け
- ◎ 厄除け
- ◎ 生まれ年の干支の守護

北野天満宮　TEL 075-461-0694

京都市上京区一条通御前西入48／9:00～17:00／境内自由（方徳殿拝観期間あり500円）／市バス北野天満宮前または北野白梅町から徒歩5分／無休／5台

一部不可

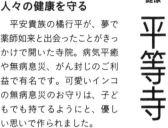

金運

御《み》金《かね》神《じん》社《じゃ》

金運アップも金属関係ビジネスも

金属を司る金山毘古神を祀り、お金の神様として話題を集めます。黄金の鳥居、黄金の鈴緒などがあり、参拝するだけで金運アップしそうな雰囲気！ 御神木のイチョウをモチーフにした授与品も揃っています。

“金”なら なんでもOK！

ご利益DATA

◎ 金運上昇
◎ 金融関係、相場関係
◎ 金属類に関すること

御池　TEL 075-222-2062

京都市中京区西洞院通御池上ル押西洞院町614／境内自由／地下鉄烏丸御池駅から徒歩5分／無休／なし

電気

電《でん》電《でん》宮《ぐう》

法輪《ほうりん》寺《じ》

電気全般の神様が時代に沿ってサポート

渡月橋の西側にある法輪寺の鎮守社。祭神の電電明神は電気、電波を司り、電気・電機業界のほか、近年はIT企業にも熱心に信仰されています。SDカード型のお守りや情報安全護符もチェック。

電気・電波・ITも？

ご利益DATA

◎ 電気、電波、通信
◎ IT関連事業の守護
◎ 電子機器の守護

嵐山　TEL 075-862-0013

京都市西京区嵐山虚空蔵山町／9:00～17:00／境内自由／阪急嵐山駅から徒歩5分／無休／20台（有料）

スポーツ

白《しら》峯《みね》神《じん》宮《ぐう》

スポーツ上達も、運気アップも

ルーツは蹴鞠
サッカー、野球も上達

一八六八（明治元）年、明治天皇が和歌・蹴鞠に優れていた貴族「飛鳥井家」の邸宅地跡に開かれました。まりの守護神・精大明神が祀られ、サッカー、野球などの球技の上達や勝運にご利益があるそう。武道の神や心願成就の神を祀る万能の神社。

御所に近い、幹線道路・今出川通に面して立つ

ご利益DATA

◎ 球技・スポーツの上達
◎ 競技の勝利
◎ 武芸、学業上達

堀川今出川

TEL 075-441-3810

京都市上京区今出川通堀川東入飛鳥井町261／8:00〜16:30／境内自由／市バス堀川今出川からすぐ／無休／4台

白峯神宮のおたのしみ

クルクル回そう

蹴鞠の碑＆お守り

飛鳥井家が祀ってきたまりの守護神、精大明神を祀る。蹴鞠の碑はまりを回して祈願を。

闘魂守り
500円

ココがすごい！ ☑ プロチーム、有名選手も参拝

芸事

芸《げい》能《のう》神《じん》社《じゃ》

車折神社《くるまざきじんじゃ》

神話でおなじみの女神に人気運を祈願

商売繁盛や縁結びのご利益で知られる車折神社の境内社。天岩戸の神話で有名な天宇受売命を祀り、芸能や芸術の分野で活躍する人が多く参拝。人気上昇やヒット祈願、オーディション合格祈願にも。

ご利益DATA

◎ 芸能・芸術上達
◎ 芸能・芸術活動の運気
◎ 人気上昇、個展成功他

アーティストも多数参拝！

嵯峨野 TEL 075-861-0039（車折神社）

京都市右京区嵯峨朝日町23／9:30～17:00／境内自由／嵐電車折神社駅からすぐ／無休／10台（16:30閉鎖・施錠）

子ども

三《み》宅《やけ》八《はち》幡《まん》宮《ぐう》

明治天皇ゆかりの子どもの守り神

小野妹子が宇佐八幡宮を勧請したのが起源。明治天皇が幼少期に病気にかかった際に祈祷を命じられ、無事快方に向かったことから「子どもの守り神」として有名。お宮参りは土製の神鳩を授かろう。

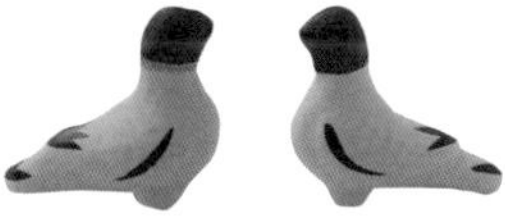

ご利益DATA

◎ 子どもの守護
◎ かんの虫、夜泣き封じ
◎ 学業成就

可愛い神鳩に子どもの成長祈願

高野 TEL 075-781-5003

京都市左京区上高野三宅町22／9:00～16:00（資料館9:30～15:00）／境内自由（資料館300円）／叡山電鉄八幡前駅から徒歩3分／無休／30台

OMIYAGE CATALOGUE

グッズ

ハッキリ言って、レベル高し！ オリジナルにコラボ商品、
いろいろありすぎて、授与所や販売所で迷うこと間違いなし。
しかも直接行かなきゃ手に入らないレアものばかり！

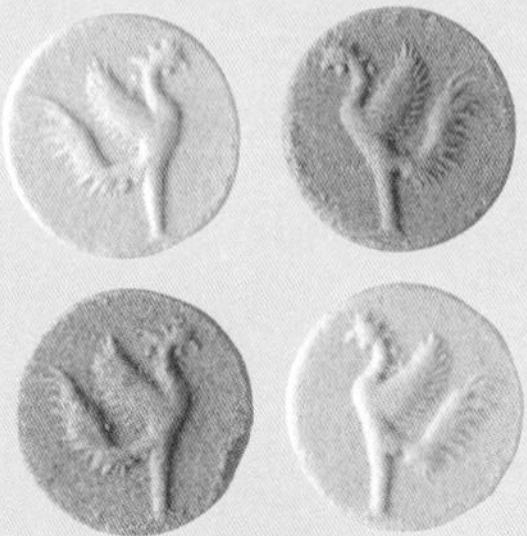

貴船神社
京あめ 結縁《ゆいえん》 恋珠《れんじゅ》

1セット800円。御神水を使った手毬あめ。クロッシェとのコラボ商品　P.213

平等院
平等院茶房藤花
オリジナル干菓子 鳳凰

1箱950円。鳳凰像をかたどっている。茶房藤花の営業時のみ販売　P.36

楊谷寺
千眼茶

1袋1000円。メグスリノキの御祈祷済みのお茶。ティーバッグ入り　P.173

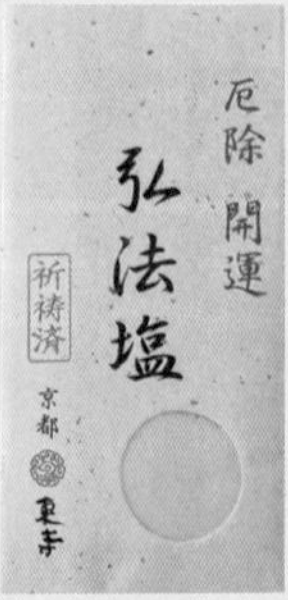

退蔵院
桜石鹸

400円。オーガニック洗顔石鹸。ほかに柚子、ハスも（価格は異なる）　P.165

東寺
弘法塩

600円。御祈祷済みの厄除開運塩。食用にも使えるすぐれもの　P.18

壬生寺

新選組トートバッグ

1700円。新選組隊士の紋がモチーフ。社寺巡りに大活躍しそう　P.198

壬生寺

新選組 マスキングテープ

2種セット 800円。だんだら模様や新選組隊士の絵柄がユニーク！　P.198

平等院

ロール付箋

700円。鳳凰堂と雲中供養菩薩像のシルエットがシール状付箋に　P.36

比叡山延暦寺

（延暦寺会館）

コイン用ぽち袋

410円。コイン用にぴったりのコンパクトサイズ。ひと言箋付き　P.48

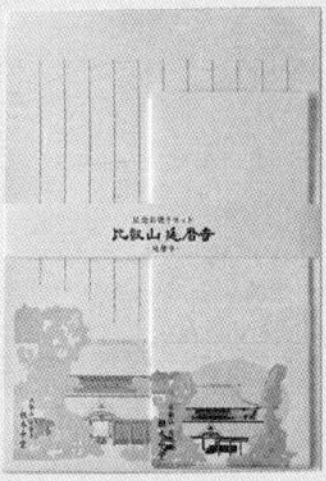

比叡山延暦寺

（延暦寺会館）

お便りセット

1210円。根本中堂の版画のほか、文殊楼など延暦寺の名所が柄に　P.48

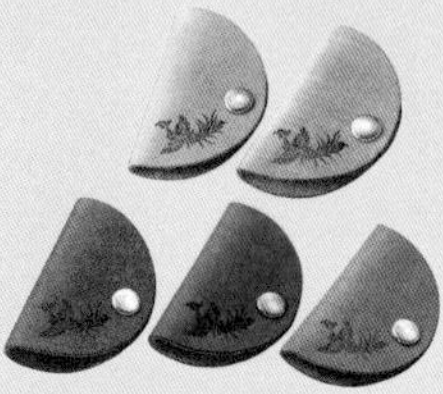

平等院

半月コードクリップ

各1000円。イヤホンコードや充電器コードの整理にぴったり　P.36

高山寺

ふきん（山吹色、藍色）

各600円。マンガの原点ともいわれる国宝「鳥獣人物戯画」のふきん　P.84

城南宮

手拭い・しだれ梅と落ち椿

1300円。城南宮の春の風景の一つ。しだれ梅と椿の共演！　P.168

いろんな神様に会いに行こう

小さなお社にもそれぞれ神様が祀られていて、ご利益も多種多様。
本殿でのご挨拶が済んだら、境内をぐるっと回ってみよう。

「刃物」だけにスパッと開運？

八坂神社

刃物神社《はものじんじゃ》

八坂神社を参拝したら、ぜひ本殿の背後にも回ってみよう。境内には摂社や末社がたくさんあって、ユニークなところでは刃物神社もその一つ。祀られているのは刃物大神。古事記や日本書紀では、神様の武具などを作る製鉄・鍛冶の神として登場する神様。古くから都であった京都は刀剣など刃物の発祥地ということで、刃物と先人たちへの感謝の思いを込めて祀られたもの。職人さんや料理人さんの信仰を集めています。刃物の神様だけあって鋭い刃で苦難を断ち切り、未来を切り開くというすごいご利益も。切れ味鋭い刃物パワーにあやかりたい人も、きっと多いのでは。

毎年十一月八日に行われる「刃物神社祭」では、刃物が供養されます。

未来を切り開く神様。社殿の後ろの大きな岩がご神体

祇園

TEL 075-561-6155（八坂神社）

京都市東山区祇園町北側 八坂神社境内／境内自由／市バス祇園から徒歩3分／無休／なし

◆創建：1973（昭和48）年
［祭神］刃物の神（天目一箇神・あめのまひとつのかみ）◆［例祭日］11/8 ◆［ご利益］苦難を断ち切り未来を切り開く

八坂神社 P.208
美御前社 P.227

巻末特集

社寺体験&歴史めぐり

体験

あれこれ体験できるお寺って楽しい！

社寺には、あれこれお楽しみがてんこ盛り。見るだけではなく、そこでしかできないスペシャル体験をぜひプランに取り入れよう！

食べる

普茶料理

中国風の精進料理！

旬の野菜・煮物の大皿盛りなど彩りが美しい

萬福寺 まんぷくじ

シェアして和気あいあい
もどき料理を当ててみて

隠元禅師が中国から伝えた精進料理は、大皿から取り分けて食べるのが作法。ヘタまで刻んだ野菜を葛でとじる雲片、鰻もどきなどが食べられます（要予約。入店は11:30～13:00、詳細はHP参照）。

宇治　TEL 0774-32-3900

宇治市五ケ庄三番割34／9:00～16:30（最終受付、朱印所・売店も）／500円／JR・京阪黄檗駅から徒歩5分／無休／60台（有料）

一部不可

普茶料理は、3日前の午前中までに要電話予約。コースあおい11000円（僧侶案内付）、9900円・6600円、普茶弁当3300円。予約は11000円・9900円は2名から、その他は1名から

習う

精進料理

これも修行？精進料理を覚えよう

家庭でも作れる精進料理。料理も修行の一つ

東林院 とうりんいん ▶P.191

さて、味はどうかな？
試食タイムにワクワク

通常非公開のお寺で、ご住職の指導のもと、季節感あふれる2～3品を調理。ご住職お手製のおばんざいとともに、お昼ごはんとして「いただきます」。

禅寺で精進料理を体験する会
TEL 075-463-1334

京都市右京区花園妙心寺町59 妙心寺 東林院／毎週火・金曜／10:00～13:00／1人3600円（税込）／［休み］毎月初、月末、1月、行事の場合は休みあり／［申込方法］電話で仮予約後、往復ハガキで申し込む

お寺で過ごす
ひと夜の経験

泊まる 宿坊

浄蓮華院

じょうれんげいん

ひと足のばして大原へ お寺に気軽に泊まろう

静寂に包まれる大原の里で、宿泊を。朝のお勤めは自由参加なので、朝が苦手という人も安心。希望で写経もできます。夕食は奥様手作りの精進料理。これを目当てに訪れる人もいるというから、乞うご期待。

[創建] 1109（天仁2）年、開山・良忍
[本尊] 阿弥陀如来
[時間] IN15:00、OUT10:00
[料金] 1泊2食付9000円（税込）
[休み] 5/28～31、お盆、年末年始
[定員] 10名
[予約方法] 電話にて問い合わせ

呂川上流に佇む静かな寺。部屋は襖仕切りなのでマナーを守って。夕食は山の幸たっぷりの精進料理

大原 ℡ 075-744-2408

京都市左京区大原来迎院町407／通常非公開・観光寺院ではありません／市バス大原から徒歩15分／無休／5台

描く 写仏

随心院 ▶P.138

ずいしんいん

仏様はもちろん 小野小町も描けちゃう

仏様を描く写仏。見本の上に半紙を置いて線をなぞれば、お絵描き気分でつい夢中に。随心院では小野小町も描けて、墨をすり筆で描く本格体験ができます。写仏は祈願後に、自宅に送ってもらうことも可能。

ひと筆ごとに
集中、集中

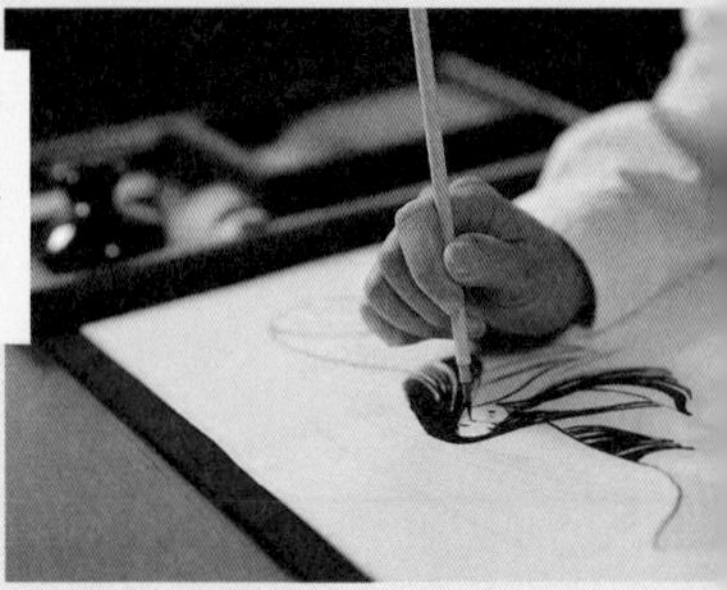

16種類から選んで写仏できる。硯で墨をするところから気持ちを集中！

随心院 写経道場
[日] 随時（法要・行事等でできない時もある）／9:00～14:00／2000円（拝観料込）、御守袋400円・600円（希望者のみ）　／1時間半～3時間（写仏御影により異なる、写真は小野小町）写仏道具は随心院にて準備されているので、特別な用意は不要

坐禅 座る

気分スッキリ
目覚め感、バツグン

坐禅体験はトータルで90分。日常を離れて自分自身と向き合う貴重な時間を体験して

両足院《りょうそくいん》

▶P.174

心身ともに清らかに
拝観もセットの坐禅体験

普段は非公開のお寺。坐禅は参加人数などによって、方丈内や方丈の廊下で行われます。最初に座り方などの説明があるので、初心者でも安心。坐禅のあとの拝観も楽しみ。

坐禅体験（個人参加）
[日時] HPに開催日掲載
[料金] 2000円
[予約] 必要、HPから申し込み
[内容] 準備体操、坐禅の説明、坐禅、法話（約90分）
通常非公開寺院だが、坐禅の後に御本尊参拝、庭園見学、自由瞑想OK。御本尊、美術品以外の撮影可

オトナこそ自分を
見つめなきゃ

建仁寺《けんにんじ》 ▶P.126

20分間の坐禅を2回行う。朝のピンと張りつめた空気が、なんとも心地良い

程良い緊張感が◎
頭も身体もスッキリ

俵屋宗達の風神雷神図で知られる、京都最古の禅寺。毎月第2日曜に行われる坐禅は、個人の場合は予約不要、参加費無料。坐禅のあとのお経の唱和や法話も含めて約2時間、じっくり自分と向き合おう。

[名称] 千光会
[日時] 毎月第2日曜、7:30～9:30（終了予定） [料金] 無料 [予約] なし
[内容] 坐禅（20分×2回）、お経の唱和、管長の御法話 ※詳細はHPの新着情報に記載、要確認

写経 書く

旧嵯峨御所 大本山

大覚寺《だいかくじ》 ▶P.146

心経写経の本場で頑張ってみない？

文字をなぞって書き進めるため、慣れない初心者でも気軽に書けるのがうれしい

**研ぎ澄まされていく感覚
写経で最高の浄化体験を**

嵯峨天皇の離宮だったため、嵯峨御所とも呼ばれます。写経は、般若心経をはじめ数種類あり。時間も短いものでは3分から体験できるので、忙しい人や初心者にもピッタリ。最後に心願を記して。

般若心経写経、多種あり
[日時] 法要・行事時以外の毎日、9:00～15:30
[料金] 1000円など、拝観料別
[予約] 不要 ※団体は要予約
[内容] 般若心経が一般的。写仏もできる写経や一文字だけ書く写経もある

雲龍院《うんりゅういん》 ▶P.166

一文字ずつ丁寧に心身をリラックス

薄く書かれた般若心経を朱墨でなぞっていく。写経机は、後水尾天皇の寄進によるもの

**書くごとに心が洗われる
朱墨で一味違う写経を**

泉涌寺の別院で、ご本尊は薬師如来。写経は代々「朱墨」で行われるのが大きな特徴。書き上がった写経は、お薬師様に奉納します。最後に庭園を見ながら、お抹茶をいただくのも楽しみの一つ。

写経体験
[日時] 水曜と行事のある時は休止、10:00～15:00
[料金] 1500円（拝観料・お抹茶込み）
[予約] 不要（大勢の場合は要事前連絡）
[内容] 本堂でお清めの作法を受けた後、262文字の「般若心経」を写経する

写経・・・・
東寺 ▶P.18
三千院 ▶P.94
圓徳院 ▶P.189
廬山寺 ▶P.242

坐禅・・・・
銀閣寺 ▶P.60
天龍寺 ▶P.72
南禅寺 ▶P.150
萬福寺 ▶P.238

歴史

ドラマチックな京都がここに！

京都にこれだけ社寺が多いのも、長〜い歴史があるからこそ。それぞれの時代のストーリーを知って巡れば、よりドラマチックな体験が待っている！

源氏庭と名付けられた枯山水様の庭園は、紫色の桔梗が咲き誇る。見頃は6月下旬〜9月初旬

1000年の時を超えて
紫式部とリンクする

廬山寺《ろざんじ》

平安時代に元三大師良源が船岡山の麓に創建し、豊臣秀吉の都市計画で現在地に移転。寺は紫式部が『源氏物語』を執筆した邸宅跡に立つといわれています。桔梗が美しい「源氏庭」もゆっくり眺めよう。

京都御所周辺　TEL 075-231-0355

京都市上京区寺町通広小路上ル北之辺町397／9:00〜16:00（最終受付）／500円／市バス府立医大病院前から徒歩5分／12/31、1/1、2/1〜9（源氏庭休）／なし

◆創建：天慶年間（938〜947年）、元三大師良源により創建。1245（寛元3）年、覚瑜により再興。1573（天正元）年、豊臣秀吉の寺町建設により現在地へ移転
◆本尊：阿弥陀如来

宮廷で活躍する知的女子にあやかりたい！

平安時代

日本の女流文学のルーツは京都に！

七九四（延暦十三）年、桓武天皇が平安京に都を移し、京都はそれから千年以上もの間、日本の都として繁栄しました。中でも藤原氏の全盛期だった平安中〜後期は国風文

謎多き和歌の天才は
絶世の美女だった！

随心院《ずいしんいん》 ▶P.138

991（正暦2）年、仁海僧正が開山。古くは小野小町の住居があったと伝わり、境内には化粧井戸や文塚が残ります。蓮の花びらの形の紙に願い事を書く「蓮弁祈願」も人気。

庫裏前に立つ
小野小町の歌碑

小《お》野《の》の小《こ》町《まち》

[生没年] 不詳。平安時代前期9世紀頃の女流歌人。六歌仙、三十六歌仙、女房三十六歌仙

[作品] 古今和歌集、小町集

[百人一首]
花の色は 移りにけりな
いたづらに 我が身世にふる
ながめせし間に

才女も頼った
縁結びのお社

貴船神社《きふねじんじゃ》 ▶P.213

京都の水源を司る神として有名。和泉式部が夫の心変わりに悩んで和歌を捧げたところ、男の神の声で返歌があったそう。その後夫婦仲は円満に戻り、神社は縁結びの神として評判に。和泉式部と親交のあった赤染衛門の歌も残っています。

和泉《いずみ》式《しき》部《ぶ》

[生没年] 不詳。平安時代中期の女流歌人。中古三十六歌仙、女房三十六歌仙

[作品] 和泉式部日記（作者異説あり）、和泉式部正集、拾遺和歌集などにも多数掲載

[百人一首]
あらざらむ この世のほかの
思ひ出に 今ひとたびの
逢ふこともがな

化が花開き、かな文字、十二単、大和絵など、現代の私たちにとってもおなじみの文化が多く生まれました。宮中で働く才能豊かな女性たちが文化の担い手となったのも、この時代。紫式部、和泉式部、小野小町、清少納言といった女性たちは物語・和歌の作者として有名な一方、実はバリバリのキャリアウーマンでした。彼女たちの伝説が残る場所を巡れば、知らなかった素顔が見えてくるかも。

権力に負けるな！
力強く、生きろ。

鎌倉・室町時代

応仁の乱を契機に生まれ変わる京の町

雅な貴族に代わって、武士が歴史の主役になったのがこの時代。その筆頭が平氏と源氏で、平清盛の時代には「平家にあらずんば人にあらず」というスゴイ言葉が生まれたほど。平家が滅び、鎌倉幕府も衰退すると、足利尊氏により一三三六（建武三）年に室

平家の武士たちの誕生地

六波羅蜜寺

ろくはらみつじ

鎌倉幕府の六波羅探題の碑

951（天暦5）年、市の聖と呼ばれた空也上人が疫病退散のために開きました。周辺に平家の邸宅があったことから兵の駐屯地にもなり、一時は5200にも及ぶ平家一門の邸宅が並んでいたのだとか。宝物館には、空也上人立像や平清盛像が収蔵されています。

川端五条

TEL 075-561-6980

京都市東山区ロクロ町81-1／8:00～17:00（閉門、宝物館8:30～16:30最終受付）／600円（宝物館）／市バス清水道から徒歩7分／無休／なし

◆創建：951（天暦5）年、開基・光勝空也上人 ◆本尊：十一面観音 ◆拝観所要時間：1時間 ◆文化財：本尊の十一面観音立像は国宝で、12年に1度辰年のみ開帳。宝物館に安置される空也上人立像、平清盛像などは重文

町幕府が成立。足利義満の時代に全盛期を迎えます。しかし七代将軍・義政の時代に応仁の乱が勃発すると、京の都は戦乱の舞台に。市街図は焦土と化しましたが、民衆の力で新しい都の町が造られていきました。

霊宝館には平安時代に造られた六観音菩薩像が並ぶ。快慶作の十大弟子立像も安置

私たちが見ても
癒やされる仏様たち

大報恩寺

千本釈迦堂

せんぼんしゃかどう

1221（承久3）年、義空上人が開いた道場が起源で、釈迦如来を本尊とすることから千本釈迦堂と呼ばれます。1227（安貞元）年建立の本堂は応仁の乱の際に西軍の本営となり、兵火を逃れることができたそう。

◆創建：1227（安貞元）年、開基・義空上人 ◆本尊：釈迦如来 ◆拝観所要時間：1時間 ◆文化財：国宝・本堂、重文・本尊釈迦如来坐像、十大弟子立像10躯ほか。本堂のほか霊宝殿へも立ち寄りたい

北野天満宮　TEL 075-461-5973

京都市上京区今出川七本松上ル／9:00～17:00（閉門）／境内自由／市バス上七軒から徒歩3分／無休／25台

足利将軍の木像が
ずらりと並ぶ

等持院　とうじいん

1341（暦応4）年、足利尊氏が夢窓国師を迎えて創建し、その後足利将軍家の菩提所となった寺。方丈北に尊氏の墓である宝筺印塔があり、霊光殿には室町幕府の歴代将軍の木像を安置しています。

◆創建：1341（暦応4）年、開基・足利尊氏、開山・夢窓国師 ◆本尊：釈迦牟尼仏 ◆拝観所要時間：1時間 ◆方丈には狩野興以筆の襖絵があるが、現在は年1回の寺宝展のみの公開。庭は名勝庭園

きぬかけの路　TEL 075-461-5786

京都市北区等持院北町63／9:00～16:00（受付終了）／500円／嵐電等持院・立命館大学衣笠キャンパス前駅から徒歩7分／無休／10台

境内の南東にある信長公廟と、その奥の墓。墓には信長愛用の刀が納められていると伝わる。家臣らの慰霊塔は向かって左手

現代も続く
信長公への憧れ

本能寺 ほんのうじ

1415（応永22）年に日隆聖人が開いた本応寺が起源。1582（天正10）年6月2日に勃発した本能寺の変で焼失し、豊臣秀吉の都市計画で現在地へ。織田信長の三男・信孝が建立した信長公廟と、本能寺の変で戦死した家臣らの慰霊塔も立っています。

河原町 TEL 075-231-5335

京都市中京区寺町通御池下ル下本能寺前町522／6:00～17:00（大寶殿宝物館9:00～16:30最終受付）／境内自由（大寶殿宝物館500円、展示により料金異なる）／地下鉄東西線市役所前駅からすぐ／無休／20台（有料）

織《お》田《だ》信《のぶ》長《なが》

［生没年］1534（天文3）年～1582（天正10）年

［人物］武将、戦国大名。尾張の織田家に生まれ、尾張を統一。桶狭間の戦いで今川義元を破るなどして台頭し、統一政権を目指す。明智光秀の謀反により自刃

歴史上の有名人、信長や秀吉も京を目指した 戦国・安土桃山時代

目指せ上洛！
天下統一の鍵はココ

群雄割拠のこの時代、戦国武将がこぞって目指したのが京の都。平安時代から天皇を中心に文化が育まれてきた都で認められるのは、ステータスであり、天下統一のために

北野大茶湯の際に水が汲まれたと伝わる井戸

千《せんの》利《り》休《きゅう》

［生没年］1522（大永2）年～1591（天正19）年

［人物］商人、茶人。大阪・堺の商家に生まれ織田信長に茶堂として仕え、信長の死後は豊臣秀吉に仕えた。最期は秀吉の怒りを買い切腹を命じられた

「北野大茶湯」
豊臣秀吉公が千利休らと開いた
空前絶後の大茶会

北野天満宮 ▶P.204

きたのてんまんぐう

菅原道真公を御祭神とし、豊臣秀吉公、前田家など武家からの信仰も集めた神社。1587(天正15)年10月1日に大茶会「北野大茶湯」が催され、秀吉公、千利休、津田宗及、今井宗久らが身分を問わず人々をもてなしました。現在は故事にちなみ12月1日に「献茶祭」を斎行します。

ゆかりどころじゃない！
秀吉公が神様

豊国神社 ▶P.156

とよくにじんじゃ

豊臣秀吉公の死後に豊国社として造営され、豊臣家滅亡後に徳川家康により廃祀されました。1868(明治元)年に明治天皇の命で再興、1880(明治13)年に現在の社殿が完成。御祭神の秀吉公にあやかろうと出世開運祈願に訪れる人や、良縁祈願、夫婦円満祈願をする人も。

大和大路正面に立つ鳥居。国宝の唐門が見える

豊《とよ》臣《とみ》秀《ひで》吉《よし》

［生没年］1536（天文5）年～1598（慶長3）年

［人物］武将、戦国大名。尾張の足軽の子として誕生。織田信長に仕えて長浜城主となり、本能寺の変後に後継者となる。天下統一を成し関白・太政大臣に

本能寺には信長家臣の森蘭丸らの慰霊塔が

秀吉が大茶会を開いた北野天満宮の碑

欠かせないプロセスでした。織田信長や豊臣秀吉は、応仁の乱で荒廃した都を復興させ、特に秀吉が行った都市改造により、京の町は近世の城下町へと変化し、今の市街図に引き継がれています。また、茶の湯など新しい日本文化も広まりました。

徳川の世の幕が開き 発展する京の都

江戸時代

荒廃した社寺が復興し、豊かな文化芸術が花開く

一六〇三（慶長八）年に徳川家康が江戸に幕府を開き、二百六十年に及ぶ江戸時代が始まりました。幕府は、徳川家の権威を天下に知らしめるため、戦国時代に荒廃した京都の社寺の伽藍を再建するなど、復興に力を注ぎました。西陣の町娘から徳川綱吉の生母にまで出世した桂昌院は、今宮神社など多くの社寺復興

伏見城の城下町に 香る水が湧く社

御香宮神社

ごこうのみやじんじゃ

神功皇后を祀る古社で、平安時代に境内から香りの良い水が湧き出たため「御香宮」の名を賜ったと伝わります。豊臣秀吉が伏見城内に勧請した後、家康がもとの地に本殿を建て戻しました。今も湧き出る御香水は、伏見七名水の一つです。

徳川家康の命で建立された本殿

◆創建：不詳。もとは御諸神社と称したが、862（貞観4）年に境内から香りの良い水が湧き出たことにより、清和天皇から御香宮の名を賜る ◆主祭神：神功皇后

伏見奉行所に造られた小堀遠州ゆかりの庭

伏見　TEL 075-611-0559

京都市伏見区御香宮門前町174／境内自由、授与所9:00～16:00（石庭は～15:45最終受付）／200円（石庭）／京阪伏見桃山駅・近鉄桃山御陵前駅・JR桃山駅から徒歩5分／無休／90台（有料）

徳《とく》川《がわ》家《いえ》康《やす》

［生没年］1542（天文11）年～1616（元和2）年

［人物］武将、戦国大名、江戸幕府初代将軍。岡崎城主の子に生まれる。織田信長、豊臣秀吉の治世に協力し、秀吉の死後、関ケ原の戦いを経て征夷大将軍に

に関わっています。社会情勢が安定した江戸時代中期には、京都でも文化・芸術が興隆。近年注目を集めている伊藤若冲もこの時期に活躍した絵師。腕を振るった傑作の数々は、ゆかりの深い社寺などで今も大切に受け継がれています。

徳川家の寄進で社殿が造営された御香宮神社

伊藤家の菩提寺、宝蔵寺。若冲作品を収蔵する

江戸中期の絵師、
ゆかり深い町なかの寺

宝蔵寺《ほうぞうじ》

弘法大師の創建と伝わる古寺で、豊臣秀吉の寺町整備の際に現在の裏寺町に移転しました。伊藤若冲と伊藤家の菩提寺であり、「髑髏図」や「竹に雄鶏図」を所蔵しています。「髑髏図」モチーフの御朱印も授与。

本堂前の伊藤家の墓は自由に参拝できる

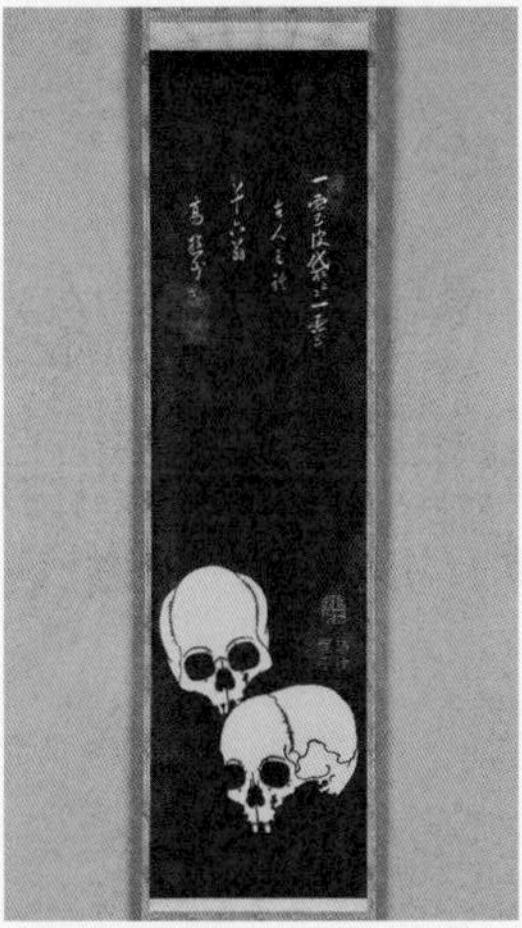

／若冲アート！／

伊藤若冲

[生没年] 1716（正徳6）年～1800（寛政12）年

[人物] 絵師。錦市場の青物問屋・桝屋に生まれ跡を継ぐが若くして隠居。代表作に動植綵絵三十幅（宮内庁三の丸尚蔵館蔵）がある

河原町　TEL 075-221-2076

京都市中京区裏寺町通蛸薬師上ル裏寺町587／通常非公開、伊藤家のお墓や本堂前庭は10:00～16:00参拝可、御朱印授与は10:00～16:00／御朱印は月曜休（祝日の場合は翌火曜休、臨時休あり）／市バス四条河原町から徒歩3分／なし

"玉の輿"の語源？
将軍の母、お玉さん

今宮神社《いまみやじんじゃ》

▶P.219

疫神を祀る神社として信仰される古社。徳川幕府5代将軍・徳川綱吉公の生母・お玉の方（桂昌院）も再興に尽力しました。西陣の八百屋の娘だったと伝わるお玉の方にあやかろうと、玉の輿祈願をする人も。

社殿の修復のために寄進をしたお玉の方

上／法然上人の御真影を祀る御影堂
左／三重塔の北にある会津藩殉難者墓地

京都守護職、松平容保と会津藩本陣駐屯の場所

金戒光明寺

こんかいこうみょうじ

1175（承安5）年に法然上人が結んだ草庵が起源で、浄土宗最初の寺として知られます。幕末、会津藩主・松平容保が京都守護職の任に就くと本陣になり、兵の駐屯地に。今も会津藩殉難者墓地を守っています。

◆創建：1175（承安5）年、開基・法然上人
◆本尊：阿弥陀如来 ◆拝観所要時間：1時間
◆所蔵する多くの寺宝は、特別公開時に展示される。特別夜間拝観もあり、昼とは違う庭園の光景も素晴らしい

哲学の道 TEL 075-771-2204

京都市左京区黒谷町121／9:00～16:00／境内自由（秋の特別公開中は紫雲庭園・大方丈1000円、山門楼上1000円、共通券1600円）／市バス岡崎道から徒歩10分／無休／30台（黒谷駐車場・有料）

一部不可

豪傑たちが駆けた激動の時代 幕末

日本を変えたい！志士が集った運命の地

一八五三（嘉永六）年、ペリー率いる黒船が浦賀に来航すると、日本の運命は大きく変わり、京都も激動の時代へ突入。長州、薩摩、土佐などから尊王攘夷の志士が集う一方、佐幕派の武士たちも治安を守るために続々と京都へ集結。坂本龍馬、桂小五郎、新選組といった幕末維新を語るうえで欠かせない有名メンバー

近藤勇の胸像。芹沢鴨ら隊士11名の墓も

新選組の前身、
浪士組ここに集結！

壬生寺《みぶでら》 P.198

鑑真和上ゆかりの律宗大本山で991（正暦2）年創建の壬生寺は、新選組の兵法調練場として剣術や大砲の訓練が行われました。壬生塚には隊士11名の墓塔のほか、近藤勇、土方歳三の胸像などがあります。

新《しん》選《せん》組《ぐみ》

［創設～廃止］1863（文久3）年～1869（明治2）年

［所属］江戸幕府京都守護職

［人員］発足時24名、最大時約230名

壬生寺では新選組の兵法調練場として、武器の修練や大砲の訓練などが行われた。壬生塚には新選組隊士の墓や顕彰碑がある

日本を守った多くの英霊を祀る神社

坂本龍馬に中岡慎太郎…
英雄よ、安らかに眠れ！

京都霊山護国神社《きょうとりょうぜんごこくじんじゃ》

1868（明治元）年、明治天皇の命により創建。境内の霊山墳墓には、坂本龍馬や桂小五郎など、維新志士1356柱の御霊が祀られています。龍馬の命日11月15日には龍馬祭も。

清水寺周辺　TEL 075-561-7124

京都市東山区清閑寺霊山町1／9:00～17:00／300円／市バス東山安井から徒歩10分／無休／なし

坂《さか》本《もと》龍《りょう》馬《ま》

［生没年］1835（天保6）年～1867（慶応3）年

［人物］土佐藩出身の尊王攘夷志士。亀山社中の設立、薩長同盟締結のサポートなど幕末維新の立役者となったが、京都の近江屋で中岡慎太郎とともに暗殺された

が、この時代の京都に集中しました。しかし京都の町と人々は蛤御門の変などの騒乱に巻き込まれ、再び多くの社寺の建物や文化財を焼失。さらに明治になると、東京遷都が行われ、首都としての機能は京都から東京へ移されました。

2023年7月に建立された土方歳三胸像。新名所の予感！

京都霊山護国神社の坂本龍馬、中岡慎太郎像

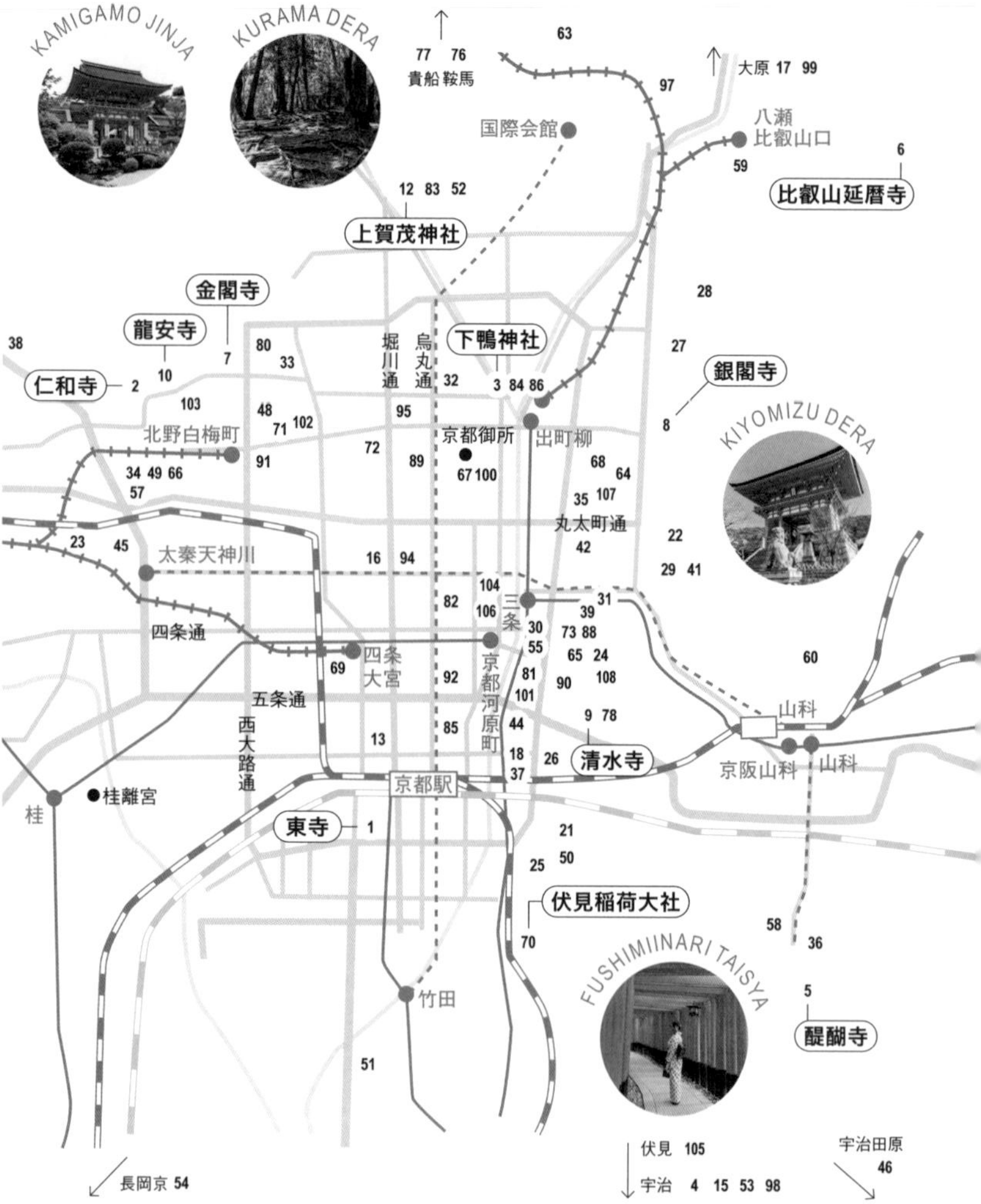

京都 たのしい 社寺MAP

行ってみたい神社やお寺はどのあたりに？
位置関係をざっくり把握して、効率よく社寺めぐりをたのしもう。

※MAPはおおまかな位置図です。

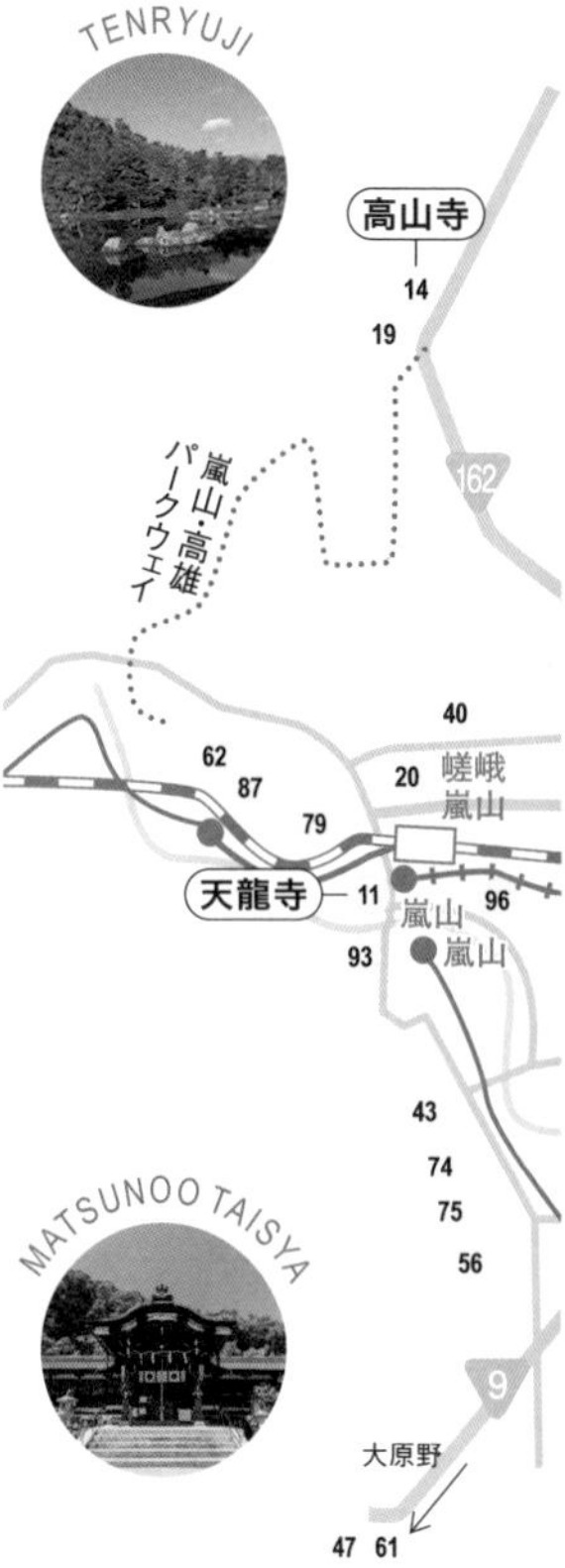

TENRYUJI
高山寺
14
19
嵐山・高雄パークウェイ
162
40
62
87
20
嵯峨嵐山
79
天龍寺
11
嵐山
96
93
嵐山
43
74
75
56
MATSUNOO TAISYA
9
大原野
47 61

その他

参考文献

『仏像の見方』澤村忠保著、誠文堂新光社／『日本美術図解事典』守屋正彦・田中義恭・伊藤嘉章・加藤 寛監修、東京美術／『京都 国宝の美』山村純也監修、コトコト／『神社のいろは』神社本庁監修、扶桑社／『神社の解剖図鑑』米澤貴紀著、エクスナレッジ／『仏像とお寺の解剖図鑑』スタジオワーク著、エクスナレッジ／『名所・旧跡の解剖図鑑』スタジオワーク著、エクスナレッジ／『ニッポンを解剖する！京都図鑑』JTBパブリッシング／『京都 古寺を巡る』JTBパブリッシング／『京都大知典』JTBパブリッシング／『日本仏像史』水野敬三郎監修、株式会社美術出版社／文化庁ホームページwww.bunka.go.jp/／京都市情報館www.city.kyoto.lg.jp/

片山 直子（かたやま なおこ）

編集者・ライター。千葉県出身。京都に移り住んで20年来、編集プロダクションにて、多くの京都のガイドブックやパンフレットなどの編集に携わった後、文化財保護団体に勤務。神社やお寺への知識を深めると同時に文化財の大切さを実感する。現在は松尾大社の近くに住み、感謝の気持ちを常に持ちながら各地の社寺巡りを楽しんでいる。著書に『京都たのしい御朱印カタログ』『京都たのしい社寺さんぽ』（ともに朝日新聞出版）がある。

取材・執筆協力　大河内ゆかり、岡崎なつみ、河合篤子、津曲克彦、垣貫由衣、深井元惠、深谷美和、柚原靖子

撮影、撮影協力　マツダナオキ、京小町踊り子隊

写真協力　三宅徹、山本正治、平等院、便利堂、朝日新聞社

表紙・扉イラスト　fancomi

社寺イラスト　ひでみ企画（馬場美日、松井美弥子）

表紙・本文デザイン　八木孝枝

企画・編集　朝日新聞出版 生活・文化編集部（岡本咲、白方美樹）

京《きょう》都《と》たのしい社《しゃ》寺《じ》カタログ

2023年10月30日 改訂版第1刷発行

著　者 片山直子

発行者 片桐圭子

発行所 朝日新聞出版

〒104-8011 東京都中央区築地5-3-2

（お問い合わせ）infojitsuyo@asahi.com

印刷所 大日本印刷株式会社

Published in Japan by Asahi Shimbun Publications Inc.

ISBN 978-4-02-334754-0